福建理工大学学术著作出版专项资金资助

基金项目：福建工程学院科研启动基金项目"我国民法典的精神权利法研究"（项目编号：GY-S22030）

社会救助权的构成及实现研究

Research on the Composition
and Implementation of the Right
to Social Assistance

韩荣和　著

中国社会科学出版社

图书在版编目(CIP)数据

社会救助权的构成及实现研究 / 韩荣和著. -- 北京：中国社会科学出版社，2024. 10. -- ISBN 978-7-5227-4374-5

Ⅰ. D632.1

中国国家版本馆 CIP 数据核字第 2024QZ0674 号

出 版 人	赵剑英
责任编辑	许　琳
责任校对	苏　颖
责任印制	郝美娜

出　　版	中国社会科学出版社
社　　址	北京鼓楼西大街甲 158 号
邮　　编	100720
网　　址	http://www.csspw.cn
发 行 部	010-84083685
门 市 部	010-84029450
经　　销	新华书店及其他书店
印　　刷	北京君升印刷有限公司
装　　订	廊坊市广阳区广增装订厂
版　　次	2024 年 10 月第 1 版
印　　次	2024 年 10 月第 1 次印刷
开　　本	710×1000　1/16
印　　张	17.25
插　　页	2
字　　数	241 千字
定　　价	98.00 元

凡购买中国社会科学出版社图书，如有质量问题请与本社营销中心联系调换
电话：010-84083683
版权所有　侵权必究

目　录

导　言 …………………………………………………………（1）

第一章　社会救助权利化的起源及其确立 ……………………（4）
　第一节　社会救助发展的历史考察 …………………………（5）
　　一　以福利救助为主的慈善阶段 …………………………（5）
　　二　社会救助制度形成的国家责任阶段 …………………（9）
　　三　社会救助权形成的权利观阶段 ………………………（13）
　　四　社会救助权发展的新权利观阶段 ……………………（16）
　　五　我国社会救助的发展阶段 ……………………………（21）
　第二节　社会救助权成立的理论依据 ………………………（25）
　　一　权利社会学的发展是社会救助权成立的理论导向 …（25）
　　二　生存权保障是社会救助权成立的基本动因 …………（27）
　　三　权利本位范式对社会救助权成立的方法论意义 ……（38）
　第三节　社会救助权成立的现实依据 ………………………（41）
　　一　贫困中的可持续生计问题 ……………………………（42）
　　二　社会救助的国家责任广泛发展 ………………………（45）
　　三　社会救助权的法律确认 ………………………………（53）

第二章 社会救助权的界定及其价值论 ……………………（58）
第一节 社会救助与社会救助权的界定 …………………（58）
　　一　社会救助的含义 ……………………………………（58）
　　二　社会救助权的用语规范 ……………………………（64）
　　三　社会救助权的界定 …………………………………（69）
第二节 社会救助权的基本属性 …………………………（79）
　　一　社会救助权是一项基本人权 ………………………（79）
　　二　社会救助权是一项宪法性权利 ……………………（84）
第三节 社会救助权的价值追问 …………………………（91）
　　一　人之权利的福利观——社会救助权的价值潜在内涵 ……（91）
　　二　人之权利之下福利国家理论内的价值取向与社会
　　　　救助权内涵的耦合 …………………………………（96）
　　三　保障人的基本生存——社会救助权的基本价值 …（102）
　　四　促进人的发展——社会救助权的终极价值 ………（109）

第三章 社会救助权构造论 …………………………………（121）
第一节 社会救助权的主体 ………………………………（122）
　　一　社会救助权的一般主体 ……………………………（122）
　　二　社会救助权特殊权利主体的类型化分析 …………（125）
　　三　社会救助权的特殊义务主体 ………………………（133）
第二节 社会救助权的客体 ………………………………（139）
　　一　社会救助权客体的理论争议 ………………………（140）
　　二　我国社会救助权客体的确立与发展 ………………（144）
第三节 社会救助权的内容 ………………………………（148）
　　一　最低生活保障权 ……………………………………（149）
　　二　医疗救助权 …………………………………………（152）
　　三　住房救助权 …………………………………………（153）
　　四　灾害救助权 …………………………………………（154）

五　教育救助权 …………………………………………… (157)
　　六　失业救助权 …………………………………………… (159)
　　七　法律援助权 …………………………………………… (161)

第四章　社会救助权实现——社会救助权运行的现实形态 …… (166)
　第一节　社会救助权实现的基础性条件 ………………………… (167)
　　一　社会救助权实现的经济社会条件 …………………… (167)
　　二　社会救助权实现与社会政策 ………………………… (171)
　第二节　我国社会救助权实现的障碍 …………………………… (175)
　　一　社会救助权利观尚未普及 …………………………… (175)
　　二　社会救助权实现的基础性条件准备不足 …………… (187)
　　三　社会救助权的相关法律体系不完善 ………………… (201)
　第三节　我国社会救助权实现的展望 …………………………… (217)
　　一　普及社会救助权利观 ………………………………… (218)
　　二　优化社会救助权实现的经济社会环境 ……………… (221)
　　三　构建社会救助权的法律保障机制 …………………… (225)

结　语 ……………………………………………………………… (242)

参考文献 …………………………………………………………… (245)

导　　言

　　社会救助是保障贫困公民或社会成员基本生活的一项具体制度。从1601年英国《伊丽莎白济贫法》（史称旧《济贫法》）颁布确立社会救助制度至今，社会救助的发展经历了慈善、国家责任、公民权利和社会整合等四个阶段。社会救助政策从慈善恩惠为主到偏重国家或社会责任，再到以公民权利为中心，直至以社会整合为目标。[①] 西方发达国家社会救助的发展处于公民权利向社会整合过渡阶段，伴随着中华人民共和国的成长，社会救助在我国跨过慈善阶段直接成为国家或社会责任，并逐渐发展为公民或社会成员的权利。换言之，我国社会救助的发展处于国家责任为主逐渐出现公民权利端倪的阶段。从我国社会救助立法状况和社会救助法理论研究来看，我国社会救助的发展远落后于西方发达国家；从全球范围内社会救助发展趋势和我国现阶段社会救助发展状况来看，我国社会救助的发展有必要顺应世界社会救助制度的发展潮流，我国社会救助将出现权利化发展趋势，该趋势也将维持较长一段时间。因此，从国际社会救助制度的发展趋势和我国社会救助所处阶段的对比中，可以得出我国社会救助制度发展的历史背景，亦可以得出我国社会救助制度的权利化发展趋势，顺应该趋势从权利角度研究社会救助制度是本研究选题的主要背景。

　　[①] 杨立雄、陈玲玲：《欧盟社会救助政策的演变及对我国的启示》，《湖南师范大学社会科学学报》2005年第1期。

随着国家从"守夜人"到"干预者"的职能转变与人权理论的兴起、蓬勃发展，以慈善、济贫思想为内核的"社会救济"逐渐为"社会救助"所替代。这是社会救助外在形式的变化，而其内在作用机制在不同国家的客观条件下和不同学者的诠释中显得难以捉摸。在南非学者的眼里，社会救助是贫困缓解机制（Poverty Alleviation Mechanism）。① 在美国，为公民提供基本需求的社会保障国家的政府理念是晚近才出现的新理念。就如中国当前的社会救助就是为社会弱势阶层中的贫困群体满足基本的生存需求。在德国，联邦宪法法院通过对社会救助案的司法审查，在分配社会利益的政治进程中发挥着关键作用。② 从中可以看出，当代以来，社会救助俨然成为发展中国家的反贫困利器，并且是发达国家的社会利益再分配的重要机制。总的说来，"社会救助作为没有其他形式社会保障的公民的最后安全网，具有特殊的地位。"③ 不管是社会救助的外在形式或内在机制的发展变化，无不体现对社会救助的实证考察结果，社会救助是解决最基本民生问题的法律措施，这几乎成为现阶段社会救助理论的主要研究视角。然而，社会救助能够解决民生问题的深层次原因是什么呢？笔者试图从民权的角度进行剖析，也即从权利的视角透析社会救助的功能与价值。因此，从权利的视角研究社会救助的另一重要原因是为了探析社会救助保障民生功能和纾解贫困问题的理论基础。

多年前，我国《社会救助法》已启动立法程序，但经几轮公开征求意见，我国《社会救助法》尚未出台，其中原因值得深思及研究。本研究结合我国社会救助权实现的客观情况，挖掘我国社会救助权实现的主客观障碍，进而提出解决之道：普及社会救助权利观、优化社

---

① Sandra Liebenberg, "Right to Social Assistance: The Implications of Grootboom for Policy Reform in South Africa", *South African Journal on Human Rights*, Vol. 17, 2001, p. 23.

② Joseph M. McLaughlin, "Unification of Germany: What Would Jhering Say?", *Fordham International Law Journal*, Vol. 17, 1994, p. 283.

③ Lutz Leisering and Stephan Leibfried, *Time and Poverty in Western Welfare States: United Germany in Perspective*, Cambridge: Cambridge University Press, 1999, p. 59.

会救助权实现的经济社会条件、构建社会救助权法律保障体系。总的来说，本研究的逻辑进路是从应然社会救助权的成立与发展到法定社会救助权的确立，最终到现实社会救助权的发展。本研究在梳理社会救助发展历史和划分社会救助发展阶段的基础上，提出社会救助在当代经济社会历史条件下具有权利化的发展趋势，应然的社会救助权的产生并不是人为创设的，而是社会救助实践发展的必然产物。社会救助的权利化在西方发达国家体现为社会救助权产生与发展的社会实践，在我国体现为社会救助权产生的必然趋势。在总结社会救助定义特征与不足的基础上，运用"受助人中心主义"的思路对社会救助权进行界定。该观念是从权利角度研究社会救助的逻辑起点，贯穿于社会救助权的性质、价值和实现，并在我国社会救助发展现状下最终落脚于社会救助权的立法保障上。在理论上更系统地论述了社会救助权的内部结构。虽然社会救助法教材或其他相关著述中已比较系统地阐述了社会救助的类型，但是本研究第三章从权利的视角更系统地阐析了社会救助权的主体、客体和内容。形式上的权利主体是全体公民，实质上的权利主体是陷入生存困境的公民或社会成员；形式上的义务主体是国家和社会，实质上的义务主体是政府及其相关部门、社会团体（非国家行为体）；其客体包括物质救助、精神救助和能力救助；其内容包括最低生活保障权、医疗救助权、住房救助权、灾害救助权、教育救助权、失业救助权、法律援助权。提出应当在我国《社会救助法》讨论和修改过程中增设社会救助权的民事保障措施。在社会救助的社会化程度不断加深和社会权保障中社会组织发挥作用不断加强的背景下，以提供社会救助服务为设立目的的社会组织具有"天生"的社会救助民事义务，社会救助申请人可以通过民事诉讼的方式诉求该类社会组织履行社会救助义务或承担损害赔偿责任。

第一章　社会救助权利化的起源及其确立

在人类历史的发展中，社会救助是一个永恒的主题，即使人类文明高度发展时也需要，一方面是因为灾害的发生是不以人类的意志为转移的，另一方面则是人类可以消灭绝对贫困，但永远也消灭不了相对贫困。① 社会救助与灾害和贫困相伴而生。无论社会如何发展变化，无论国民生活水平如何提高，无论社会保险和社会福利事业如何发达，社会救助仍将是整个社会保障体系中不可或缺的基础性制度安排。② 从社会救助的发展历史中考察，进入 21 世纪，特别是第二次世界大战以后，福利国家的理念兴起，社会福利的诸多措施以普及式的服务为主，因此当时有很多人预测，社会救助此种选择式的服务角色将大幅缩减。③ 然而，随着福利国家危机的出现和新保守主义观点的提出，选择式服务的重要性再度被彰显，社会救助的发展出现了新的契机。正是在这样的历史逻辑中，社会救助未曾在人类历史长河中幻灭，反而在特定的历史条件下出现了新的发展趋势。在不同的历史阶段，社会救助或社会救助制度有着不同的表现形态。由于经济社会条件和历史背景的不同，不同的国家，特别是中西方的社会救助的发展轨迹和发展

---

① 王君南：《基于救助的社会保障体系——中国古代社会保障体系研究论纲》，《山东大学学报》（哲学社会科学版）2003 年第 5 期。

② 郑功成：《中国社会保障改革与发展战略——理念、目标与行动方案》，人民出版社 2008 年版，第 257 页。

③ 孙健忠：《台湾社会救助制度实施与建构之研究》，（台北）时英出版社 2002 年版，第 2 页。

路径存在着较多的不同之处。由此，社会救助是否权利化、社会救助权是否成立以及社会救助权利化的不同趋势等问题将在社会救助发展的历史考察中逐渐明晰。社会救助权利化的历史性考察将引发社会救助权是否成立的进一步思考，社会救助权是否成立可以从理论依据和现实基础层面进行探析。

第一节 社会救助发展的历史考察

现代的社会救助（公共救助）制度，实系渊源于往昔的贫穷救济制度。① 不仅如此，随着社会历史条件和环境的变化，社会对贫穷者和贫困原因的发生持有不同的观点，社会救助措施亦随之作出相应的调整，从而演绎出了社会救助起源与发展的历史轨迹。易言之，贫困的产生和纾解是社会救助产生与发展的主要动因。由于西方的济贫制度演化脉络清晰，以及现代社会救助制度的快速发展，因而西方社会救助发展是首要的历史考察对象。根据社会救助的根本特征在历史发展过程中的不同表现形态，西方社会救助的发展可以划分为四个阶段：19世纪前的以福利救助为主的慈善阶段、19世纪初期至20世纪初期的社会救助制度形成的国家责任阶段、20世纪初期至20世纪70年代的社会救助权形成的权利观阶段、20世纪80年代迄今的社会救助权发展的新权利阶段。

一 以福利救助为主的慈善阶段

（一）道义性救助的私人慈善

社会救助是古老的社会保障制度，而对于社会救助权的起源众说纷纭。一般认为，社会救助权与生存的渴望密不可分：生存的渴望，是和人类从自然界采集生产资料，同时在劳作中取得维系生命

---

① 乔东平、邹文开：《社会救助理论与实务》，天津大学出版社2011年版，第11页。

存在的必要资源的能力同时诞生的①；而社会救助作为人类保障其生存的一种形式，因此应认为其和人类社会几乎同时产生，它起源于原始社会末期出现的出于人类恻隐之心或宗教信仰而对贫困者施以援助的慈善事业。②贫困与人类社会相生相伴，社会救助是人类抵抗贫困的原始措施之一，它可以追溯到原始社会人们的互助互济行为。随着私有制的产生，人们因为贫富悬殊被划分为贫弱群体和强势群体，强势群体对贫弱群体的救助居于道义精神或宗教信仰。从原始社会末期到13世纪前后，社会救助表现为人类的恻隐之心和道义精神，即没有国家或政府强制性干预的私人慈善。因而，在漫长的历史时期中，以私人慈善为主要表现形式的社会救助具有自发性、临时性、非规范性的特点。

私人慈善的产生比社会救助的历史更加久远。美国第19版《社会工作百科全书》记载：私人慈善有着悠久的历史，可以追溯到古文明时代。公元前2000年，巴比伦汉谟拉比国王发布的公平法典中包括了要求人们在困难时互相帮助的条款，并要求人们有义务减轻寡妇、孤儿和穷人的痛苦。公元前1300年出现的什一税，具体要求人们把自己收成的十分之一捐献给宗教和穷人。公元前500年，希腊语中意为"人类博爱行为"的慈善事业在希腊城邦国家里已经制度化，鼓励公民为公益事业捐款，并且在供贫民使用的公用设施中备有食物、衣服和其他物资。③由此可见，私人慈善事业的产生与发展为道义性社会救助的产生奠定了基础。

在宗教信仰泛滥的时代，社会救助进入了快速发展的轨道，随着宗教势力的日益扩大，教会等宗教组织在欧洲社会早期对贫穷者的救济扮演着重要的角色。在6世纪，教会把捐款的收入区分为四部分，

---

① 徐显明：《生存权论》，《中国社会科学》1992年第5期。
② 唐钧：《社会救助的历史演进》，《时事报告》2004年第3期。
③ Richard L. Edwards and June Gary Hopps, eds., *Encyclopedia of Social Work* (*19th Edition*), Washington, D. C.: the NASW Press, 1995, pp. 341–342.

除却主教、僧侣与维持教会建筑物的支出,其余部分用于救济贫民。①在英国,教会亦会将教区人民募款收入的四分之一至三分之一用于照顾穷人。② 除了教会之外,一些社会组织如行会亦为贫民提供慈善救助。

因此,道义性的社会救助起源于私人慈善事业,以人类自发的同情心或怜悯之心为深层次的心理原因,并在特定历史时期内集中表现为宗教慈善事业。社会救助的历史起点为道义性救助的私人慈善。

(二) 惩贫和抑贫为主的公共慈善

西方政府对贫穷的干预与救助,始于英国1349年颁布的《劳工律法》(Statute of Laborers),此可谓国家或政府首次介入贫穷问题的立法。该法规定,凡缺乏财产且身体健壮的劳工,必须接受任何雇主所提供的工作,并禁止其离开所属的教区,市民亦不得向此类劳工施舍。③ 该法案的歧视性特征较为明显,其立法意图在于通过惩戒与抑制贫穷的方式来应对英国社会当时严峻的劳动力短缺形势,而惩贫和抑贫也成为该时期西方政府关于社会救助的相关法律与政策的主题。虽然西方政府已经在济贫事业中扮演了一定的角色,但是政府的社会救助责任却尚未确立,该时期的社会救助没有脱离"慈善"的本质,只不过是从私人慈善向公共慈善转变,并且带有惩贫和抑贫的属性。

更具体的贫民救济措施规定于1531年英皇亨利八世颁布的法令中。该法规定市长、保安官和其他官员应对自己教区内因不能工作而申请救济的老人与贫民进行调查,登记后发给执照,允许他们在指定

---

① [英]威廉·詹姆士·阿什利:《英国经济史及学说》,郑学稼译,(台北)幼狮文化事业出版公司1974年版,第493页。
② Walter A. Friedlander and Robert Z. Apte, *Introduction to Social Welfare*, New Jersey: Prentice-Hall, 1980, p. 12.
③ 孙健忠:《台湾社会救助制度实施与建构之研究》,(台北)时英出版社2002年版,第19页。

的地方行乞。① 1536年的法令首次把贫民区分为身体虚弱的贫民（the impotent poor）和身体健壮的贫民（the able-bodied poor），并对他们分别适用不同的救济措施。② 1601年，英国女王伊丽莎白一世颁布了《济贫法》，史称旧《济贫法》。这是国家介入济贫事务的专门立法，是社会保障史上的一个重要的里程碑，因此一般认为此法为社会救助权的确立之法。③ 该法摒弃了前期法令对贫穷者压抑的处理方式，转而采用较为合理的措施。旧《济贫法》的主要内容有：（1）建立地方行政和征税机构；（2）为有能力劳动的人提供劳动场所；（3）资助老人、盲人等丧失了劳动能力的人，并为他们建立收容场所；（4）组织穷人和孩子学艺；（5）提倡父母对子女的社会责任；（6）从比较富裕的地区征税补贴贫困地区。④ 虽然较之于前期的济贫法令，该法的济贫措施趋于合理，但是亦无法摆脱该时期救助的"慈善"本质。该法虽为针对贫穷问题的专门之法，然而它仍旧没有跳脱出该历史时期针对社会救助问题的惩戒性主题。济贫仍旧仅仅被视为统治者的施惠而非社会群体的责任，且帮助贫穷的人并未被承认为一项正当的统治阶级职责。因此，《济贫法》的目的在于识别出真正的贫穷者，唯有那些真正不能自立生存而必须从君主手中乞得食物才能生存的人才会被赋予正当的身份。⑤ 此种以慈善或恩惠为主的济贫方法，一直持续到1789年的斯宾汉姆莱法。该法根据面包价格和家庭规模，制定了一个生活费指数，即我们所说的最低生活标准或贫困线。当雇主的支付工资低

---

① Karl De Schweinitz, *England's Road to Social Security*, Philadelphia: University of Pennsylvania Press, 1947, pp. 20-21.

② Thomas Welbank Fowle, *The Poor Law*, London: Macmillan Press, 1893, pp. 56-57.

③ 郑功成：《社会保障学——理念、制度、实践与思辨》，商务印书馆2020年版，第121页。

④ [英] W. H. B. 考特：《简明英国经济史：1750年至1939年》，方廷钰等译，商务印书馆1992年版，第157页。

⑤ [澳] 罗伯特·E. 古丁：《保护弱势：社会责任的再分析》，李茂森译，中国人民大学出版社2008年版，第172页。

于这一标准时，政府会补助生活费用与工资之间的差额。①

概言之，在19世纪以前的漫长时期内，"慈善"已然成为社会救助发展第一阶段——历时最长的阶段——的关键词。以福利救助为主要表现形式的"慈善"，源于人性之善，体现于宗教之教义，为社会救助制度的产生和发展积淀了丰厚的人文基础。随着历史的推移和济贫法令的不断颁布，"慈善"贯穿于社会救助萌芽的整个过程。首先，作为慈善组织的代表，教会长期是救助贫民工作的重要组织者和执行者（在政府参与济贫工作时，曾一度以"教区"作为济贫工作的区域划分依据），慈善成为教会等民间组织和政府共同济贫的连接点。其次，在《劳工律法》颁布后，特别是旧《济贫法》实施后，政府逐渐深入济贫工作中，但是当时贫困并未被政府视为社会问题，而是被归结为个人责任，政府仅把那些向城市迁移并寻求救济的贫民视为对社会秩序的威胁。因而，该阶段的贫穷立法具有惩罚和压抑贫困的性质，其目的在于减少乞丐与流民的迁移，进而维持良好的社会秩序。由此，"以慈善济贫之名，行惩贫抑贫之实"成为该阶段贫穷立法和政府济贫工作的精要概括。简言之，慈善济贫展现了19世纪前福利救助的产生和发展，亦预示了社会救助制度的萌芽，以"教区"为单位的地方政府济贫责任的产生，为社会救助的政府责任确立准备了基本条件，但是并未体现出与人权和公民权利密切相关的社会救助权的思想内涵。

二 社会救助制度形成的国家责任阶段

早期各国的济贫工作主要是以民间为主体，其后政府逐渐介入，逐渐演变为现代的社会救助工作。② 从基于人的善良天性而自发举行的济贫活动，到制度化的国家济贫行为，再到现代人权理念下的社会救

---

① Maurice Bruce, *The coming of the welfare state*, London: Batford, 1961, pp. 55 – 56.
② 孙健忠：《台湾社会救助制度实施与建构之研究》，（台北）时英出版社2002年版，第1页。

助制度的确立，如我国学者郑功成所指出的，我们能够抽取出的制度演化的脉络，是从依赖富庶的个人或者群体的慈善之心，到通过对于公权力的强制约束而敦促其实现再分配的目的。① 济贫法时代的终结与救助贫穷者的国家责任的初步确立，以1834年英国的《济贫法修正案》颁布为标志，政府对贫穷的态度由"不热心的慈善"（旧济贫法）转变为"激烈的阻止"（新济贫法），② 亦即，政府的角色由消极逐渐向积极转变。新《济贫法》与旧《济贫法》一样，都脱胎于当时尖锐的社会矛盾：旧《济贫法》的诞生源于黑死病的蔓延而造成的社会劳动力紧缺，而新《济贫法》的改革源于工业革命造成的人口过剩而引发的社会矛盾。这种具体而迫切的立法需求，与统治者渴望通过立法进而控制由贫困而引发的不安定因素的欲望相混合，致使新《济贫法》并非，也不可能成为以救助为其立法意图的法律文件。虽然新《济贫法》在制度设置中考虑到了贫困者的依赖问题，但实际上却对贫困者施加了更多的约束和更为贬低性的评价：非济贫院之内的人无法得到救济，同时贫困者需要以放弃政治权利为代价才能换取进入济贫院得到救助的资格。③ 新《济贫法》初步确立了济贫的国家责任，理由如下：其一，新《济贫法》创立了首个全国性的行政机构——"济贫委员会"，并由"有效率的常任官员负责"。④ 这一全国性的行政机构的成立，不仅统一了全国范围内社会救助的管理工作，使得符合相同社会救助条件的公民能够享受一致的救助标准；而且，为实现社会救助的国家责任提供了组织机构的基本保障，该全国性的行政机构成为全

---

① 郑功成：《社会保障学——理念、制度、实践与思辨》，商务印书馆2000年版，第123页。

② Kathleen Jones, *The Making of Social Policy in Britain: 1830 – 1990*, London: Athlone Press, 1991, p. 13.

③ Margaret Anne Crowther, *The Workhouse System 1834 – 1929 The History of an English Social Institution*, London: Methuen& Co, 1983, p. 73.

④ 曹明睿：《社会救助法律制度研究——西南政法大学法学系列》，厦门大学出版社2005年版，第33页。

国性社会救助工作的依托机构和管理机构。其二，新《济贫法》确立了"劣等处置"和"济贫院检验"两条原则。其中，"劣等处置"原则是新《济贫法》的核心精神的体现，它指的是在工作所中，贫民所享受的待遇应低于工作所外最底层劳工的待遇，以确保工作所救济不会成为对民众的诱惑，从而避免他们产生依赖工作所救济的心理。① "济贫院检验"原则是指济贫必须由政府统一管理，停止一切政府以外的救济，将所有救济活动集中于济贫院进行。只有这样，才能保证济贫院内受救济者的生活状况确实低于院外的独立劳动者。② 这两个原则彰显了现代社会救助制度的基本精神：保障被救助者的基本生存，同时避免他们对社会救助产生完全的依赖。由此，现代社会救助制度的发端，即国家在社会救助方面责任的逐渐形成，是以19世纪初期新《济贫法》的颁布为承前启后的临界点。然而，在理念发展层面，新《济贫法》的出台并未使贫困者摆脱底层生活的困境。由于济贫院在国家力量的主导下运作糟糕，公民甚至不愿向国家寻求救助。③ 1866年，布斯开始对伦敦地区的生活、劳工和贫困状况进行区域性调查，并对贫困形成的深层原因提出了历史性的诘问。布斯认为贫困并非源于贫困者自身的罪恶，他将贫困与对贫困者的人格否定相剥离，首次提出贫困应归因于社会而非个人的理论主张。因此，他将济贫与国家责任相结合，同时否定了传统的慈善观念，主张富庶之人和主权者居高临下的施舍并不是社会救助制度所应依赖的制度观念。④

历史在跨过临界点之后，呈现出另一番发展图景：社会救助的国家责任在接下来的历史时期开始逐渐得到充实，并最终完全确立。1908年，英国的《老年年金法》规定了由中央政府通过直接给付现金

---

① Jones Kathleen, *The Making of Social Policy in Britain：1830 – 1990*, London：Athlone Press, 1991, p. 15.
② 和春雷主编：《社会保障制度的国际比较》，法律出版社2001年版，第9页。
③ Karel Williams, *From Pauperism to Poverty*, London：Taylor & Francis, 2016, p. 171.
④ Charles Booth, *Life and labour of the people in London*, Michigan：University of Michigan Library, 1902, p. 200.

的方式来解决严重的老年贫困问题。而1911年的《国民保险法》和1925年的《寡妇、孤儿与老年年金法》则显示了政府希冀经由提供社会保险的方式为国民提供基本的保障。①1948年，英国颁布了《国民救助法》，并同时废止了济贫制度，这标志着现代社会救助制度的正式确立。当时，英国的社会救助制度主要包含一系列针对不同需求的救助措施，如基于资产调查实施的全国统一标准的低收入家庭救助，针对80周岁以上老年人的救助、儿童救助、失业救助以及疾病救助等，这些措施共同构成了一揽子解决方案，用以满足具有不同需求的人们。②自此以后，以国家责任为主要特征的社会救助制度在发达国家中广泛施行，成为一项重要的社会保障制度。③

自1834年至20世纪初期，从惩贫到贫穷的"去道德化"，从社会救助的国家责任的初步确立到完全国家责任的形成，这些变化在一定程度上反映了西方福利国家的形成路径。洛克在其著名的《政府论》中提出，政府是一种责任，其目的在于增进"公共福利"。④完全的政府责任，恰好契合了福利国家的形成与发展的历史逻辑。在此背景下，社会救助逐渐演变成为完全的国家福利。尽管完全的国家责任标志着社会救助制度的成形，并确立了政府在社会救助过程中的绝对主体地位；然而，完全国家责任中隐含的"福利国家"理念却在一定程度上成为社会救助制度进一步发展的桎梏。

---

① 孙健忠：《台湾社会救助制度实施与建构之研究》，（台北）时英出版社2002年版，第25—26页。

② Carol Walker, *Managing Poverty: the Limits of Social Assistance*, London: Routledge, 1993, p. 77.

③ 美国社会救助法律制度形成于20世纪30年代，1935年美国通过了其历史上第一部《社会保障法》，从而在借鉴德国和英国社会保障制度的基础上，建立起了世界上第一个较为完整的社会保障制度。1932年日本颁布并实施了《救护法》（即救助法），确立了现代社会救助法律制度。与此同时，法国、德国、奥地利、荷兰、瑞士、意大利等西欧国家和北欧国家先后宣布扩大社会保障范围，实施"普遍福利"政策，走上了福利国家道路。参见曹明睿《社会救助法律制度研究——西南政法大学法学系列》，厦门大学出版社2005年版，第34—37页。

④ [英]洛克：《政府论》（上篇），叶启芳、瞿菊农译，商务印书馆1982年版，第4页。

三 社会救助权形成的权利观阶段

社会救助权作为生存权的一个子集,其形成过程标志着义务主体从非正式组织向国家和政府的转变,这一转变是经济和政治文化发展的共同产物。当现代人权观念被资产阶级提出时,人作为自然存在,其天赋权利逐渐为政治所认知,国家权力的正当性来源也从奴隶主对于下位者的剥削转变为基于契约理论,救济事业也随之从单纯的慈悲与施舍精神中抽离出来。鉴于国家权力源自公民的授权,国家开始被强制要求进入社会生活领域,并履行相应的社会责任。[①]

自20世纪初期以来,随着社会救助国家责任的逐渐确立,被救助者的权益日益受到重视。例如,1948年英国的《国民救助法》建立了被救助者的申诉制度,这不仅表明了社会救助政策开始关注被救助者的尊严与权益保护,也预示着社会救助法律的重心正在由维护国家权威转向更加关注被救助者的权益保障。社会救助法关注点的转移并不意味着被救助者必然成为社会救助法律的核心,相反,社会救助权的确立需要一场"自上而下"的权利运动来推动。20世纪60年代,英国政府发起了所谓的"福利权运动"(Welfare Rights Activity),旨在改变国民将申请社会救助视为耻辱的认知,将此种给付的请求视为权利,进而提升国民对"向贫穷作战"方案的接受度并提高申请率。[②]

在美国,由于国家文化诞生于对于殖民制度的反抗,对自由的重视与追求塑造了国家的政治特色。而社会救助权及相应的救助制度,因其强调国家义务,与放任主义的政策风格并不相容。因此,直到罗斯福执政时期,才开始对失业者和老年人实施救济。无独有偶,尽管美国早期的国家政策深受自由发展理念的影响,导致社会救助制度的

---

① 李艳霞:《福利国家的政治学分析——以公民资格为视角》,博士学位论文,吉林大学,2004年。

② Michael Hill, *Social Security Policy in Britain*, Cheltenham: Edward Elgar Limited Press, 1990, pp. 44 – 45.

设计极为匮乏，但与英国社会相似，20世纪30年代经济大危机爆发前，美国社会持有"贫困有罪"的观念，认为贫困主要源于个人因素。[①] 美国的福利权运动是一场遍及全国的权利争取运动，由全国福利权组织（the National Welfare Rights Organization，NWRO）领导，发生在20世纪60年代中期到70年代中期。[②] 与早期争取公民社会权利的运动相似，全国福利权组织也主张体面的收入是一种权利，但不同的是，它打破了这一权利与有偿劳动之间的传统联系。[③] 换言之，结合社会救助的发展来看，福利权运动的主要理念在于强调获得社会救助不仅是一种权利，并且是实现体面收入的一种方式。这相较于济贫法时代的惩贫观念，无疑是历史性的进步。同时，这也揭示了该阶段社会救助权的主要特征：公民行使社会救助权与有偿劳动之间没有必然联系，即社会救助权的实现并不以履行特定义务为前提。

质言之，社会救助权观念的出现及其在立法上的体现，主要依赖于两方面的条件。首先，尊重人的生存与尊严的社会权与人权观念成为主流的社会思潮。从社会思潮的转折来看，美国罗斯福新政以及英国贝弗里奇报告的相继出台，标志着自由主义的思想在实践中受到了重大挑战。强调社会权以及以需求而非付费能力作为资源配置依据的集体主义，成为第二次世界大战后主要的社会思潮。[④] 在这种社会权与人权思潮的推动下，争取体面的收入和有尊严的生存的权利运动应运而生，进而促进社会救助权作为一项公民权利或人权得到法律的确认。因此，人权观念作为主流社会思潮的转变，为社会救助权的确立奠定了思想基础。其次，福利国家理念下的完全国家责任是社会救助权成为公民权利的现实基础。实际上，社会救助的国家责任是社会救助权

---

① 牛文光：《美国社会保障制度的发展》，中国劳动社会保障出版社2004年版，第136页。
② 陈国刚：《福利权研究》，中国民主法制出版社2009年版，第25页。
③ William E. Forbath, "Constitutional Welfare Rights: a History, Critique and Reconstruction", *Fordham Law Review*, Vol. 69, 2001, p. 1850.
④ 和春雷主编：《社会保障制度的国际比较》，法律出版社2001年版，第9—20页。

的制度性前提，缺失国家责任的公民权利将无从谈起；反之，社会救助权是社会救助在国家责任阶段成熟后的拓展性发展。"被救助者可根据国家规定的客观标准判断其生活差距，从而获得必要的扶助，这种措施是国家的责任，而要求救助也是公民的权利，这种权利是国家所承认的，也是国家有义务保障的国民权利。"① 因而，社会救助的国家责任与社会救助权相辅相成，社会救助的发展进入权利阶段并不排除社会救助的国家责任，并在相当长的历史时期内，国家仍然是承担社会救助责任的重要主体。然而，两者在本质上存在差异。国家责任阶段主要关注国家如何承担社会救助责任，而社会救助权阶段则更侧重于从被救助者的角度出发，以权利理念为指导，构建和完善整个社会救助制度。

在20世纪80年代以前，英国一以贯之地展现着它第一福利国家的国际形象，国民福利支出在国家财政支出中的比重连年上升。同时，由于福利项目和额度支出比重的增加，英国政府的财政状况以一种在短期内并不显著的规模持续恶化，以至于发展到20世纪70年代末，英国政府的财政收入不足其财政支出的85%。而这也给英国的经济增长带来了低就业水平与高通货膨胀率的桎梏②。但福利依赖所产生的、完全依赖国家救助生存的民众基数逐年增长，对于国家财政所造成的负担，也并不仅是英国的一国之难。美国的社会救助权发展也经历过从完全信奉"惩贫"的放任主义阶段，到政府积极领导的完全国家责任阶段。其中以20世纪80年代前的政府时期为主要代表，肯尼迪政府推行的反贫困战略首先将联邦政府对于生活困窘的寡妇及其未成年子女的救助，扩展到了生活困窘的双亲家庭。③ 换言之，其以陷入贫困之中的未成年人作为切入口，以此为支点，通过州政府下拨联邦经费

---

① 江亮演：《社会救助的理论与实务》，（台北）桂冠图书公司1990年版，第3页。
② 罗志如、厉以宁：《二十世纪的英国经济："英国病"研究》，商务印书馆2013年版，第147页。
③ 姚建平：《中美社会救助制度比较》，中国社会出版社2007年版，第100页。

的方式，实质上将育有子女的成年人也纳入了救助范围，对于多形式的家庭单位都起到了保障作用。而且，肯尼迪总统的福利计划并未随着他的卸任而终结，美国政府在社会救助发展的道路上一路朝着福利国家的方向高歌猛进。在约翰逊总统时期的《经济机会法》推行之后，《劳动力开拓和培养法》也开始由单纯地提供物质帮助转向着眼于对于贫困者的就业能力的塑造与提升，他开展了一系列的职业培训以及扶持计划，对于受助者的范围从长期失业者甚至扩展到了在职工人①。约翰逊政府时期突出的贡献是对于受助者的社会救助退出机制设计了具体的标准和程序，其对于受困者的福利依赖问题作出了初次尝试。虽然约翰逊政府已经开拓了"授人以渔"的社会救助方式，并且在随后的尼克松和科特政府执政时期都分别出台了鼓励就业的福利政策。但是随着70年代的石油危机爆发，并且由于美国政府对于福利政策的财政投入力度不断加大，而受助者虽然能通过退出机制不再消耗福利政策的资源，但是实质上仍旧对于国家财政来说是一个单纯的支出负担。因此，社会救助的力度加大也普遍被认为是引发美国政府的财政赤字危机的重要原因之一。②

该阶段的社会救助权利观建立在完全的社会救助国家责任基础之上，此时的社会救助权特别强调了国家的全面责任。这意味着国家承担绝对的社会救助责任，公民享有绝对的社会救助权利。因此，该阶段社会救助权的实现给国家带来了沉重的负担，且存在着被部分公民滥用的风险。

四 社会救助权发展的新权利观阶段

与社会救助权成立之初的权利观阶段相比，新权利观阶段下的社会救助权展现出两个显著特点：其一，社会救助不再是单纯的国家责

---

① 姚建平：《中美社会救助制度比较》，中国社会出版社2007年版，第101页。
② 杨玲：《美国、瑞典社会保障制度比较研究》，武汉大学出版社2006年版，第134页。

任，而是国家与社会责任相结合的产物，同时社会组织体所承担的社会救助责任将日益增强；其二，申请人或受助者不再能够无条件地享受社会救助，而是必须履行参加工作等相关义务。

20世纪30年代，世界经济危机爆发，福利国家理念首先在欧洲逐渐成形。① 然而，至20世纪80年代，福利国家的一些负面效应开始显现，具体表现为：经济发展速度放缓、财政赤字攀升、企业竞争力下降，以及充分就业和公平分配的目标难以实现。加之新科技革命和石油危机等外部因素的冲击，福利国家陷入了全面危机。② 学者们将这一危机归结为失业危机、老龄危机、财政危机、社会危机、制度危机和文化危机六大方面。③ 面对这些挑战，福利国家进入了改革的必要阶段。过去，福利国家的设计主要基于人的需要来设立福利项目和待遇水平，但20世纪80年代后，这一出发点发生了转变。新的制度设计更注重经济支持能力，依据资金供给的可能性来确定福利水平。在改革过程中，福利支出受到严格监控，部分待遇支付水平被降低，甚至一些福利产品被私有化，转由市场运作。④ "20世纪80年代，英美新保守主义政府宣告了反福利主义时代的到来。新保守主义强调家庭、社区、教会、邻里以及各类互助群体在贫穷政策中的作用，表现为经费的削减、政府角色的减少、以工作救济方案替代直接的社会救济，并强调只有真正需要的人才可以接受救助。"⑤ 这意味着，对福利主义的质疑和福利国家的改革促使社会救助的完全国家责任进行调整，同时，社会救助的公民权观念也需与时俱进。

社会救助发展的新权利观阶段并未否定社会救助权的存在，而是

---

① 现代福利国家制度发源于欧洲，几乎所有的学者都承认福利国家的产生与资本主义经济危机的爆发有直接关系。参见高鹏怀《历史比较中的社会福利国家模式》，中国社会出版社2004年版，第2页。
② 高鹏怀：《历史比较中的社会福利国家模式》，中国社会出版社2004年版，第8页。
③ 周弘：《福利的解析——来自欧美的启示》，上海远东出版社1998年版，第142—149页。
④ 冯英、聂文倩：《外国的社会救助》，中国社会出版社2008年版，第26页。
⑤ 和春雷主编：《社会保障制度的国际比较》，法律出版社2001年版，第24页。

强调了被救助者参与工作或劳动的社会义务或责任,并将参加工作的意愿或行为作为其行使社会救助权的前提条件。简言之,西方发达国家社会救助体系新改革的明显趋势是加强对被救助者的工作要求,主张实行"权利与责任并重"的积极福利政策,即福利既是每个人的权利,也要求每个人履行相应的义务。① 社会救助新权利观的工作责任主要通过"强制工作"和促进就业的政策实现。前者旨在被救助者主动寻找或参加工作,以减轻他们对社会救助的依赖。具体措施主要包括设置严格的社会救助申请条件、出台促进就业的相关法令,以及对不服从工作安排者实施制裁等。② 后者则着重于增加现有受救助者或潜在受救助者的工作回报,如减免所得税、创造更好的就业条件、加强职业培训力度等。在这一时期,撒切尔夫人对英国的财政政策进行了大刀阔斧的缩减改革,这种削减社会福利的政府态度并未随着她的执政结束而落下帷幕。尽管撒切尔夫人的激进政策引发了民意反弹,但执政党确实认识到减轻部分社会福利和救助责任有助于改善国家财政状况。随后,新工党在英国上台执政,其提出的"第三条道路"正式成为社会福利与救助政策的施政纲领。布莱尔政府不再将社会救助单纯视为一种侧重于权利的公民权利,而是强调福利的权利和责任并重原则,推进积极的社会投资型救助方案。英国政府开始从原先的单纯提供物质救助,转向提供提高就业水准和促进贫困者积极就业的服务,类似于约翰逊政府实施的就业救助政策。虽然此时并未明确提出以强制劳动换取社会救助的要求,但通过将仍有劳动能力的救助申请者纳

---

① 如美国于1996年通过《个人责任与工作机会协调法》,废止了联邦单一模式的福利援助,改为由联邦和州政府共同出资救助贫困者的模式。同时,该法律还特别强调"就业"的重要性,福利申请人必须证明自己有工作或正在寻找工作,否则就得不到福利援助。参见陈国刚《福利权研究》,中国民主法制出版社2009年版,第45—46页。

② 在美国的一些州,不服从工作安排,救助水平就会降低,甚至有可能取消受助资格。德国1996年也进行了一项改革,即对拒绝承担工作责任的人消减25%的救助金,以强化福利受益与工作义务的一致性。加拿大、新西兰和英国也有类似的措施。参见王超、齐飞编著《中国社会救助概论》,中国矿业大学出版社2007年版,第95页。

入就业服务机构的管理之下，政府加强了对受助者的管理。对于拒绝参与就业培训或放弃政府提供的就业机会的贫困者，政府将停止救助。① 除了以《申请就业协议》为代表的就业促进政策，英国政府还通过投资公共项目来促进就业增长，多方面保障贫困者的就业权利。进入21世纪后，政府责任在公共事务中进一步加强，英国社会基本形成了民间组织和政府部门共同经营、行业自律和公众监督并举的社会救助公共服务模式。随着里根总统的上台，美国也开始对社会福利和救助制度进行改革，将福利视为国家财政的重要负担项进行调整。里根政府作为新保守主义的代表，引领美国引入了福利紧缩时期。一方面，政府对约翰逊政府时期已进行改革的贫困家庭救助政策进行了进一步调整，从鼓励就业转变为强制就业；另一方面，政府也提出了鼓励志愿者组织等社会团体参与社会救助的主张。②

因此，近年来，西方国家在总体福利项目中的主导角色已发生显著转变。各种福利提供者之间的功能正在被重新分配，而福利的总体水平则大体维持稳定。国家可能正逐渐从直接提供福利的角色中抽身，转而鼓励雇主、志愿机构、家庭及其他人发挥更大的作用。③ 国家仍然是提供社会救助服务的基本主体，而其他在国家力量推动下产生的社会救助主体也将持续参与救助活动。他们提供社会救助的动机何在？是否可以归结为以慈善为本的社会道义责任？这有待下文的深入讨论。

综上所述，西方社会救助的历史发展可以划分为慈善、国家责任、公民权利和新权利四个阶段，这与下文表格中孙健忠先生对我国台湾地区社会救助的三个阶段概括有所不同。尽管国家责任阶段的社会救助制度特征可被社会救助权阶段的权利表征涵括，但将国家责任作为

---

① 王三秀：《英国促进贫困人群可持续就业政策及其借鉴》，《中国行政管理》2011年第2期。

② [德] 克劳斯·奥菲：《福利国家的矛盾》，郭忠华译，吉林人民出版社2006年版，第203页。

③ [加] R. 米什拉：《资本主义社会的福利国家》，郑秉文译，法律出版社2003年版，第11页。

社会救助发展中的独立阶段来概括仍具有特殊意义。理由如下：第一，社会救助的国家责任是确保社会救助权得以实现的关键基石，忽略国家责任阶段可能导致社会救助历史脉络的断裂；第二，1834年至20世纪初期，是社会救助的完全国家责任阶段，这一阶段有别于慈善阶段的次要国家责任和权利阶段的主要国家责任，具有历史转折的重要意义；第三，尤为重要的是，尽管在西方社会救助发展过程中，国家责任阶段似乎缺乏显著的典型性，但自20世纪起，西方发达国家的社会救助发展史已使国家责任不证自明。然而，发展中国家在社会救助方面相对滞后，以中国为例，我国的社会救助已然跨过慈善阶段，但尚未进入权利阶段，正处于容易被西方社会忽视的国家责任阶段。因此，从世界社会救助历史的角度来看，研究国家责任阶段的价值凸显，它不仅是中西方社会救助发展比较的基准，也是衔接中西方社会救助发展的重要桥梁之一。

表1-1　　　　　　　　　社会救助思潮的发展[①]

	20世纪以前（保守的）	20世纪初期至20世纪80年代（自由的）	20世纪80年代迄今（务实的）
理念的基础	个人主义	社会民主主义	第三条路
贫穷的界定	匮乏	相对剥夺（不平等）	社会排除
致贫的归因	个人因素	结构（社会）因素	个人与结构因素
政府的角色	消极	积极	积极
服务的精神	慈善	权利	权利与义务均衡
服务的取向	惩罚	照顾	照顾与自立
给付的水准	维生	自尊	适当
工作的要求	严格	宽松	积极

[①] 孙健忠：《台湾社会救助制度实施与建构之研究》，（台北）时英出版社2002年版，第36页。

五 我国社会救助的发展阶段

从时间维度审视,我国社会救助发展史可划分为古代、近现代和当代三个时期。而基于不同历史时期社会救助的独特表现,即其根本特征的差异,我国社会救助发展史只能概括为慈善和国家责任两大阶段。接下来,本研究将依循社会救助发展的三个历史时期的脉络,对社会救助发展的两个阶段进行梳理。

(一) 维护封建统治的古代救济体系

我国古代济贫措施构建了以"仁政"为表象、实质维护封建统治的救济体系。中国古代社会拥有非常发达的救助系统,从救助主体来看,可细分为政府救助与非政府救助,后者涵盖宗族救助、宗教救助及民间慈善救助。[1] 从救助的内容和对象来看,中国古代的福利救济制度及惯例主要涵盖两方面:一方面,针对天灾人祸等特殊时期的百姓,实施救灾减害的制度与行政措施;另一方面,在平常时期,则针对鳏寡孤独、老病残疾等社会弱势群体进行福利救助,如设立养济院收养老人、救助孤儿,开办药局提供医疗援助,设立广惠仓等专项福利粮储,以及遣使发放救济物品并慰问贫弱孤寡等。[2]

我国古代救灾、济贫类型分析表明,救济体系的主要特点为:第一,政府在其中发挥核心作用,然而政府的救助行为实则是在慈善思想指导下对受助者的施舍,即体现仁政精神。仁政思想在我国古代根深蒂固,但这一行为具有自上而下的特性,实施仁政者,常以救世主的身份自居,对百姓施以援手。[3] 换言之,古代救助与济贫行为尚未实现常态化、固定化和制度化。第二,古代政府救灾济贫的本质目的在于维护封建统治。第三,我国古代的救济并非纯粹的

---

[1] 姚建平:《中美社会救助制度比较》,中国社会出版社2007年版,第77页。
[2] 范忠信:《中国古代福利救助制度及其精神》,《中西法律传统》2002年第1期。
[3] 时正新主编:《中国社会救助体系研究》,中国社会科学出版社2002年版,第37页。

社会救济或社会福利。中国古代的福利和救济事务过于国家化、政治化，排斥社会力量。一方面，国家并未把弱势群体的福利与救济视为社会问题，而是视其为"为民父母行政"格局下的"安抚子民""哺育百姓"的行政问题，或视作放大的"家政"问题。另一方面，社会力量未被纳入其中，也未得到鼓励参与。鉴于此，中国古代的福利和救济事业不宜称为真正的社会福利和社会救济。①

（二）确立形式国家责任的近现代社会救助

我国近现代社会救助发展时期，已经在形式上确立了社会救助的国家责任。中国现代救助制度起源于鸦片战争前后，但真正以立法的形式确立其在国家政策中的地位，则是在民国时期得以实现。② 1915年，即中华民国建立后的第四年，北洋政府仿效英国的《伊丽莎白济贫法》颁布了《游民习艺所章程》，标志着中国政府开始尝试用法律手段来规范济贫行为。③ 随后，1931年国民政府颁布的《救济院规则》规定，为了教养无自救能力的老、幼、残疾之人，并保护健康，救济贫民生计，应在各省区、省会、特别市政府及县市政府所在地设立救济院，院内分设养老所、孤儿所、残疾所、育婴所、施医所、贷款所等机构。1943年，国民政府更是颁布了《社会救济法》，这是中国历史上首次关于社会救济工作的全面、专门立法，具有重大意义。④

尽管在立法层面社会救济制度已得到确立，但在当时的社会历史背景下，民族救亡、大国支持背后的势力角逐、社会意识形态的斗争等因素，对社会安全保障等社会事务在国家社会生活中形成了"挤出"效应，导致社会安全保障措施难以具体实施。这一时期，社会

---

① 范忠信：《中国古代福利救助制度及其精神》，《中西法律传统》2002年第1期。
② 姚建平：《中美社会救助制度比较》，中国社会出版社2007年版，第84页。
③ 安涛：《中国社会救助制度的变迁与评估》，中国政府网，https://www.gov.cn/ztzl/2005-12/31/content_143826.htm，访问日期：2023年8月23日。
④ 时正新主编：《中国社会救助体系研究》，中国社会科学出版社2002年版，第36页。

安全保障制度对社会安全的维护功能难以衡量,也无法进行有效检验。在这样的背景下,社会救济的相关立法几乎无法得以贯彻执行。当时的政府救济机构长时间内仍沿袭封建时代的旧制和作风,未能真正承担起社会救济的国家责任。因此,形式上的社会救济制度未能推动我国社会救助的实质性发展,我国近现代社会救助依旧停留在慈善阶段。

(三) 确立实质国家责任的当代社会救助制度

我国当代社会救助制度的建立以实质的社会救助国家责任的确立为标志。1949年中华人民共和国成立后,基于当时的实际情况,我们遵循城乡二元分治的原则,在农村建立了以救灾救济、"五保户"及特困户救济为主要内容的救助体系,而在城市则建立了广泛就业与矫治性救助相结合的救助体系。[①]改革开放以来,随着农村家庭联产承包责任制的实施和城镇经济体制改革的推进,农村贫困和城市下岗、失业等问题逐渐凸显,成为亟待解决的社会问题。20世纪80年代,我国社会救济改革的重点主要集中在农村,对农村救灾、救济、"五保"和扶贫等方面进行了深入改革探索。到了20世纪90年代,由于国有企业改革进入攻坚阶段,城市贫困现象日益严重,社会救助改革与制度建设的重点逐步转向城市。中国现代的社会救助体系始于20世纪90年代初期,这一时期的中国经济改革和发展为社会救助体系的建立提供了动力。[②]经过十多年的发展,我国目前已基本形成了以城乡最低生活保障制度为核心,辅以农村"五保"供养制度、灾害救济制度、医疗救助、流浪乞讨人员救助等为主要内容,同时以住房救助、教育救助、法律援助制度为支撑,临时救助制度为补充,并与慈善事业紧密衔接

---

① 郑功成:《中国社会保障改革与发展战略——理念、目标与行动方案》,人民出版社2008年版,第235页。
② 江树革、[瑞]比约恩·古斯塔夫森:《国外社会救助的经验和中国社会救助的未来发展》,《经济社会体制比较》2007年第4期。

的社会救助体系框架。①

目前,最低生活保障制度在社会救助体系中占据着核心地位。1999年颁布的《城市居民最低生活保障条例》第四条明确规定:"城市居民最低生活保障制度实行地方各级人民政府负责制,县级以上地方各级人民政府民政部门具体负责本行政区域内城市居民最低生活保障的管理工作;财政部门按照规定落实城市居民最低生活保障资金;统计、物价、审计、劳动保障和人事等部门分工负责,在各自的职责范围内负责城市居民最低生活保障的有关工作。"由此可见,我国社会救助的发展已迈入国家责任阶段。

总的来说,我国古代救济措施和近现代的社会救助雏形尚处于慈善阶段,而当代社会救助体系的确定才真正标志着我国社会救助进入了国家责任阶段。与西方社会救助的发展历程相比,我国社会救助的发展相对滞后。西方社会救助已历经慈善、国家责任、权利和新权利四个阶段,而我国正处于社会救助制度形成与完善的国家责任阶段。②如此的中西方差距引发了笔者深入思考:我国的社会救助发展是否会如同西方一样逐步进入权利阶段?我国的社会救助权利是否有着与西方不同的内涵或发展路径?考虑到西方发达国家社会救助的发展伴随着福利权运动和福利国家弊端的出现,而我国并没有这样的历史背景,因此,社会救助的权利化是否会成为必然,值得我们深入探讨。

---

① 这一体系框架尽管还未走向最终定型、稳定,但确实具有将生活救助与扶持生产相结合、物质帮助与社会服务相结合等特点,在保障城乡困难群体的基本生活、维持社会稳定等方面发挥了不可替代的作用。参见郑功成《中国社会保障改革与发展战略——理念、目标与行动方案》,人民出版社2008年版,第236页。

② 尽管我国社会救助的相关立法中已有了认可公民权利的体现,如《城市居民最低生活保障条例》第二条规定:"持有非农业户口的城市居民,凡共同生活的家庭成员人均收入低于当地城市居民最低生活保障标准的,均有从当地人民政府获得基本生活物质帮助的权利。"但是,社会救助权利的实现以社会救助制度的完整建立为前提。显然,我国的社会救助制度尚处于形成过程中,因而社会救助仍处于国家责任的发展阶段。

第二节　社会救助权成立的理论依据

从理论讲,"权利"与"正当"具有天然的关联。"'权利'一词所指示的,正是所谓的正当性。"① 权利是法学的核心范畴,而权利的正当性则是权利的本质所在。② 而"正当"作为权利的伦理学维度,它决定了人们的欲望和冲动能否成为权利的基石。只有对正当的事物才能主张权利,这种主张才能成为权利的一种外在表现形式。③ 因此,权利的正当性理应成为评估某种具体权利存在与成立的基本依据。对于典型的社会权而言,社会救助权的正当性是社会救助权成立的关键性因素。

一　权利社会学的发展是社会救助权成立的理论导向

(一) 两种维度下的权利社会学建构与发展

顾名思义,"权利社会学"是法学与社会学两门学科交叉研究的结果。权利已不再是法学的专有概念,其普适性和实用性使得权利也可以成为其他社会科学的研究对象。社会学以解决社会问题为导向,权利的确认与实现可以成为社会学实践问题的突破口。因此,由"权利"与"社会"结合而成的权利社会学理论的建构具有坚实的理论和现实基础。

在法学领域,权利的社会学理念源自然法学者从权利保护的角度对权利社会性基础的肯定。在我国,权利的社会理论最早由夏勇先生提出,并将其概括为"走向一种权利的社会理论"。具体而言,权利的发展与社会的发展是相互影响的。尽管每个人在作为人

---

① 周辅成编:《西方伦理学名著选辑》(上卷),商务印书馆1996年版,第50页。
② 征汉年:《权利正当性的社会伦理思考》,《江苏社会科学》2009年第2期。
③ 征汉年:《正当:权利的伦理维度》,《长白学刊》2009年第1期。

都应享有或都应当享有一些不可剥夺的权利，但是每个人对权利的感知、要求和获享，以及道德、法律和体制对这种感知、要求和获享的承认与支持，都取决于其所处的社会，并且只有通过社会的发展才能得以增进。余少祥先生为权利社会学做了如下定义："权利社会学是从社会发展的视角阐述权利的正当性、价值本质和起源发展的一种路径和方法论，并非完全意义的权利本体学说。"[1] 换言之，权利的社会性基础是考察权利正当性的重要方面。从本质上说，"权利"存在于社会共识之中，只有当人们对权利的存在形成一致肯定意见时，权利才能得以确立。[2] 因此，法学维度下的权利社会学以权利的社会性基础为理论前提，以权利正当性为理论核心，以权利保障为价值目标。

从社会学维度的权利社会学建构到法学维度的权利社会学建构的发展过程中，权利社会学的关注点已经从具有社会要素的利益上升为社会权利的可能性，向权利的社会性基础（即权利的正当性）转移。简而言之，权利的社会性基础或权利的正当性是权利社会学的核心问题。

1. 权利社会学对社会救助权成立的理论指引

在权利社会学理论的影响和启示下，权利社会学对社会救助权的成立与发展起到了重要的理论指引作用。首先，权利社会学的发展成为社会救助权成立的重要理论背景，即社会救助权的产生具有得天独厚的经济社会基础。权利社会学强调权利的产生与发展必须基于一定的经济社会基础。从经济条件来看，与经济发展水平相适应的物质帮助是社会救助制度发展和社会救助权产生的基本前提；从社会条件来看，国家和社会在现有法律体制和社会规约下普遍承担维护贫弱社会成员的义务。因

---

[1] 余少祥：《弱者的权利：社会弱势群体保护的法理研究》，社会科学文献出版社2008年版，第194页。

[2] ［美］詹姆斯·S.科尔曼：《社会理论的基础》（上），邓方译，社会科学文献出版社1999年版，第65页。

此，权利社会学理论发展所需的经济社会基础为社会救助权的成立提供了前提性条件。可以说，权利社会学是社会救助权产生的理论基石，为社会救助权的成立与发展注入了一剂"正当性"的强心针。

其次，权利社会学理论还为社会救助权的研究路径和研究目标指明了方向。在权利社会学理论的指引下，我们应将经济社会背景作为权利研究的出发点，将权利实现的社会效果作为权利产生与发展的价值追求。特定的经济社会条件不仅是社会救助权产生的基础，也是其进一步发展的客观条件，更是制约社会救助权实现的关键因素。因此，在权利社会学理论的影响下，随着权利产生与发展所需的经济社会条件的不断完善，社会救助权应运而生，其实现仍然受到经济社会因素的制约。在这个意义上，权利社会学理论深刻影响了社会救助权研究的主要内容和价值目标的确定。

此外，权利社会学背景下社会救助权产生所需的经济社会条件在现实生活中具体表现为该权利成立的现实依据。对社会救助权成立具有重要理论指引作用的权利社会学应当被置于社会实践中进行验证和探究。关于社会救助权成立的现实依据，将在下文其他章节中进一步详细讨论。

二 生存权保障是社会救助权成立的基本动因

（一）基本物质生活保障是生存权的最基本内部因子

在当今法治时代，生存权已跃居人权之首，成为各国共同认可的理念。生存权的保障不仅是各国宪法的重要内容，也是国际人权文件中的核心条款。从最初的生命权不被国家任意剥夺，发展到当代的生存权[1]，其内容与保障方式的演进深刻反映了生存权理论的复杂性与内部结构的多维性。

---

[1] 赵雪纲、王雅琴：《生命权和生存权概念辨析》，《中国社会科学院研究生院学报》2004年第6期。

1. 生存权内涵的深化与拓展

关于生存权的内涵，尽管学界存在诸多争议，但随着人权理论的演进和经济社会条件的变迁，生存权的内涵日益丰富。它不仅涵盖了人类安全生活的基本需求，还延伸到了人类存在与发展的各个层面。因此，随着社会经济的进步，生存权与其他权利的界限也日渐清晰。作为法的概念，"生存权"首次出现在奥地利具有空想社会主义思想倾向的法学家安东·门格尔1886年的著作《全部劳动权史论》中。安东·门格尔最早把生存权描述为一种法律层面的权利，强调在人的所有欲望中，生存的欲望具有优先地位。生存权即是指个人依据此生存标准向国家主张，并由国家提供物质条件保障的权利。① 这一定义将生存权概括为个人向国家主张符合生存标准的物质保障的权利。由于"生存标准"这一措辞具有较高的概括性和抽象性，导致在相当长的历史时期内，生存权在理论和实践中往往被简化为单一的"国家—个人"关系，即国家不得任意或武断地剥夺人的生命。

然而，在1982年12月18日联合国大会所采纳的一项决议中，联合国大会和人权委员会纠正了对生存权的狭隘化理解。"生命权长久以来一直被作了过于狭隘的解释，'固有的生命权'这一表述不能再以一种过于严格的方式来理解了，此项权利的保护也要求国家采取积极的措施。在此理解中，人权委员会认为，可以要求成员国采取所有可能的措施，以降低婴儿死亡率并提高预期寿命，特别是要采取措施以消除营养不良和流行疾病。"② 换言之，生存权这一概念不仅应涵盖人的生命不被国家任意或武断剥夺的保障，还应包括人从国家获得必要的食物、医疗和基本健康生活环境等内容的权利。

---

① 徐显明：《生存权论》，《中国社会科学》1992年第5期。
② Bertrand G. Ramcharan ed., *The Right to Life in International Law*, Netherland: Martinus Nijhoff Publishers, 1985, pp. 4 – 5.

当今我国学者对生存权的含义与内容持有不同观点。从狭义上讲，"生存权是指人在一个社会和国家中应当享有的维持自己生命存在的最基本权利，这包括生命安全得到保障和基本生活需要得到满足的权利。"① 该层面上的生存权包括最基本的生命保障权和最基本的物质生活保障权。而从广义上来看，生存权则是指公民要求国家积极作为，以使之其能够享有健康和文化生活的权利。换言之，生存权保障的内容包括最基本的生命保障权、最基本的物质生活保障权以及最基本的文化生活保障权。②

以上几种观点从不同角度阐释了生存权的含义与内容。虽然这些观点之间难以达成一致和统一，但它们的贡献在于揭示了生存权含义和内容不断丰富的趋势。生存权，其渊源可追溯至早期的人权法规范，在人权法视域下体现为基本的生命保障权；在宪法和社会法视域下，它则体现为基本的物质生活保障权。而在未来可预见的经济社会条件下，随着文化生活保障逐渐成为人类基本生活的需求，文化生活保障权也有可能成为生存权的应有之义。

2. 生存权的保障趋于全面化和人性化

与生存权内涵发展趋向一致，生存权的保障方式逐渐从单纯的基本生命保障权扩展到生命保障权与物质生活保障权相结合。同时，生存权的保障方式也实现了从过去的消极保障向消极保障与积极保障相结合的转变，使得生存权的保障更为全面化和人性化。③ 与生存权的内

---

① 王家福、刘海年主编：《中国人权百科全书》，中国大百科全书出版社1998年版，第531页。
② 陈泉生：《论现代法律重心的推移——保障生存权》，《云南大学学报》（法学版）2001年第2期。
③ 早期的人权法规范把生存权定性为生命权，生存权是自然权之一，具有消极的意义，即国家对个人之生存不得有不当侵害之意。然而，随着资本主义从自由经济发展到垄断经济，社会上出现了悬殊的贫富差距，贫困和失业等资本主义的弊病成为威胁社会成员生存的最大社会问题。为了缓和资本主义社会的各种矛盾，20世纪初出现了对生存权的积极保障。1919年德国的《魏玛宪法》首开生存权国家积极保障之立宪先河。参见龚向和、龚向田《生存权的本真含义探析》，《求索》2008年第3期。

涵和内容的发展相适应，生存权的保障方式也日趋多元化。

生存权保障在本质上反映了国家与个人在根本的人身利益保护方面的道德与法律关系。在人权规范的时代背景下，生存权的消极保障深受道德上的人权保障意识的影响。随着生存权保障的入宪和工业化时代的到来，生存权仅在法治的轨道上得到了更为全面的保障。正如我国台湾地区许庆雄教授所概括的，国家对生存权的保障范围涵盖了不得侵害国民的生存权利、排除无实质自由平等的经济生活关系，以及积极构建确保国民尊严生活的必要条件。① 在生存权的人性化保障方面，台湾地区的钟秉正先生提出了更为详尽的措施。他主张，国家在落实生存权保障时，不仅要消极地禁止侵害"生命权"，更要积极提供社会保障制度，以实现"合乎人性尊严之生活权"的保障。② 随着生存权保障方式的多元化发展，生存权保障与社会保障制度之间的联系日益紧密。国民基本的物质生活保障主要依赖社会保障制度来实现，特别是通过社会救助制度来保障公民或社会成员的最基本的物质生活。

无论是从生存权的内涵发展历程来看，还是从生存权保障方式的变化来考察，当代的生存权理论与实践均表明，基本的物质生活保障是生存权的最基本构成要素。尽管基本的文化生活保障也被纳入"最低生活标准保障"的范畴，并有可能成为生存权保障的基本内容，但这一问题目前仍处于讨论和争议阶段。而关于基本的物质生活保障成为生存权保障的当然内容，已经成为普遍接受的共识。此外，社会保障是生存权保障的重要方式，而基本的物质生活保障则是社会保障和生存权保障的基本要求。因此，基于当前的生存权理论和生存权保障实践，我们可以说，基本的物质生活保障为生存权保障奠定了坚实的基础，并进一步推动了社会救助权的产生。

---

① 龚向和、龚向田：《生存权的本真含义探析》，《求索》2008 年第 3 期。
② 陈泉生：《论现代法律重心的推移——保障生存权》，《云南大学学报》（法学版）2001 年第 2 期。

(二) 生存权的物质保障是社会救助权产生的基本动因

1. 生存权物质保障的具体表现形式构成了社会救助权产生的基础

生存权在保障公民或社会成员的基本生活得以满足的视角下，有两种具体表现形式。第一，从抽象层面来看，社会共同体中的成员享有获得帮助权。这种获得帮助的要求权源于社会共同体的组织规则。社会共同体作为一个整体，由全体社会成员共同构成，社会成员之间关系的不协调或矛盾将对社会共同体内部的统一性和稳定性造成威胁。获得帮助权不仅确保了贫困中的社会成员的基本生存需求得到满足，还为社会成员的互助团结关系提供了道德支撑。简而言之，社会成员享有获得帮助权是社会共同体合理性的重要因素。因此，作为生存权抽象形态的获得帮助权，已经成为社会共同体提供社会帮助以及社会成员享有社会救助权的逻辑起点和理论基础。

第二，从具体的国家实践角度看，生存权表现为公民的生活保护请求权。[①] 如果说生存者是通过"劳动—财产—维持生存"的定式完成了生存权的自我实现的话，那么"物质请求—国家帮助—维持生存"则是某些特殊主体实现生存权的另一种方式。[②] 从抽象意义的生存权形式到具体生存权形式的发展，是生存权实现需求的明显体现。弱势群体的生存权实现往往超出其自身能力范围，确实需要国家或社会共同体的帮助。具体来说，无法维持基本生活的公民只有通过国家的帮助，其基本物质生活才能得到保障。因此，请求国家基本物质生活保护权作为生存权的具体实现形式，是在社会成员获得帮助权的基础上发展而来的。它凸显了处于弱势地位的公民获得国家帮助的客观需求，这也是社会救助权生成和存在的实践基础。

就生存权物质保障的两种形式而言，社会成员享有从其他社会成

[①] 《日本生活保护法》（1950年5月4日公布）基于生存权原理确立生活保护请求权。参见韩君玲《日本最低生活保障法研究》，商务印书馆2007年版，第122页。

[②] 韩德培主编：《人权的理论与实践》，武汉大学出版社1995年版，第379页。

员或社会共同体获得物质帮助的抽象权利，公民有权请求国家对基本的物质生活进行保障。这两种形式分别阐释了生存权物质保障的具体形式，共同构成了社会救助权产生与发展的理论基础和实践基础。因此，从这个意义上说，生存权的物质保障既是社会救助权产生的基础，也是社会救助权发展的基本动力。

2. 社会救助权的产生顺应了生存权保障内容的发展

一般而言，生存权的保障从其历史演进来看，主要是从经济层面的保障开始，即以生存权的物质保障作为理论的起点。也就是说，生存权理论最初主要是为解决经济贫困问题而提出的，后来逐渐向着确保人的尊严的新方向发展。[①] 社会救助制度以及社会救助权的发展，其根本立足点在于公民生存权的全面实现。对于陷入困窘的贫困者来说，生存物质保障是紧迫性的需求，缺乏它会对他们构成威胁和阻碍。这种紧迫性对于贫困者来说没有中间状态的停留，是生存与灭亡的二元对立存在。因此，社会救助权的现实意义并不在于覆盖所有公民的全部社会生活时期。如果我们接受这样一个假设：所有公民都有可能在一定时期内陷入困境，那么社会救助权就是对所有公民普遍存在的保障。[②] 公民的困境诱因复杂，难以通过事前的制度设置完全规避。社会救助权的成立逻辑在于国家作为公民权力让渡的接受者，应作为正义观念的具体制度设计者和落实者。当公民陷入贫困时，国家需要通过事后的救助活动来矫正这种不公平境遇。国家和政府作为制度与政策的执行者，其根本任务在于实现广大公民的福利，追求一种以幸福与繁荣为共同目标的哲学层面的理想状态。公民的个人幸福与集体利益并非不可调和的对立关系，因此政府和国家不能以集体福利的实现为借口而忽视对公民个人福利的保障。[③] 生存权保障内容正由基本的物质

---

① [日] 大须贺明：《生存权论》，林浩译，法律出版社2001年版，第26—27页。
② [瑞] 西斯蒙第：《政治经济学新原理》，何钦译，商务印书馆1983年版，第420页。
③ [英] 诺曼·巴里：《福利》，储建国译，吉林人民出版社2005年版，第6页。

保障向人性尊严的保障方向发展。在我国，生存权保障仍以物质保障为主，人性尊严的保障则是生存权理论的最新发展动向。这种基本人权保障的动向可以体现为相关配套制度的发展。在讨论与社会法中的社会救助以及家庭保护措施相关议题时，必须从"合乎人性尊严之生活权"的角度出发。① 在社会保障法领域，"合乎人性尊严之生活权"应具体体现为社会救助权，其主要权利内容在于保障公民或社会成员过上符合人性尊严的基本生活。因此，社会救助权的产生与发展是生存权保障内容发展新动向的具体体现，而生存权保障内容的发展与社会救助发展方向的契合点正是人性的尊严。

鉴于生存权保障措施必须符合人性尊严之要求，德国在实施社会救助时特别注重所谓的"个别化原则"，即社会救助的给付考量个人的特殊性，特别是求职者的需求以及所在地等因素。为了达到合乎人性尊严的生活保障，给付不仅要满足个人物质上的需求，还要考虑到人类作为群居物种以及社会与文化上的特性。② 在人性尊严原则的指引下，生存权保障的内容必然朝着基本文化生活保障的方向发展；同样，考虑到人的社会与文化特性，社会救助的范围也将扩展到文化生活方面的救助。因此，新近强调的人性尊严不仅促进了社会救助权的产生与发展，也极大地推动了生存权保障内容与社会救助权保障的同向性发展。

简言之，人权思想是社会救助权生成和发展的思想基础之一。作为基本人权的生存权，其保障与实现决定了社会救助权产生与发展的轨迹。在社会救助权的人权权利理论结构中，义务主体为国家以及社会等共同体，而非个体。本研究所采取的定义以及当代社会救助权的含义，并未将公民提出救助的请求权强加于其他公民个体之上。因此，社会救助权作为人权概念下的权利实现，并不依赖于其他公民对自己

---

① ［日］大须贺明：《生存权论》，林浩译，法律出版社2001年版，第50页。
② ［日］大须贺明：《生存权论》，林浩译，法律出版社2001年版，第41—46页。

权利的控制和限缩。① 社会救助权的生成是人权原则对社会共同体提出的基本要求。换言之，社会救助权的产生和发展基于生存权是基本人权的原理；生存权中基本生活得以满足的权利要求正是社会救助权实现的基本目标。在社会保障法的框架中，生存权原理无须依赖任何中介因素，便可自然地承担起引领的角色，其本质在于生存权的纲领性特征，它奠定了社会保障法的坚实基础。② 纲领性的抽象生存权在社会保障法领域，特别是在社会救助领域具有天然的作用机制。具体来说，人权层面的抽象生存权在社会救助法领域泛化为社会救助权，即最基本的物质生活保障权；社会救助权的生成与发展在一定程度上代表着生存权的保障与实现。除了是公民对于共同体的直接主张的人权法权利这一特征外，社会救助权还具备基础性权利的特征。因为社会救助权作为生存权实现的一种保障形式，基于公民个体的生存和发展的要求，其人权性质基础具有不可被剥夺以及减损的特征。同时，社会救助权对共同体的权利主张不是一种消极被动的防御权利，而是积极要求共同体的作为，以确保社会公民不会陷入贫困境地，即通过国家或者社会的积极作为保障公民始终享有生存的自由。人的生存是已经被宪法确立的基础性人权，而宪法对于公民的基本权利规定，实际上旨在从积极与消极双重层面对公权力进行控制：公民的积极权利主张旨在敦促公权力履行共同体职责，而公民的消极权利则是为了对抗公权力的侵犯行为。因此，社会救助权作为人权法的一部分，是公民在陷入窘境时对于国家和共同体采取积极作为以保障其基础存在的权利。

3. 新财产权理论对于社会救助权中国家责任的证成

社会救济以及社会救助权理论的发展在20世纪末随着查尔斯·A.赖希提出的新财产理论的兴起而得以重构，这一理论对于国家所管理

---

① [德] 奥特弗利德·赫费：《政治的正义性：法和国家的批判哲学之基础》，庞学铨、李张林译，上海译文出版社2005年版，第300—304页。

② [美] 卡尔·罗文斯坦：《现代宪法论》，王锴、姚凤梅译，清华大学出版社2017年版，第90—100页。

的社会财富现状进行了新的解读，从而为"第三条道路"的成立奠定了共同体对公民救助义务的理论基石。

罗伯特·J. 林格曾明确指出，在当代，政府和国家的行政行为已经在事实层面深入到了民众生活的最末梢神经。由于经济事业的蓬勃发展，技术进步与新的经济机会相互交融，新的社会关系层出不穷，顺应附生的矛盾也对于制度产生新的需求。从传统的国家主权巩固与保持，到不断深化的金融、网络、公共健康等领域，政府对于公民生活所需要承担的责任在不断扩展，公民对于行政权的积极作为或限权的诉求也日益凸显。[①] 个人私域的事业不再仅凭公民个人之力就能够完成调整与实现，同时政治哲学对于公民权利的深入探讨，使得公民对行政机关提出了更为明确和具体的履职要求。行政权力的实现形式也从传统的惩戒与刚性命令，转变为更为丰富而富有弹性的柔性政令以及补贴等形式。[②] 换言之，公民个体通过积极作为或向相关方提出诉求来解决自身生存或发展需求的能力，在实践中正随着政府及共同体职能的扩展和社会事务的更新而逐渐减弱，因此，公民要求政府或共同体保护或辅助其实现正常生活秩序的愿望越发迫切。

查尔斯·A. 赖希的新财产权理论正是基于这一社会趋势，从更为务实的经济资产问题出发，深入剖析了具体的法律问题以及公民向共同体主张社会救助诉求的正当性。他认为，现代的政府以及政治共同体如同一台敛聚着财富与权力的大型机器，通过从社会以及公民手中吸收税收的方式进行财富积累。在新契约理论的框架下，公民将部分行政管理权力让渡给政治体，让其代为行使公民意志。因此，行政区域内的个体在一定程度上都无法避免地依赖于政府释放的财富以维持

[①] [美]罗伯特·J. 林格：《重建美国人的梦想》，章仁鉴、林同奇译，上海译文出版社1983年版，第15页。

[②] [德]哈特穆特·毛雷尔：《行政法学总论》，高家伟译，法律出版社2000年版，第16页。

生计。这种依赖导致的一个直接结果是，拥有较少个人财产的公民将更加依赖政府提供的物质资料来维持生活。政府的分配逐渐取代了个人财产权的模式，使得这部分依赖政府生存的公民面临前所未有的风险：这种依赖并非公民自愿选择，税收的征纳并未给予公民拒绝的权利，因此政府的供给对公民的生存具有决定性意义。为保护公民免受现存及未来风险的侵害，公民的权利主张必须指向财富的最终积累者——政府。① 赖希指出，传统的财产法系统旨在界定公权力的边界，保障公民的私有财产权与公权力之间的明确界限，并通过这种确定性来保护公民的私人财产利益。当公权力与私人财产权发生冲突时，公权力必须提供其权力行使的正当理由。② 然而，在新财产权理论的框架下，传统的财产权界限被打破，公权力成为财产的所有者，而公民则要求公权力谨慎行使，并期望政府作为财富的主体向其提供必要的财产。因此，作为他方财产的接受者，公民对财富的所有权取得和权利主张不再基于个人的天然取得或交易活动，而是依赖于他者的"施舍"——政府的仁慈。③ 赖希对于政府义务的分析建立在对公权力的限权思维之上，他主张，如果将救助视为政府的仁慈，那么公民的生存保障就会一直陷落在一种随时可能落空的不确定性中，因为仁慈是一种主观感觉，随时能够被无责任地撤销。只有当公民从政府所管理的财产中获得帮助的可能性成为一种由宪法和法律所确认的基本权利时，公民所期望的补助和生存辅助才能摆脱对行政机关不可知的善良情感的依赖。④

社会救助权的定义与新财产权理论在内核和制度设计上存在多维度的交叉。社会救助权聚焦于处于困窘之中、无法单凭自身劳动和财富维持生存的公民群体，而新财产权理论同样关注那些因自身资源不

---

① 高秦伟：《政府福利、新财产权与行政法的保护》，《浙江学刊》2007年第6期。
② 高秦伟：《政府福利、新财产权与行政法的保护》，《浙江学刊》2007年第6期。
③ 高秦伟：《政府福利、新财产权与行政法的保护》，《浙江学刊》2007年第6期。
④ [英]诺曼·巴里：《福利》，储建国译，吉林人民出版社2005年版，第37—38页。

足而需依赖外界补助的公民。两者均指向财富的再分配过程，其中社会救助的资金主要来源于国家或团体等义务主体所持有的财富，而新财产权理论则强调对公民纳税形成的国家资产进行重新分配。这种交叉性不仅体现在对特定公民群体的关注上，也体现在对财富分配机制的理论探讨中。社会救助权的实现并非无限度的保障。当公民能够重新取得足够的生存资料或获得劳动机会时，他们就能够摆脱贫困状态，此时社会救助权也就随之从他们的生存状态中消失，不再具备要求国家或社会提供救助的现实基础。同样，新财产权也并非无条件的无限索取。只有当财富的领受者自身的财富不足以支持其生存时，他们才有权向政府主张获取相应的财产。在政治或人权目标上，社会救助权和新财产权理论均指向一个共同的最终目的，即实现个人福利与公共福利的共融。在探讨正义与保障人的尊严时，二者采用了不同路径但殊途同归的理论策略。作为政治活动的重要组成部分，福利的最大化无疑是政治共同体的核心原则，它在现代国家政治哲学中应占据关键性的绝对优势地位。这是因为，当公民的生存与社会活动面临紧急状态或具体危险时，福利往往成为他们最后的保障。[①] 这种保障不仅解答了社会救助权实现过程中，公民要求国家履行职责的正当性。国家作为公民生活中的政治共同体，通过征收其权力辐射范围内所有主体缴纳的巨额税收来积累财富。随着行政权力对公民生活的深入渗透，这种财富随着社会生活的不断发展而不断膨胀。尽管税收在财富转移过程中呈现出无偿的单向流动特点，但公民向国家缴纳税收的行为实际上是以国家履行相应义务作为对价。因此，国家必须依据公民普遍接受的正义理论对其所拥有的财富进行再分配，以回应作为权利授予者的公民对政治共同体的行动要求。社会救助在资源的再分配中扮演着至关重要的角色，这使得国家必须以财政支持的方式履行其行政职责。这种对国家履职的诉求不仅源于公民对国家权力主张的正当性，也基

---

① ［英］诺曼·巴里：《福利》，储建国译，吉林人民出版社2005年版，第6页。

于国家作为政治共同体的公共职能。公民将权力让渡给一个抽象的共同体，并选举特定的人作为群体的代表与象征，其目的之一就是希望这个政治共同体能在个人权利救济机制失灵或能力不足时，承担起维护公共利益和正义的责任。因此，新财产权理论为公民在陷入经济困境时向国家主张财富再分配的国家责任提供了经济与法律层面的理论工具。

三 权利本位范式对社会救助权成立的方法论意义

（一）权利本位范式的形成与社会救助权的成立

1. 从阶级斗争为纲到权利和义务研究

回顾和反思改革开放以来我国的权利研究历程，我们可以清晰地看到它经历了四个阶段：首先是突破了以阶级斗争为纲的理论范式；其次确立了权利和义务作为法学基本范畴的地位；再次是将权利确立为法学的基石范畴，即权利为本位；最后是权利本位范式的形成及其在社会各领域的广泛运用。[①] 我国近几十年的法学研究，实质上是一个不断确立权利的基础地位并逐渐形成权利本位范式的过程。1978年，中国共产党的第十一届三中全会果断摒弃了持续20多年的"以阶级斗争为纲"的错误路线，做出了将工作重点转移到社会主义现代化建设上来的战略决策。自此，我国的法学研究也逐渐摆脱了阶级斗争为纲的陈旧范式，开始积极寻求现代化理论研究的新路径。1988年，在长春市召开的全国首次法学基本范畴研讨会，是一次具有里程碑意义的盛会。这次会议深入总结了国内外学者在法学基本范畴研究方面的成果，展开了热烈而深入的对话与交流。最终，会议达成了一个共识：权利和义务是法的核心与实质，构成了法学的基本范畴。这一共识不仅标志着旧有法学研究范式的终结，更为新研究范式奠定了坚实的基础。

---

① 张文显、姚建宗：《权利时代的理论景象》，《法制与社会发展》2005年第5期。

这次会议之后，权利和义务研究迅速成为法学领域的热点和理论创新的突破口。学者们围绕权利和义务这对基本范畴展开了深入的研究和探讨，进一步提出了关于在权利和义务中何者更为根本的问题。① 这种深入的讨论和争鸣，最终促成了权利本位范式的形成与发展。权利为本或义务为重，实际上代表了不同的法学价值观和研究方法，这也为后来的社会救助权研究提供了重要的理论支撑和研究方向。

2. 从权利本位范式的形成到社会救助权的成立

任何一种理论体系都必须建立在坚实的基石范畴之上。所谓基石范畴，正是某一学术领域或学科中根本观点和基本方法的集中体现，因此它成为区分不同理论体系的显著标志。权利本位范式为法学领域提炼出了这样一个基石范畴，即"权利"。② 这一范式所构建的理论框架，不仅涵盖了权利和义务这两大基本范畴，并将其作为其核心，更是凝结为权利本位的理论基石，进而构建出了一系列基于这一理论基石的理论模型和完整的理论体系。③ 同时，它也为权利研究和法哲学研究的不断深化提供了重要的论题和方向。权利本位范式内部结构的复杂性和庞大性，要求我们必须有坚实的理论基础作为支撑。其形成主要基于以下几个理论依据：首先，权利本位论为法的本体论提供了深刻的理解系统；其次，它为法学研究确立了基石范畴；再次，它为我们提供了一个全景式的法哲学视窗；复次，它还为我们提供了审视、批判和重构既有理论的工具，成为思想解放的有力武器；最后，

---

① 20世纪90年代我国法学界关于权利本位或义务本位的讨论非常激烈。参见郑成良《权利本位说》，《政治与法律》1989年第4期；张文显《"权利本位"之语义和意义分析——兼论社会主义法是新型的权利本位法》，《中国法学》1990年第4期；封曰贤《权利本位论异议》，《现代法学》1990年第5期；陈云生《权利本位价值模式的历史命运》，《政法论坛》1995年第1期；张光博《评"权利本位论"》，《当代思潮》1997年第1期；童之伟《权利本位说再评议》，《中国法学》2000年第6期。

② 张文显：《法哲学范畴研究》，中国政法大学出版社2001年版，第380页。

③ 张文显：《法哲学范畴研究》，中国政法大学出版社2001年版，第382页。

权利本位范式还为正在兴起的"权利学派"提供了坚实的理论背景和框架。①

　　权利本位范式的多层面理论价值不仅证明了其成立并被广泛运用的必然性，更预示着其未来广阔的发展前景。在西方社会，权利本位论以经济利益为衡量社会制度和规则合法性的重要标准，权利甚至已成为法律正当性的前提条件，这充分体现了"权利"地位的显著提升，也是权利本位范式在实践中的成功应用。② 这一实践结果也为我国进一步发展权利本位范式提供了宝贵的参考。我国的权利本位范式深深植根于对权利与义务基本范畴的法哲学探讨之中，理论基础坚实。然而，理论的生命力在于实践，权利本位范式不应仅仅停留在抽象的理论体系和范畴中，而应发挥其作为实践工具的价值。当权利本位范式具备方法论的意义时，它便开始褪去法哲学的神秘面纱，逐步走进那些亟待理论指导的部门法领域。因此，在法哲学理论的推动下，权利本位范式的形成与发展具有其客观的必然性。在权利本位范式的影响下，权利研究的兴趣日益浓厚，从权利视角研究具体法学领域的案例不断增多，"权利"学派正在逐步形成。随着权利本位范式广泛发展趋势的推动，社会救助权的成立便拥有了坚实的"先天"法哲学基础，为其实践应用提供了有力的理论支撑。

　　显然，权利作为一种理论研究范式在西方社会早已确立，其中西方社会救助发展的权利阶段和新权利阶段就是典型的例证。在我国，权利本位范式的确立经历了从突破阶级斗争为纲的理论范式到剔除义务本位范式的过程。阶级斗争为纲的理论范式是我国特定历史时期的产物，突破该理论范式是历史的必然；而超越义务本位范式，确立权利本位范式，则是顺应了国际理论范式的发展趋势。因此，我国权利

---

　　① 张文显、于宁：《当代中国法哲学研究范式的转换——从阶级斗争范式到权利本位范式》，《中国法学》2001年第1期。

　　② 马新福、杨清望：《法律全球化：争论与出路》，《政法论丛》2007年第4期。

本位研究范式的确立，无疑是我国法学理论研究的一种进步。回顾我国理论范式的发展历程，我们不难发现，我国社会救助的发展阶段与法学理论范式的发展之间存在着密切的联系。新中国成立以来确立的社会救助国家责任，正是义务本位范式直接作用的结果。在义务本位范式逐渐被摈弃、权利本位范式受到重视的当下，权利本位范式必将成为社会救助领域研究的核心指导思想和主要研究方法。当权利作为一种理论研究范式在社会救助研究领域得以确立，并进而在社会救助研究中得到广泛应用时，那么社会救助权的成立便具备了坚实的方法论基础。

综合本节的论述，社会救助权成立的理论依据并不仅限于上述三个方面。笔者谨以权利社会学的发展、生存权保障的客观需求和权利本位范式的确立作为社会救助权成立的主要理论依据。权利社会学的发展作为重要的理论背景，对社会救助权成立发挥了关键的理论指导作用。在此背景下，社会救助权成立与社会稳定发展之间的关系有待进一步深入研究。同时，随着生存权保障的形式和内容的发展，社会保障法视域下的社会救助权产生具备了基本人权保障的客观需求与动因。最后，社会救助权的产生还需遵循权利本位范式的方法论。总之，在具备了充分的理论准备、动因和创设方法的条件下，社会救助权应运而生。然而，它的成立还需在社会实践中进一步得到检验和完善。

第三节　社会救助权成立的现实依据

社会救助权成立的现实依据是对其理论依据的确认和深化。社会救助权的产生遵循一般权利形成的基本规律，它不仅需要坚实的理论基础作为支撑，用以解释权利在应然层面上的存在；同时，它还必须具备翔实的现实依据，以证明权利在实然层面上的成立。"要拥有一项权利，必须基于某种事实，或者是源于某种情势，或者由某个拥有权利的人（当局或有权力的人）授予。"① 无论是基于某种事实还是某种情势，都凸显了权利的客观性，即权利的社会基础的重要性。这一社会基础是权利产生与实现的客观条件。

一 贫困中的可持续生计问题

阿马蒂亚·森在《以自由看待发展》中所提到的可行能力问题，为人们看待贫困问题提供了新的视角与解读。实际上，可行能力的提出是在可持续生计问题下的子项答案。可持续生计的概念首次在1992年的联合国环境和发展大会中被明确界定为：享有足以维持基本生存所必需的食物与现金。② 随后，可持续生计的含义得到了扩展，它不仅意味着所有人都有能力参与生产和就业，进而获得稳定的生计，还将发展的维度纳入了贫困的考察因素中，以此为目标向贫困宣战。过去，我们仅从收入、财产评级和物质生存资料等单一角度考察贫困，但这并未有效解决贫困问题。因此，在认识到贫困是人权的一种缺失后，人们开始逐渐接受将发展机会和生活方式的机会获取作为针对贫困的有效考察方法。可持续生计首先可以作为衡量人的生存状况的量化工具，利用它的考察因素，我们可以重新解构导致民众贫困的原因。此外，除了根除贫困和维持基本生存条件的目标外，可持续生计还能帮助政策决定者针对由不同因素导致的特定贫困群体的个别性生存需求，作出有针对性的回应。③

因此，可持续生计的提出，首先为民众提供了一种全新的审视自身生活的视角，使得民众可以在这个新视角中发掘对于生活的全新诉求。传统的以收入与代际传承来评判财富积累的贫富观，已经无法产

---

① 杨春福：《权利法哲学研究导论》，南京大学出版社2000年版，第86页。
② [英]安东尼·哈尔、詹姆斯·梅志里：《发展型社会政策》，罗敏等译，社会科学文献出版社2006年版，第135页。
③ [英]安东尼·哈尔、詹姆斯·梅志里：《发展型社会政策》，罗敏等译，社会科学文献出版社2006年版，第136页。

生对民众产生具有说服力的结论。发展视角的引入，使得个体的生存目标与生存状态有了更多元的考察因素，也使得民众对公权力的服务产生了多层次、多领域的需求，包括与健康、医疗、教育等相关的，用于维持生活质量、修复生存的脆弱状态、控制生存与发展风险的公共服务内容。因此，民众对政治共同体的履职期待与要求，要求共同体以发展生存为制度逻辑，设计保障与发展的框架。整体性的结构功能和环境架构需要更多关注修复民众的不安全感以及权利的被剥夺的风险。其次，可持续生计的理论发展主张将人作为政策与考察的核心，将人的存在与人的发展同时纳入考量，不仅保障人的基本生存，同时要求人作为发展主体积极主张权利并参与决策，摆脱原先的被动与弱势的被管理状态。可持续生计理念关注人的主体身份和主体能动性，强调人的自由是终极的理想价值，这既是个人的理想追求，也是群体的最高目标。同时，这种自由既包括物质层面也包括精神层面，既指向生存也作用于发展。在此视角中，如果人仍然只是扮演被管理者的角色，对作用于自身的政策冷眼旁观，缺乏权利意识与能动性，不将自己的权利主张积极反映在共同体的政策决策中，那么个人与群体的前途与命运都无法实现主体的愿望。①突破单纯的受益者角色，不仅意味着人作为活动主体将正义观与发展欲望在可持续的宏大结构中结合，也标志着作为行动主体的人需要承担其选择和行为的后果。可持续生计的目标实现基于人的主体性实践。因此，不论是风险规避还是社会生活内容中的福利服务，不论是期望实现生存持续还是个体发展，都需要对行为的边界做出重要解释。即行为是否能完全按照主体的意志对外界做出调整，行为主体的意志内容又应以何种准则设计，这些内容都离不开对自由的强调。

人作为权利主体的发现，对可持续生计和社会救助权的发展具有

---

① [印]阿马蒂亚·森：《以自由看待发展》，任赜、于真译，中国人民大学出版社2002年版，第288页。

另一重要意义。当社会成员不再依赖他者的怜悯与恩赐，而是通过共同体的给付或他人的权利尊重，将自身的生存与发展作为一种积极的、对外的权利主张时，社会救助权便真正取得了主体性。正是基于权利的主体性及其在社会制度中的地位，可持续生计理论与人的发展紧密相连。它不仅深刻影响着人现实、紧迫的当下境况与发展，还关注人长期发展历程里的整体利益及代际间的平衡。同时，它不仅作用于个体独特、具体的发展轨迹，也关乎整个人类种群的集体利益和群体进步。因此，社会救助权跨越了个体与全体、个别与一般、现在与未来的全方位发展内容。从具体内容来看，可持续生计理念认为人的脆弱性和生活不可持续性并非骤变、个别或临时现象，故无法通过临时物质给付根本缓解。贫困往往不仅限于一时或一代，断续的救助无法根治，反而可能使其演变为跨代际的持续问题。因此，强调人发展的可持续生计理念，将贫困视为需置于权利体系监管下的长期议题，需通过系统性消除与防范来消除贫困带来的不确定性与不安全感。而要实现这一理念，需具体的社会规范与制度设计加以贯彻。阿马蒂亚·森强调，自由是发展的核心，人的可行能力综合了实现生存渴望与发展可能性的各种能力。这些能力代表了具象、现实以及抽象、潜在的可能性组合，直接体现为实质自由。① 当个人努力、经验与客观条件无法保障公平发展机会与自由时，其他主体的介入及聚合因素便成为修正平等的必要手段。② 制度性校准能弥补经济财富与社会资源层面的不平等，尤其当机会层面的平等都无法保障时，这种不平等更为残酷与坚不可摧。③ 因此，为消除机会层面的不平等，共同体需特别关注物质与机会层面的绝对弱者，通过社会制度给予倾斜性支持，增强弱势群体与贫困群体的竞争力。尽管生物个体的物理与生物性能力存在差异，

---

① [印] 阿马蒂亚·森：《以自由看待发展》，任赜、于真译，中国人民大学出版社2002年版，第85页。
② [美] 阿瑟·奥肯：《平等与效率》，王奔洲等译，华夏出版社1999年版，第30—40页。
③ [美] 阿瑟·奥肯：《平等与效率》，王奔洲等译，华夏出版社1999年版，第42页。

导致生存资料获取的不均等，但社会发展已逐渐使这些差异为家庭经济单位差异所吸收。因此，需通过提升生存能力来促进人的平等发展，确保个体享有平等的就业与受教育机会，从而打破代际贫困的传递。①

二 社会救助的国家责任广泛发展

"社会保障作为社会现代国家法体系的重要组成部分，其主要义务承担者是国家。"② 社会救助作为社会保障体系中的"最后一道防线"，通常被视为国家的当然责任或义务。社会救助的国家责任指的是国家（具体表现为政府）应当积极采取措施推动社会救助工作，为社会救助提供制度供给、财政支持、监督管理等多方面的保障，以确保社会救助事业的可持续发展，并最终实现公民的社会救助权利。③ 社会救助的国家责任具体体现在以下方面：制度供给责任、财政责任、实施和监管责任、引导民间救助以及宣传责任等。④ 从当前各国的社会救助实践来看，现行社会救助的各个环节大都体现为完全的或部分的国家（政府）行为。国家及政府职能部门不仅负责社会救助制度的设立，还承担执行、监督以及引导民间救助等多重职能。通过对这些职能的全面履行，国家能够确保社会救助制度的有效实施，为需要救助的公民提供及时、有效的帮助，进而维护社会的和谐稳定。

（一）从贫困成因的变化到国家承担社会救助责任的必然性

随着贫困成因的不断演变，国家承担社会救助责任的必然性越发凸显。早在1899年，英国的学者便已将贫困的根源从个体层面转向社会层面，明确指出贫困并非源于个人或家庭，而是社会结构所致。⑤ 在我国，这些社会因素主要表现为计划经济向市场经济转型过程中所伴

---

① ［美］阿瑟·奥肯：《平等与效率》，王奔洲等译，华夏出版社1999年版，第43页。
② 种明钊主编：《社会保障法律制度研究》，法律出版社2000年版，第15页。
③ 杨思斌：《中国社会救助立法研究》，中国工人出版社2009年版，第75—76页。
④ 杨思斌：《论社会救助法中的国家责任原则》，《山东社会科学》2001年第1期。
⑤ Benjamin Seebohm Rowntree and Jonathan Bradshaw, *Poverty: A study of Town Life*, Bristol: Policy Press, 2000, p. 20.

随的市场化、工业化、城市化等进程。"面对市场经济发展过程中大量贫困人口的产生，面对工业化和城市化过程中大量贫困人口的产生，无论是传统的家庭保障模式，还是自发的社会共济互助模式都无力独立完成这种救济责任。此时，如果政府不主动承担这种救济责任，则政府本身都可能崩溃。"① 由于上述社会因素的产生往往是国家法律、政策和政府行为等多方面共同作用的结果，个人力量在社会因素的作用下，难以克服或避免贫困的发生。公民陷入生存困境，很多时候并非仅由自然因素或自身原因造成，而是与公共权力的不当行使等社会因素密切相关。因此，国家承担社会救助责任不仅是必要的，而且是迫切的。

"解决贫困问题不仅关乎经济发展，更在于国家通过建立健全相关制度来切实保障公民维持基本生活的权利。"② 换言之，在市场经济体制下，贫困成因的变迁使得国家必须成为解决贫困问题的主导力量。相应地，社会救助作为解决贫困问题的重要手段，决定了国家必须对贫困人口承担生存救助的责任。从另一个维度来看，贫困成因的社会化趋势也推动了反贫困机制的社会化进程。国家通过社会救助解决贫弱群体的基本生存问题，是反贫困机制社会化的重要体现。国家在反贫困机制中扮演的角色，决定了其承担社会救助责任的必要性。因此，从贫困成因的演变到反贫困机制的社会化转型，再到国家在反贫困机制中的核心作用，这三者相互交织、共同作用，最终得出结论：国家承担社会救助责任是必然的。

（二）从实现社会正义的价值目标到国家承担社会救助责任的应然性

国家承担社会救助责任不仅是现实必然性的要求，从社会救助的

---

① 王伟奇：《最低生活保障制度的实践》，法律出版社 2008 年版，第 32 页。
② 蒯小明：《中国农村社会救助发展中的国家责任研究》，首都经济贸易大学出版社 2009 年版，第 14—15 页。

价值目标来看，该制度旨在解决贫困问题，保障贫弱群体的最低生活水平。本质上，社会救助通过调整社会成员的收入差距，致力于实现社会正义的价值目标。可以说，"社会救助的产生和发展正是对正义价值不断追求的过程与结果。"① 为了实现社会正义，国家必须承担社会救助责任。

美国学者约翰·罗尔斯提出了实现公平正义的路径，即通过国家建立相应的制度来实现，即社会正义的实现依赖于国家建立的相应制度来明确基本权利和义务的分配，从而决定社会利益的合理分配。简单来说，社会正义的实现主要体现为社会利益的公正分配。罗尔斯所倡导的政治正义，重点关注于分配这一行为，他进一步强调社会的分配机制正义的实现依赖于公权力运行的基本结构。他认为，只有当公民的权利具有优先选，并将这一理念提升为公共理性时，政治上的正义才能真正得以实现。② 从实然层面考察，现代国家之所以要以法律的形式确立社会救助的政府责任，是因为社会救助制度本质上就是一种国家强制性的权利和利益分配机制。③ 更具体地说，在当今世界，社会救助普遍被视为纯粹的政府行为，是一种完全由政府主导的最基本的再分配或转移支付制度。④ 从形式上看，社会救助制度的社会利益分配功能与社会正义的实现路径高度契合，应当被视为实现社会正义的重要途径。然而，需要特别强调的是，如果国家或政府在社会利益分配过程中缺位，作为社会利益分配机制的社会救助在推动社会正义实现方面的作用将大受影响。因为缺乏国家或政府的参与，社会救助制度不仅难以建立和执行，社会利

---

① 社会救助作为一种最低层次的社会保障，不仅是针对具有特定身份的弱势者、贫困者，而且，还是他们中的更具体者，即与道德品质无涉的遭遇基本生存困境的社会个体成员。社会救助实际上要求，社会在追求效率的同时更应当体现出人性的关怀。参见刘光华《社会救助：理论界定与中国的实践展开》（上），《兰州大学学报》（社会科学版）2008年第4期。
② ［美］约翰·罗尔斯：《政治自由主义》，万俊人译，译林出版社2011年版，第222页。
③ 王伟奇：《最低生活保障制度的实践》，法律出版社2008年版，第12页。
④ 时正新主编：《中国社会救助体系研究》，中国社会科学出版社2002年版，第3页。

益的分配过程也将失去一个超然且有力的组织者和分配者，导致社会正义的实现失去关键的制度支撑。因此，只有依托国家建立社会救助制度，并由国家承担社会救助责任，社会救助制度才能成为社会利益分配的关键机制，社会正义的实现才能拥有坚实的制度保障。哈罗德·丁·伯尔曼则在罗尔斯的正义观基础上进一步指出，由于社会救助源于国家意志中的正义，因此其践行必须恪守正义的原则。他认为，对于那些因非主观过错而陷入困境的社会成员，以及因偶然事件导致穷困的社会成员，一个秉持正义理念的国家必须采取措施，确保这部分社会成员的生活水平达到贫困线以上。这正是福利国家所应秉持并实践的正义观。[1]

国家承担社会救助责任的必然性和应然性共同体现了国家责任发展的广泛性，而贫困问题的解决和社会正义的实现则共同推动了国家承担社会救助责任的广泛发展。从实然角度来看，世界上大部分国家已在法律中确立了社会救助的国家责任，这一责任的确立标志着现代社会救助制度的建立。国家广泛确立与发展社会救助责任，为公民享有社会救助权提供了基本的制度保障。从政治学与宪法学的视角来看，国家责任广泛发展的核心目的在于保障公民的基本权利。社会救助的国家责任与公民在社会救助领域的权利紧密相连，公民的社会救助权正是建立在国家责任广泛确立与发展的基础之上。综上所述，西方发达国家的社会救助权利阶段正是在成熟的社会救助国家责任阶段之后确立的，这充分证明了社会救助权的产生与国家责任发展之间的密切关系，为这一历史进程提供了有力的诠释。

（三）社会救助权在国家义务体系中的架构

国际人权法学者阿斯比约恩·艾德对于国家义务的论述具有典型意义，他将国家义务划分为尊重公民基本权利、保障公民基本权利实

---

[1] R. Plant, "The very idea of a welfare state", in P. Bean, J. Ferris and D. Whynes, eds. *In Defence of Welfare*, London: Tavis-tock, 1985, p. 15.

现以及向权利缺失者提供帮助这三个层面。① 社会救助权实现中的国家义务，也并未跳脱出这种层次解构。一方面，社会救助权要求国家不得剥夺公民的生存权等基本权利；另一方面，社会救助权也要求国家采取积极主动的措施来保障公民的基本权利得以实现。此外，在社会救助权中更为突出的国家义务表现为，当公民的基本权利受限或难以依靠自身实现时，国家必须采取行动，为社会成员提供必要的生存资源，以帮助其摆脱贫困状态，这是国家在社会救助中的给付义务。因此，社会救助权的实现并非仅依靠国家履行单一或片面的义务就能达成，而是需要国家采取针对性的行动策略，全面履行对公权力的履职要求。②

在国家的三种义务中，逻辑上处于初始位阶的是对公民基本权利的尊重。只有在政治共同体首先确认了一项权利是不应被干预和阻碍其实现的，才会有后续的保护及帮助实现的问题。在国家的尊重义务中，谈及社会救助权，我们不得不首先讨论基于人权概念的基本权利性质所引申出的人格尊严议题。公民的人格尊严是基于人权被宪法保障而延伸出的宪法性利益，同时，尊重公民的人格尊严是权利保障实践的逻辑起点。因为如果人的尊严未被宪法确立为一个基本规范，那么后续关于权利及其他法律价值的讨论就失去了根基。国家作为社会救助权实现过程中的重要义务主体，在履职过程中应确保公民无论处于何种境遇，都能有尊严地接受社会救助。中国的宪法第三十三条以概括性总结的方式要求国家在任何时刻都要贯彻尊重和保障人权的观念，因此，社会救助权中的国家义务也必须在宪法性规范的体系内运作。保障公民有尊严地实现社会救助权，不仅要求国家在履职过程中以人格尊严为重，不得侵犯公民的尊严，

---

① Asbjorn Eids, "Economic Social and Cultural Rights as Human Rights", in Asbjorn Eids Catarina Krause and Allan Rosas eds., *Economics, Social and Cultural Rights: A Textbook*, 1995, pp. 35–40.

② [日] 大沼保昭：《人权、国家与文明》，生活·读书·新知三联书店 2014 年版，第 210—212 页。

还体现在国家只有提供社会救助的义务，而无权强制公民接受救助。公民是否接受社会救助的决定，国家无权干预，这是基于公民的选择自由，这种自由先于国家或政治共同体而存在，并非由法律所赋予。国家对于公民保留一部分权利不被群体吸收，仅作为个体特质，具有被动接受的义务，这是现代国家成立的基础，也是公民让渡部分权力于共同体的先决条件：个体有权保留一部分个人特征，以确保不被集体完全吞噬其人格。[1]

社会救助权在获得国家尊重之后，急需国家采取行动，运用公权力来履行对这项基本权利的保护义务。在国家对社会救助权履行了尊重义务之后，对于社会救助权的紧迫危险就转移给了社会成员中的第三人。因此，在国家履行保护义务的层面，公权力对于社会救助权实现的保障，首先体现在需要防止第三人对社会救助权可能存在的侵犯行为。在权利实现保障的过程中，预防的作用应当是前置性的。与事中干预和事后救济相比，在实际的不法侵害发生之前采取行动先行防御危险，能够更有效率地保障权利的实现。[2] 社会救助权的国家保护义务，并非在于为国家公民的权利实现提供物质资源或者权利授予，以使他们能够摆脱贫困线或紧急状态，而是在于通过排除他方对受救助者权利的侵犯，进而保障公民的生存权利或改善其生存境遇。[3] 与国家尊重义务中的哲学来源一样，不论是基于社会契约关系理论还是国家管理理论，国家、政府或者政治共同体的存在基础，都不应突破公民个体的存在特征。换言之，政治体的存在并非自动具有合法性，其合法性与正当性都要基于对民主的尊重，政治体的目的在于保障公民的

---

[1] 龚向和、刘耀辉：《从保护、尊重到给付的国家义务内涵拓展——以自由主义的发展、转向为视角》，《云南师范大学学报》（哲学社会科学版）2011年第2期。
[2] 龚向和、刘耀辉：《从保护、尊重到给付的国家义务内涵拓展——以自由主义的发展、转向为视角》，《云南师范大学学报》（哲学社会科学版）2011年第2期。
[3] 龚向和、刘耀辉：《从保护、尊重到给付的国家义务内涵拓展——以自由主义的发展、转向为视角》，《云南师范大学学报》（哲学社会科学版）2011年第2期。

权利与权力实现，而并非政治体自身的存续。① 当预防策略无法使公民的社会救助权完美实现时，国家义务就会进入下一个进程。当前置性预防措施失效，侵犯公民权利的行为仍在持续，并对公民权利构成现实、直接且紧迫的威胁时，国家所采取的事中干预措施必须具备即时性和针对性。一方面，国家的司法机关对于受害者提出的保护请求需要及时地给予反馈；另一方面，管理社会救助事宜的国家行政部门在执法过程中应当注意识别侵犯公民社会救助权项下相关权利的行为。因为公民的社会救助权实际上是一个由多项社会生活权利综合而成的集合体，涵盖了从最低收入保障到住房与教育，以及应对灾害或突发疾病导致的支出型贫穷等多个方面。在国家的保护义务在履行预防和干预职能时都出现瑕疵的情况下，对权利的救济便成为公民社会权实现的最后防线。国家履行保护义务，意味着国家必须采取行为，确保其政治管理主权范围内的所有个体以及非自然人组织都不得侵犯个体的权利。当国家的这种保护义务缺位，或者未能有效管制侵犯行为而导致权利受到侵害时，国家需要对此承担相应的责任。② 社会救助权作为公民的基本权利，其全面的、现实的实现需要完善的立法保障，同时行政执法以尊重义务为履职原则，司法途径的救济也必须得到保障。若救济缺位，或诉诸救济的内容并不符合权利的内涵，基本权利就可能从一项实在的权利而弱化为一种倡导性权利。因此，当公民在遭受非公权力主体的社会救助权侵犯时，有权要求国家提供法律救济途径，国家也必须对这种权利要求给予积极的回应，以确保基本权利的实现。

社会救助权的内涵决定了国家作为义务主体，其承担的责任中最为关键的一项是：当公民陷入困境时，通过提供物质生存资料以及辅助服务的方式，协助其达到最低生活标准，并确保其生活有尊严。在

---

① 杨思斌：《中国社会救助立法研究》，中国工人出版社2009年版，第25页。
② 陈俊杰：《论受教育权的国家保护义务》，《西部法学评论》2008年第6期。

这些责任中，物质资料或公民维持基本生存所需的物资，是国家履行给付义务的首要问题。这种物质资源的给付既可以以实物形式提供，也可以通过现金补贴等福利政策形式实现。在社会救助权的实现过程中，国家履行物质资料的给付义务，旨在解决基数庞大的绝对贫困者摆脱贫困线以下无法生存的问题，同时也要解决相对贫困者或因特定支出项导致物质或整体生存水平大幅下降，无法持续依靠自身能力供给基本生存物质的特定公民在特定时期内的生存质量问题。国家履行物质资源的给付义务，其目的在于确保行政主权范围内的社会成员，无论在任何情况下都能享有保持符合人的尊严的生活条件的最低标准的能力和可能性。若从新财产权理论的角度看，国家因公民单方面缴纳税收而取得财产，那么通过福利政策帮助公民实现社会救助权，便是国家对公民的一种单方面的给付行为。这种单向的资源和财富流动形态使得公民在社会救助权的实现过程中扮演纯受益者的角色。因此，有学者指出，国家给付义务的实现是法治国以及社会国的显著特征。①另外，在国家提供保障公民实现最低生活水平的物资资料，以及随着社会经济的发展向相对贫困者提供特定种类的物质产品或特定时期的经济支持的同时，行政行为的给付在国家给付义务的内容中也发挥着重要的功能，因为它常常与国家的干预义务紧密相连，都是针对行政机关的组织和管理行动。然而，与干预义务不同，干预与帮助的义务要求国家在第三方对受助者的社会救助权实现造成威胁时履行职责，而行政行为的给付则要求政府部门在服务贫困者的过程中秉持服务观念，从尊重人的尊严出发，使其管理和服务内容更加科学和人性化。因此，国家行政行为的给付内容所约束的对象，既包括直接与贫困者接触的国家机关和工作人员，也涉及制定组织、管理、统筹决策的管理部门。这种给付内容涵盖了行政服务的各个方面，不仅包括提供住

---

① 李哲罕：《社会国还是社会法治国？——以当代德国法治国理论为论域》，《浙江学刊》2020年第3期。

房、医疗和法律救助等保障内容，还涉及物质给付中的经济和物资统筹管理计划。

三 社会救助权的法律确认

(一) 社会救助权法律确认的背景

贫困问题的解决客观上要求国家承担社会救助的责任，而国家责任的发展与社会正义的实现共同促使社会救助权在法律上得到确认。"由于每个人的社会环境不同，一部分人可能缺乏能力或能力受到阻碍，而同时另一部分人的能力可能更为出色或得天独厚。因此，权利的平等在某些情况下可能显得空洞和难以实现。对于在这种不平等中处于不利地位的社会成员，提供补偿成为一项重要的社会责任。社会和法律程序对此提出了要求，法律应当致力于确认和支持这种要求。"① 国家为贫弱群体提供补偿不仅是一种社会责任，通过法律确认后，这种责任便转化为具有强制效力的法律责任。换言之，在立法上确认贫弱群体获得补偿的权利，不仅有利于国家责任的发展，也有利于贫困问题的解决。这项权利，即为社会救助权。

除此之外，社会救助权的法律确认在特定的社会历史条件下有助于社会正义的实现。以正处于经济和社会转型时期的我国为例，"在转型期间的杂乱无章中间创造出一个稳定、有序的制度空间，减少制度转型的社会发展代价，其实也是社会公正最起码的表现。因为制度转型的受益者是所有的社会成员，转型成本应当由全社会分担"②。而要实现经济和社会转型成本的共同分担，只能依托特定的法律制度。因此，在经济和社会转型时期，典型的社会问题——贫困问题的解决，理应在社会正义原则的指导下，由全体社会成员共同承担。从这个角

---

① [美]伯纳德·施瓦茨：《美国法律史》，王军等译，中国政法大学出版社1997年版，第265页。
② 尚晓援：《中国社会保护体制改革研究》，中国劳动社会保障出版社2007年版，第215页。

度来说，立法上确立社会救助的国家责任，进而确认社会救助权，不仅是实现社会正义的重要途径，也是解决贫困问题的现实需求。

如果社会救助权的成立仅具备社会基础，那么它仅停留在观念层面，无法在社会实践中得到实现。只有当社会救助权具备了法律基础，并在立法上得到确认，它才能从观念转化为现实，在社会实践中真正发挥其作用。这样，社会救助权的产生和发展才能从理论走向实践，社会救助权也才能在实然层面上真正得以确立。

(二) 社会救助权法律确认的内容

在一个国家的法律体系中，社会救助权的法律基础主要涵盖宪法层面的认可和部门法层面的确认。以我国为例，我国《宪法》第四十五条明确规定，中华人民共和国公民在年老、疾病或者丧失劳动能力的情况下，有从国家和社会获得物质帮助的权利。国家致力于发展社会保险、社会救济和医疗卫生事业，以保障公民能够享受这些权利。对于处于年老、疾病或丧失劳动能力等危及基本生存状态的公民，他们享有物质帮助权，这实际上概括了社会救助权行使的条件及其实现的主要内容。因此，物质帮助权构成了社会救助权在宪法层面的依据，而社会救助权则可视作宪法上物质帮助权的具体表现形式。此外，在《经济社会文化权利国际公约》中，与我国宪法中的物质帮助权相对应的是生存权的概念。[1] 鉴于社会救助权的宪法根据或上位阶权利是物质帮助权或生存权，社会救助权的宪法认可已经具备了广泛的国际实践基础，并在多数国家的宪法和人权法中得到体现。

我国宪法虽然认可了社会救助权，但这一认可尚未在部门法中得到进一步的明确和确认。目前，《社会救助法（征求意见稿）》正处于公开征求意见和修改完善的关键阶段。该征求意见稿的第五条明确指出，中华人民共和国公民依法享有申请和获得社会救助的权利，这一条款以直接明了的方式确认了社会救助权的存在。然而，需要指出的

---

[1] 秦前红主编：《新宪法学》，武汉大学出版社2005年版，第158页。

是，法律规范中的宣示性条款，无论是在法律规范层面还是在社会现实层面，其发挥的作用都相对有限。要真正考察社会救助权的存在及其内涵，我们必须从整部征求意见稿的架构和内容出发，进行全面深入的分析。具体而言，只有在整部法律中始终贯彻社会救助权的理念，将其作为立法的核心和基石，才能说这部法律真正确立了社会救助权，也才能称之为社会救助权的法律确认。在这方面，我国《社会救助法（征求意见稿）》第三条对社会救助的定义提供了一个基础框架，它指出社会救助是国家和社会对难以自给自足的公民提供的物质帮助和服务，以保障其基本生活需求。然而，与德国《社会法典》的相关规定相比，我国的定义似乎还不够具体和深入。德国法典明确指出了社会救助的目的是帮助受助者恢复自助能力，参与社会生活，并确保其过上符合人道的生活。这种更为细致和人性化的表述，无疑为我们进一步完善社会救助权的法律确认提供了有益的参考。[①] 显然，我国《社会救助法（征求意见稿）》第三条主要从国家和社会的角度出发，描述了启动社会救助行为的方式，这确实凸显了社会救助的国家责任。然而，该条款在表述上并未明显体现社会救助权的存在，这与第五条对社会救助权的宣示精神存在前后不一致的情况。相比之下，德国《社会法典》第9条则以社会救助权利享有者为核心，从权利的角度深入阐释了社会救助的含义。为了加强我国社会救助权的法律基础，并推动其进一步发展，我们有必要对《社会救助法（征求意见稿）》的立法观念进行修正。具体而言，社会救助法应以社会救助权的存在和实现为核心价值理念，确保在部门法中明确确认社会救助权的地位。通过这样的修正，我们不仅能够使法律条款之间更加协调一致，还能够为社会救助权的实施提供更加坚实的法律保障。

在社会救助权的现实基础中，如果贫困问题仅被视为公共问题而

---

① [英] 内维尔·哈里斯：《社会保障法》，李西霞、李凌译，北京大学出版社2006年版，第93—94页。

非人权问题,那么一国的宪法便不会认可社会救助的权利属性。① 这一观点在一定程度上揭示了贫困问题的普遍性、国家责任的广泛发展以及社会救助权法律确认之间的相互关系,三者共同构成了一个有机统一的整体。贫困问题作为基本的社会现实背景,其普遍存在是国家责任发展和社会救助权法律确认的基本动力;国家责任的确立与发展则为贫困问题的解决和社会救助权的法律确认搭建了桥梁;社会救助权的宪法认可和部门法确认将进一步推动贫困问题的有效解决。

总结本章内容,从西方和我国社会救助的发展阶段来看,社会救助呈现出权利化的发展趋势。这一趋势推动了西方社会救助进入新的权利阶段,同时也在我国逐渐催生了社会救助权的产生与发展。尽管新保守主义的代表大卫·马兰德(David Marsland)从"福利国家"的弊端出发,对社会救助权利化的产生与发展进行了深入研究,并认为其已超越福利国家的背景限制,建立了坚实的理论和现实基础。② 这些观点正是社会救助权在我国得以成立的主要依据。大卫·马兰德(David Marsland)认为,社会救助应当是贫弱者的"需求"而非"权利",因为将社会救助视为"权利"会忽视双向的责任。这种"权利"观念可能会对贫弱者产生过度激励,使他们要求更多的福利,而缺乏相应的付出。"需求"则能有效帮助那些真正需要帮助的人,并且基于具体情况对每个人进行精确的评估(而非基于模糊不清的不负责任标准),不断检视所提供帮助的影响,并作出适当的调整。其中,社会救助权的正当性更是其成立不可或缺的重要理由。有学者认为,首先,社会救助权正当性的首要前提是,"权利"措辞的使用要求承担社会救助责任的法律实体必须精确无误;其次,经常被提及的一个必要条件是"上诉权",即权利必须受到法律保障机制的庇护;最后,还需要增强

---

① Lynn Iding, "In a Poor State: The Long Road to Human Rights Protection on the Basis of Social Condition", *Alberta Law Review*, Vol. 41, 2003, p. 523.

② David Marsland, *Welfare of Welfare State? Contradictions and Dilemmas in Social Policy*, New York: St. Martin's Press, 1996, p. 175.

"权利"观念，即加强对拥有社会救助"权力"的法律实体的法律监督。[①] 这一观点主要聚焦于社会救助权的合理性，以社会救助权成立后的实际运行为考察对象。相比之下，社会救助权的理论和现实基础则更多地关注社会救助权成立之前所应具备的理论支撑和现实条件。然而，这一观点也为下文的展开提供了启示：在明确界定社会救助权的基础上，我们需进一步澄清承担社会救助责任的法律实体；在探讨社会救助权内部结构的同时，更应建立起完善的社会救助权保障机制和法律监督机制，以确保社会救助权的有效实施和维护。

---

① Lotta Vahlne Westerhäll, "Rights, Obligations and Sanctions in Social Law" *Scandinavian Studies in Law*, Vol. 32, 1988, p, 261.

第二章 社会救助权的界定及其价值论

社会救助权是否成立的命题,是构建社会救助权理论体系不可或缺的前提,而社会救助权的界定则是该理论体系的基础。为了更精准地界定社会救助权,我们有必要对其与相关概念进行辨析。在明确了社会救助权的基本权利属性之后,这些属性自然成为界定社会救助权的必要延伸。在解答了社会救助权是什么的问题后,我们还应深入探讨社会救助权对于人类社会的意义和价值,即社会救助权的价值所在。这些构成了社会救助权本体的重要内容,也是本章讨论的核心议题。

第一节 社会救助与社会救助权的界定

一 社会救助的含义

(一) 社会救助用语的发展

任何概念都拥有自身的历史演变,它们不可避免地受到时代变迁的影响。[①] "社会救助"这一概念的发展同样经历了多个阶段。在传统社会中,人们普遍采用"社会救济"一词来描述济贫问题。由于社会救济主要源自济贫法时代,救济措施往往带有个人性、主观性、任意性、消极性、慈善性和施舍性,并未将寻求救济视为人民应有的

---

① [德]伯恩·魏德士:《法理学》,丁晓春、吴越译,法律出版社2013年版,第81页。

生存权利。① 在当代社会救助观念形成之前，传统社会长期将针对贫困者的经济援助称为救济，并受到"惩贫"政策的训诫或"贫困有罪论"的政治教育影响，因此"社会救济"一词经常在日常场景中被使用，而人们并未意识到社会救助实际上区别于长期以来以安贫或惩贫为主的救济和慈善活动。当代国家制度下的社会救助虽然继承了传统救济政策中的某些元素，例如，在政府责任在救助制度中仍然受到强调的情况下，救助资源及服务的供给仍然以无偿且单向的义务提供为特点，而救助制度的服务对象依然是处于特定贫困状态的贫困者。然而，社会救助在理念层面已经与社会救济有了明显的区别。传统的社会救济行为以恩赐理念为基础，以受惠者对施助者的权力承认为出发点。在这种理念下，受惠者需要接受施助者自上而下的恩惠，而承认自身的人格、地位、尊严低于并依附于施助者则是其必须完成的首要社会动作。前文所介绍的英国《新济贫法》中，不仅要求受助者放弃原有的社会身份，还限制了他们的人身自由，并剥夺了他们的政治性权利。从这些带有明显惩戒色彩的政策倾向中，我们可以看出，尽管"救济"一词本身并未直接包含人身侮辱性，但救济制度的架构却建立在这样的法律逻辑上：救济并非国家责任，受助者的身份更像是无权利基础的乞讨者。因此，一旦进入救济制度，受助者的人格尊严便立即被剥夺。社会救济理念向社会救助理念的转变，以及社会救助理念本身的进化，离不开"公民权理论"的兴起。这一理论将社会救助权定义为社会基本权利，将贫困者获得社会救助视为法治社会及国家对公民应尽的义务。在现代语境下，社会救助权已经转化为对宪法所确定的基本权利——生存权的补充实现。国家和社会对受助者的救助不再是基于主权者的慈善情感，而是由现代法制所规定的法律义务。因此，受助者摆脱了传统的屈辱地位，不再需要通过身份和人格的依附来获得救助。在救助过程中，他们与施助者享有同等

---

① 江亮演：《社会救助的理论与实务》，（台北）桂冠图书公司1990年版，第3页。

的法律地位，成为平等的主体。社会救助相较于社会救济，其理念转变在于从施舍的慈善精神转变为对每个社会成员生存权利和人格尊严的尊重。同时，历史上社会救济的相关立法及政策的出台，往往并非基于"救济"一词所蕴含的慈善和慷慨美德，而是为了解决当时主权者所面临的紧急状况。尽管使用否定性的结果导向进行倒推在逻辑上缺乏合理性，但救济制度的运行状况确实反映出救济并非出于主权者的善意。历史上的救济制度常常表现出偶然性和临时性的特征，而非一项长期稳定且完备的制度。以英国曾实施过的济贫院制度为例，其运营状况并不理想，贫民在其中所遭受的剥削、歧视以及恶劣的生活状态，甚至不及一些非政府主持的济贫机构。[1] 而随着社会救助权和社会救助制度的发展，其所在的历史时期，政府已不再仅是极权制或主权者个人意志的体现。当代社会救助制度致力于贫困问题的解决，旨在实现公民的基本生活保障。在具体实施层面，社会救助展现出了与传统社会救济截然不同的面貌。救济制度往往依赖于主权者的意志，因此其设计常带有随意性和不完善性，因为施助者的恩赐具有非理性，随时可能被取消。相反，社会救助权则根植于现代法律制度，无论是对受助者的评价标准，还是具体救助行为的落实，都依据民主法治原则确立的完善制度。此外，社会救助所涉及的财富再分配也与传统社会救济不同。社会救济通常使用施助者个人的财富，而社会救助则利用公民缴纳的税收形成的国家财政资金，服务于公民自身。从"社会救济"到"社会救助"的用语转变，不仅反映了扶贫济困理念和措施上的深刻变革，即从惩贫转向扶贫、救贫、助贫，更标志着以国家责任形式存在的、积极的、法定的救助措施开始登上历史舞台。

19世纪末至20世纪初，在自由主义改革的浪潮中，英国皇家济贫

---

[1] Margaret Anne Crowther, *The Workhouse System 1834–1929: The History of an English Social Institution*, London: Methuen& Co, 1983, p.73.

法和纾困委员会首次引入了"公共救助"这一术语。① 该词最早官方出现于1909年英国的济贫法以及济贫事业皇家委员会的报告之中，其中主要的政策建议为：废除那些以惩戒穷人为主要目标的济贫法，转而实行更具人道主义精神的公共救助制度。② 我国的大部分学者认为，社会救助与公共救助在概念上无须进行细致区分，两者在实际使用中可视为等同。③ 然而，也有部分我国学者持不同观点，他们认为社会救助的涵盖范围相较于公共救助更为广泛，"社会救助"这一表述更能体现社会救助事业中"国家"因素逐步减少而"社会"因素日渐增加的发展态势。④ 该观点与西方大多数学者的看法相吻合。根据笔者在导言部分的考察结果，20世纪初至20世纪70—80年代，西方学者在论著中普遍使用"public assistance"，即"公共救助"这一术语；而自20世纪90年代起，国外学者则普遍采用"social assistance"，即"社会救助"这一表述。

社会救助概念在西方社会的形成主要历经了三个阶段：由社会救济逐渐演变为公共救助，再由公共救助进一步发展为社会救助。在我国，"社会救助法律制度"这一官方称谓是近20年才出现的新概念。在20世纪90年代之前，我国一直沿用"社会救济法律制度"的表述。从表面上看，我国社会救助的概念似乎跨越了西方社会的公共救助阶段，直接从社会救济过渡到社会救助，展现了我国社会救助的跨越式

---

① 黄晨熹：《社会救助的概念、类型和体制：不同视角的比较》，《华东师范大学学报》（哲学社会科学版）2005年第3期。

② 20世纪初，以"自助助人"为旗帜的社会工作在欧美各工业化国家已成了气候，社会工作者在实践中创造的个案工作、团体工作和社区工作三大方法，使济贫事业发生了质的变化。社会工作者针对"济贫"这一类代表旧的伦理思想的旧概念，提出了"公共救助"的新概念，后来逐渐为官方所认可。参见王超、齐飞编著《中国社会救助概论》，中国矿业大学出版社2007年版，第76页。

③ 参见时正新主编《中国社会救助体系研究》，中国社会科学出版社2002年版，第1页；曹明睿《社会救助法律制度研究——西南政法大学法学系列》，厦门大学出版社2005年版，第29页。

④ 参见江亮演《社会救助的理论与实务》，（台北）桂冠图书公司1990年版，第6—7页。

发展特征。然而，深入分析可见，我国社会救济向社会救助的转变时间相对较晚，且实际上无法完全跳过"公共救助"这一阶段。正如前文所述，我国社会救助的发展目前尚处于国家责任主导的阶段，救助的公共性在我国主要表现为几乎完全的国家责任。尽管我国学术界和实务界已经普遍采纳了"社会救助"这一概念，但由于我国社会救助的发展步伐相对缓慢，实际上我国的社会救助仍处于"公共救助"向"社会救助"转变的过渡阶段。

（二）社会救助的界定方法

社会救助用语的变化反映了特定社会历史条件的演变，而社会救助概念的三个不同阶段则反映了不同国家历史条件下的社会救助发展状态。西方发达国家与以我国为代表的发展中国家在社会救助概念上存在的两种不同发展背景和状况，决定了对社会救助的两种界定方法：受救助人中心主义、国家或社会中心主义。

第一，受救助人中心主义，即在社会救助的定义中，以受救助人为中心展开，受救助人的利益是整个定义的主线和核心。西方发达国家大多采用此种界定方法。例如，经济合作与发展组织（Organisation for Economic Co-operation and Development，OECD）在一项关于社会救助的研究中，将社会救助定义为：基于家计调查，以现金或实物为支付形式，通过资格条件审查，将援助定位于那些处于低收入阶层或低于类似收入门槛的个人或家庭。[1] 此种对"社会救助"的界定方法，旨在表达和传递西方发达国家社会救助的理念：即以受救助人的利益为中心。具体来说，受救助人中心主义在社会救助制度中的体现，是以充分保障受救助人的权利为核心目标。因此，此种界定方法亦可称为受救助人权利中心主义。

第二，国家或社会中心主义，即指在社会救助的定义中，国家或

---

[1] Organisation for Economic Co-operation and Development, *The Battle against Exclusion Social Assistance in Canada and Switzerland*, OECD Publishing, October 20, 1999.

社会作为社会救助行为的施动者,发挥着主导作用。也就是说,社会救助的定义通常将描述国家或社会施行社会救助行为作为逻辑主线,从而凸显社会救助的国家责任。由于大多数发展中国家的社会救助尚处于公共救助阶段,因此这些国家倾向采用该界定方法。亚洲发展银行总结认为,社会救助通常被定义为一种由政府(中央或地方)提供资金、以家计或收入调查为基础的现金或实物援助。[1]

从两种截然不同的社会救助界定方法可以看出,对社会救助的认识应与特定国家的社会历史条件相适应,更具体地说,与该国家社会救助的发展状况紧密相关。因此,在界定社会救助时,我们不仅要考虑西方发达国家的发展状况与趋势,还应结合我国社会救助的实际情况。简而言之,只有综合受救助人权利中心主义和国家责任中心主义两种界定方法,我们才能给出既符合我国社会救助发展现状又契合全球发展趋势的社会救助定义。鉴于社会救助概念在国际社会中尚未取得公认、明确的意见,[2] 本研究试图通过列明社会救助概念的基本构成因素,以揭示其概貌。从我国社会救助发展现状出发,社会救助的概念应当由三个要素构成:其一,以受救助人的利益作为逻辑主线,即在明确或具体列举受救助人范围的基础上,将受救助人视为社会救助的出发点和核心;其二,明确国家与社会在社会救助中的责任,除了国家提供的社会救助之外,民间力量的参与也在不断增加,社会救助中的"社会"因素将逐渐凸显;其三,社会救助的内容应以物质救助为主导,辅以其他形式的救助,即社会救助主要提供实物或货币形式的援助,同时在新的社会历史条件下,其他社会救助方式也将应运而生。这三个要素不仅有助于我们理解社会救助的概念,也可为社会救助权的界定提供有益的参考。

---

[1] Isabel Ortiz, *Social Protection in Asia and the Pacific*, Manila: Asian Development Bank, 2001, p. 257.

[2] 黄晨熹:《社会救助的概念、类型和体制:不同视角的比较》,《华东师范大学学报》(哲学社会科学版) 2005 年第 3 期。

二 社会救助权的用语规范

在中文语境下，描述"社会救助"这一制度事实的用语较为复杂，① 因此导致了社会救助权利措辞上的争议。除了上文提到的传统社会救济之外，社会保障权也是一个常因与社会救助权近似而被混淆误用的概念。"社会保障"一词的出现晚于"社会救济"，大体形成于"社会救助"一词诞生的同时代，其首次出现是在美国1935年颁布的《社会保障法》中，之后联合国的《人权宣言》也采用了相同的表达。社会保障在诞生初期与社会保险的概念交叉较多，二者的区分较为模糊，因为社会保障往往也具备救济功能，国家通过实施多种福利政策来实现对公民的救济。而在《经济、社会和文化权利国际公约》确认工人及其家庭享有获得现金福利的权利后，各国为确保工人享有这项权利，通常采用的方式是让工人通过参加劳动来换取社会保险金。② 因此，在社会保障制度被确立的早期，其保险色彩尤为显著，旨在确保工人能够享受到特定的经济保险福利。不同发展阶段的国家，其福利政策的内容和水平千差万别。然而，随着高福利国家面临政务危机，社会保障制度的发展趋势逐渐转向淡化社会保险，强化个人保险的改革方向。③ 而现在所采取的社会保障概念，通常涵盖了多种福利性政策，是对生活保障系统下国家服务事物的统称。其中，不仅包含了社会保险，社会救助也同样作为社会保障制度的重要组成部分。④《欧洲基本权利宪章》对以往的社会保障体系进行了修正，提出它应当置于社会保障权的总体框架之下。同时，该宪章明

---

① "与社会救助制度事实的历史演进相一致，在中文语境中出现了社会救助、社会救济、社会援助和社会帮助等不同语词。"参见刘光华《社会救助：理论界定与中国的实践展开》（上），《兰州大学学报》（社会科学版）2008年第4期。

② ［挪］A. 艾德等主编：《经济、社会、文化权利教程》，中国人权研究会译，四川人民出版社2004年版，第173—176页。

③ 王卫平、郭强主编：《社会救助学》，群言出版社2007年版，第22页。

④ 郑成功：《社会保障学——理念、制度、实践与思辨》，商务印书馆2020年版，第219—221页。

第二章　社会救助权的界定及其价值论

确指出，社会救助不应带有浓厚的保险计划色彩，而应被确立为一种公民的基本权利。这意味着任何个人都不应被主权当局因某种计划或制度而排除在社会救助之外，从而确保社会保障的普遍性和公平性。① 社会救助区别于其他社会保障制度的核心特点，在于其基础性和服务对象所处环境的危机紧迫性。社会救助制度所服务的对象，通常是那些一旦失去社会救助，就无法从国家或者志愿组织获得必要生存资料，生活水准将跌至贫困线以下的社会成员。因此，社会救助制度虽然位于社会保障体系的最底层，却承担着解决社会最脆弱群体基本生存问题的重任，这使得它难以被其他制度替代，也不应因历史或经济的发展进程而被取消。

尽管当前理论普遍采用"社会救助"这一称谓，但公民或社会成员在法律规定的条件下享有社会救助的权利用语仍存在争议。关于上文所使用的"社会救助权"是否最恰当，确实值得进一步探讨。在学术和实践领域，对于如何准确描述和界定这一权利，仍需深入研究和讨论。与西方发达国家采用的社会救助概念所处的阶段相契合，英文论文多数使用"Right to social assistance"，② 直接翻译即为社会救助权。而在中文语境下，从权利角度出发研究社会救助的论文中，对于这一权利主要存在三种不同的称谓：社会救助权、获得社会救助权以及行政救助权。③

---

① European Convention, *Charter of Fundamental Rights of the European Union*, Official Journal of the European Union, C 303, December 14, 2007.

② See Sandra Liebenberg, "Right to Social Assistance: The Implications of Grootboom for Policy Reform in South Africa", *South African Journal on Human Rights*, Vol. 17, 2001, p. 17; Laura B. Rawlings, "A New Approach to Social Assistance", International *Social Security Review*, Vol. 8, 2005, p. 133; Lotta Vahlne Westerhäll, "Rights, Obligations and Sanctions in Social Law", *Scandinavian Studies in Law*, Vol. 32, 1988, p. 261.

③ 直接在论文题目中使用"社会救助权"语词的文章有：贾锋《论社会救助权国家义务之逻辑证成与体系建构》，《西北大学学报》（哲学社会科学版）2014年第1期；冯彦君、张凌竹《社会救助权的可诉性及其证成》，《江西社会科学》2013年第2期；陈彪、刘文祥、刘炳辰《社会救助权的法理维度新论》，《商业时代》2010年第11期。另有文章讨论获得社会救助权和行政干预权的冲突，使用"获得社会救助权"的语词，参见黄学俊、刘光亮《"禁讨"现象之法学思考——从获得社会救助权（利）与行政干预权（力）角度》，《法制与社会》2006年第15期。还有文章使用"行政救助权"的语词，参见王喜萍《行政救助权实现问题分析》，硕士学位论文，中国政法大学，2007年。

这些称谓的差异反映了学术界对于社会救助权利内涵的不同理解和侧重点。虽然三者都是从权利的角度阐释社会救助，但不同的理论出发点和理论根据导致了三种迥异的称谓。那么，何种用语最为恰当呢？

（一）关于"获得社会救助权"

"获得社会救助权"这一表述可能存在词义上的重复和冗余。从字面意义上看，它确实传递了具体而清晰的含义，即公民或社会成员拥有获得社会救助的权利。然而，在深入分析时，我们发现这一表述在描述权利主体和行为后果方面可能显得过于烦琐。

其一，从权利主体的角度来看，获得社会救助权的主体显然是公民或社会成员，这一点通过"获得"一词已经得到了体现。然而，在受救助人中心主义的社会救助概念界定下，社会救助的核心应当是受救助人，他们自然是享有社会救助权利的主体。因此，随着社会救助概念的不断演进，享有社会救助权利的主体隐含在这一权利之中，无须再通过明确的词汇来强调，以免造成词义上的重复和烦琐。

其二，从权利的内容来看，权利通常涵盖了两种行为模式：一种是可为一定行为的自由，另一种是不为一定行为的自由。有所作为即意味着通过特定行为来"获得"相应的行为后果。简言之，权利是与一定的行为后果相联系的，若权利缺乏实际的行为后果，那么它便失去了实践意义，成为空中楼阁。"获得社会救助权"中的"权"已内在地包含了"获得"社会救助服务的内容，因此，"获得社会救助权"这一表述在词义上存在重复，内部逻辑显得不够清晰。以社会救助权在宪法上的上位权利——物质帮助权为例，我国宪法理论上大多避免使用"获得物质帮助权"的表述，我们可以基于相同的理由进行补充解释。我国宪法上的物质帮助权与外国宪法中的相关规定存在显著差异，它是以我国社会的实际情况为基础设定的，体现了社会主义宪法的精神，并具备实定法的支持。因此，我们应当直接依据我国《宪法》第四十五条的规定来命名这一权利，即称为物质帮助权。①

(二) 关于"行政救助权"

"行政救助权"这一表述仅从行政法的单一视角反映了社会救助制度的研究，有断章取义之嫌。至今为止，法学领域的学者们已从宪法学、行政法学、经济法学和社会保障法学等多个角度深入探析了社会救助制度，不同的理论基础和研究方法自然会产生不同的术语表达。行政救助权作为行政法语境下的权利表述，确实在强调国家承担社会救助责任的应然性和必然性方面发挥了重要作用。

然而，笔者认为"行政救助权"这一术语仍有不足之处，主要体现在以下三方面。第一，行政救助权以行政救助为主要内容，以行政给付为理论支撑点，这与社会救助所强调的以受救助人中心主义的观念相悖。"行政救助是指行政主体基于公民的物质帮助权，在其生活陷入贫困时依法给其以物质权益或与物质有关的权益的法律制度的总称，也可称之为行政给付。"② 行政给付通常又被称为"行政物质帮助"，"是指行政机关对公民在年老、疾病或丧失劳动能力等情况下或其他特殊情况下，依照有关法律、法规规定，赋予其一定的物质权益或与物质有关的权益的具体行政行为。"③ 由行政救助的具体行政行为性质决定的国家行为中心主义，与社会救助观念中的受救助人中心主义相悖。一旦行政救助被过度权利化，那么行政救助权的发展将成为社会救助中"社会"因素增多的重要阻碍。

第二，行政救助权以国家承担社会救助责任为核心，主要表现为行政相对人享有的权利。然而，行政救助权的实现并不能涵盖实践中社会救助的所有形式，它无法包含除国家之外的其他社会力量提供的社会救助。简而言之，行政救助权的外延并不符合社会救助实践发展

---

① 郑贤君、李祥举：《作为宪法权利的物质帮助权辨析》，《长白学刊》2009 年第 3 期。
② 林莉红、孔繁华：《社会救助法研究》，法律出版社 2008 年版，第 3 页。
③ 罗豪才、湛中乐主编：《行政法学》，北京大学出版社 1996 年版，第 242 页。

的客观情况。因此,"行政救助权"这一用语只能揭示行政法视角下公民或行政相对人享有的社会救助权利,却排除了受救助人中心主义观念下其他视角的受救助人权利。如果试图以行政救助权来概括公民或社会成员享有的所有社会救助权利,那么断章取义、以偏概全的谬误将难以避免。

第三,行政救助权主要强调行政相对人在贫弱状态下向国家请求行政救助的权利,这一侧重与社会救助的当前及未来发展趋势不完全吻合。虽然国家承担着社会救助的法律义务,但从社会救助的演进趋势来看,国家在社会救助事业中的角色将逐渐减弱,而社会团体或社会组织的作用将日益增强。这一趋势在社会救助用语的演变中也有所体现,例如从"公共救助"逐渐发展为"社会救助"。由于行政救助权主要围绕公共救助展开,这在一定程度上阻碍了社会救助的深入发展。

(三)关于"社会救助权"

相较于"获得社会救助权","社会救助权"这一表述更符合权利用语的规范,它避免了"获得"与"权"之间可能产生的词义反复,并更好地体现了社会救助概念中的受救助人中心主义,即受救助人是社会救助权的天然主体。与"行政救助权"相比,"社会救助权"的内容更为丰富,它不仅涵盖了国家提供的社会救助,还包括了非国家组织体(如社会团体)提供的社会救助。这一表述既继承了"社会救助"用语的演变轨迹,也顺应了社会救助的发展趋势,即国家力量与社会力量共同作用的模式。在这样的背景下,社会救助权将获得更为全面的权利保障,公民或社会成员的社会救助权将有更多的实现途径。社会救助权的实现既可以依托国家法律体制,也可以在社会机制下得以实现。

在宪法和社会保障法的语境下,社会救助权不仅符合从宪法基本权利的物质帮助权到社会保障法上的社会保障权的语词逻辑,而且其实现方式能够涵盖社会救助的多种形式。同时,它可以在适应社会救助制度实践发展的基础上，拓展权利的内容，从而顺应社会法理论的发展。

三 社会救助权的界定

（一）社会救助权的内涵

尽管社会救助作为一个广泛关注的领域，其定义尚未取得一致意见，但相比之下，社会救助权的内涵所受到的关注和研究更为不足。这在一定程度上反映出，在社会救助制度领域中，以权利为本位的研究范式尚未形成。目前，社会救助的发展仍处于制度研究阶段，对于社会救助权利的研究才刚刚起步。因此，简单地从"社会救助"概念推导出"社会救助权"定义的惯常思维，容易导致对社会救助权理解的偏差。需要注意的是，社会救助不能简单地等同于社会救助权。社会救助是社会救助权的实现方式和对象，即通过社会救助的行为或机制，公民或社会成员得以行使或获得社会救助权。因此，更准确地说，社会救助权是公民基本权利的一部分。尽管上述观点在理解上存在误区，但我们不能否认从社会救助到社会救助权的逻辑进路具有一定的可取性和可行性。实际上，有人已经找到了社会救助与社会救助权之间的契合点，"从社会救助的内容和形式出发，社会救助权是指社会成员在自身不能维持其最低生活水平，陷于贫困，基本生存受到威胁时有从国家和社会得到物质帮助的权利。"[①]

从中我们可以得到启发，对于社会救助权的定义，至少应当包括以下几个核心要点。第一，社会救助权的主体是公民或社会成员，他们在法律规范下处于主导地位，有权请求国家和社会提供必要的救助。这与以受助人为中心的社会救助界定方法相一致。第二，社会救助权的具体内容应包括公民或社会成员在法定条件下可以获得的救助形式

---

① 刘锦城：《社会保障权研究》，博士学位论文，吉林大学，2009年。

和内容，如物质援助、服务支持等。第三，国家和社会在保障公民或社会成员行使社会救助权方面承担辅助责任，需要建立有效的机制来确保法定权利能够转化为现实权利。以下是一个典型的，同时也是较少见的对社会救助权含义的界定。

"社会救助权则是现代社会公民的基本权利之一，是公民难以维持最低生活水平时，有权要求国家按照法定的程序和标准向其提供保障其最低社会需求的物质帮助和社会服务的权利。"[1] 该定义克服了将社会救助等同于社会救助权而存在的缺陷，同时也体现了权利本位研究范式的逻辑。然而，它将社会救助权限定在"公民—国家"的权利义务关系中，却忽视了"社会成员—社会"层面的社会救助权发展，这实际上是对社会救助权基本属性的不全面理解。此外，该定义将公民行使社会救助权的情形仅仅概括为"难以维持最低生活水平时"，这种表述在社会救助实践中可能引发多种不同的理解和解读，甚至可能导致新的混淆和困境。有如学者认为："所谓社会救助权，是当个人或家庭生计断绝急需救助时，享有的给予生活上的扶助的权利。"[2] 该定义同样以高度概括的方式阐释了公民行使社会救助权的情形，但却忽略了国家和社会在提供社会救助时的辅助性角色，从而未能准确反映其应有的主体地位。

对于社会救助发展相对滞后的我国而言，直接、明确且具体的定义方法及立法风格应成为我们的首选。待社会救助实践更为成熟之后，抽象型的社会救助权定义及相关立法方能拥有坚实的实践基础。因而，当前我国社会救助立法不宜仅采用概括式定义方法，而应结合描述式定义方法。基于此，本研究对社会救助权定义如下。

社会救助权是指因年老、疾病、伤残、遭受自然灾害、丧失劳

---

[1] 杨思斌：《社会救助权的法律定位及其实现》，《社会科学辑刊》2008年第1期。

[2] 余少祥：《弱者的权利：社会弱势群体保护的法理研究》，社会科学文献出版社2008年版，第204—205页。

动能力或职业等诸多因素，导致收入减少或中断，进而使基本生活难以保障的公民或社会成员，依法享有要求国家和社会按照既定程序和标准提供必要物质帮助和社会服务，以确保其适当生活水准的权利。

(二) 社会救助权概念的辨析

随着中国逐渐步入权利时代，权利话语逐渐成为社会主流，权利本位的研究范式也日渐形成。在这样的权利氛围下，社会救助权与其他紧密相关的权利相伴产生并共同发展。然而，在多种权利共同经历产生与发展的过程中，可能会出现权利交叉或权利语言滥用的现象。为了明确厘清社会救助权与其他相关权利的界限，我们在定义社会救助权的基础上，需要进一步深入辨析社会救助权与就业权、福利权之间的相互关系。

1. 社会救助权与生存权

亚当·斯密提出的关于社会生活的"可接受性"标准，对于生存权理论的发展奠定了基础。[①] 而生存权首次作为法律意义上的权利出现，是19世纪，由安东·门格尔提出。他将生存权与劳动权置于同一价值位阶，将生存、劳动及劳动收益共同纳入经济权利的范畴，认为它们共同开创了人权的新世代。[②] 在安东·门格尔的空想社会主义理论中，他将生存权定义为最基本的需求，是人类其他需求和权利建构的基础与源泉。[③] 安东·门格尔对于生存权的定义，继承了亚当·斯密的主张，即"可接受性"的社会生活标准应当高于动物性的生存标准。因此，生存权在纯粹的生命存在之外，还涵盖了更多的人类社会生活内容。生存权在理论探讨之外，首次在法律文本中得到表述是在《日本国宪法》中。而它首次被明文确定下来则是在1919年的《魏玛宪

[①] 徐显明：《生存权论》，《中国社会科学》1992年第5期。
[②] 徐显明：《生存权论》，《中国社会科学》1992年第5期。
[③] 陈鹏：《公民权社会学的先声——读T. H. 马歇尔〈公民权与社会阶级〉》，《社会学研究》2008年第4期。

法》中，该宪法规定国家有义务采取一切积极措施，通过福利政策、社会保障以及其他公共事业，保障国民平等地享有维持最低标准的、健康的、有文化的生活的权利。① 因此，在这个意义上，生存权指向的是国家的保障义务。确保人的尊严的行动标准不仅涉及物质资料的提供，还涉及教育权、环境权等权利的实现。人们通过保障生存权能够为自身的生命存续找到法律保障，而其他权利的实现和发展也必须基于生存的实现才有意义。

　　生存权与社会救助权在一定程度上具有高度的重叠性。首先，从基本权利的角度来看，社会救助权和生存权都是为了保障人的基本生存条件能够实现。换言之，社会救助权和生存权都是人的权利中最基础、最重要的权利。生存权体现在人在一定的社会状态下有尊严地维持生活的权利，而社会救助权则体现在当人依靠自身的努力无法实现这种维持状态时，有权向外界寻求帮助，依靠外力来实现这种维持状态。同时，因为二者都是基本权利，所以生存权和社会救助权都是不能被政治体取消的权利；换言之，二者与人的存在的关系决定了它们与人身具有不可分离的紧密性。其次，生存权和社会救助权的义务主体都指向国家和社会两方面。权利的实现一方面要求国家和社会的尊重与承认，另一方面要求国家和社会的积极给付以及救济行为来辅助其实现。生存权体现为处在一个既定的社会环境中的人，是否具备要求其生存状态存在以及维持的资格；而社会救助权则体现在处于此种社会环境中的人能否要求外界给予帮助，以恢复最低限度的生存状态。然而，社会救助权并非生存权在特定语境下的另一种表达。社会救助权囊括了生存权并未涵盖的权利内容。在权利内容的实现程度上，虽然生存权和社会救助权都指向社会成员的最低限度欲望的满足，但是生存权主要指向维持人的基本生存需求，而社会救助权除了辅助公民满足基本生存需求外，

---

① 姜士林等编：《世界宪法大全》，青岛出版社1997年版，第385页。

还承担着帮助公民摆脱贫困的重要功能。因此，在这方面可以认为社会救助权比生存权所涵盖的内容更广，它不仅关注人类的基本存在，还致力于实现人的全面发展。

2. 社会救助权与社会权

社会权是一个主要在欧洲国家流行的概念，通常被视为一种基本权利。它指的是社会成员有权向国家要求物质或文化生活保障的权利。社会权的概念范畴非常广泛，不仅涵盖了生存权，还包括劳工权、教育权、医疗保障权等内容。相比之下，社会救助权的内容要狭窄得多。在法律文本中，我们可以追溯到最早提及社会权相关内容的文本是《俄罗斯社会主义联邦苏维埃共和国宪法》，其中规定了国家为劳动者提供教育的义务。之后在《魏玛宪法》中，生存权、义务教育权、工作权、失业救济权以及从国家获得经济救助的权利得到了明确规定。[①] 社会权的诞生有助于缩小资本主义国家中的贫富差距与缓解资本力量的尖锐矛盾，因为它为社会层级中的贫弱者提供了一定的保障，补偿了他们在自由和平等权利方面的缺失。[②] 社会权的正式理论确立是在马歇尔提出公民权理论之后。他将公民权的发展根据历史进程划分为三个阶段：首先是公民民事权利阶段，这一阶段强调表达自由、人身权利的实现以及订立契约能力的确立；其次是公民政治权阶段，该阶段侧重于民主政治权利的实现；最后是公民社会权阶段，此阶段强调国家应履行救助义务和提供福利待遇。[③] 马歇尔对公民权利发展阶段的阐述，为社会权利的制度化和正当化提供了理论基础，他认为社会权利的本质在于权利属性，而非仅仅是义务属性，从而破除了公民获得救助的"有罪论"，即公民从社会和国家获得救助并不是对国家的祈求，也不需要以放弃或者部分放弃尊严和其他权利为代价来获得。相反，

---

① 姜士林等编：《世界宪法大全》，青岛出版社1997年版，第385页。
② 马成刚、曹斌斌：《社会行政法初探》，《法制与社会》2013年第27期。
③ 郭忠华、刘训练：《公民身份与社会阶级》，江苏人民出版社2007年版，第39页。

这是现代民主国家必须向公民履行的义务，国家与政府有义务保障所有社会成员，不论其出身、种族、财富状况，都能过上安全、健康、有尊严的生活。在马歇尔的理论影响下，公民的民事、政治以及社会权利都随着其社会身份的确立而得到确立。公民不仅享有对国家的消极防御权利，还享有要求国家履行义务的积极权利。因此，社会权不仅包括生存权，还包括发展权、言论自由权、政治参与权等超越基本生存需求的权利。由此我们可以认为，社会救助权是社会权框架下的一个子项。①

3. 社会救助权与社会经济权利

社会经济权利主要见于国际公约层面的法律文本中。首先在《联合国宪章》中，联合国负有推动劳动就业，提升公民的生活水平以及促进经济与社会发展的义务。其次在《世界人权宣言》的第25条中，具体阐述了每个人及其家庭享有获得和享受社会服务，以维持健康生活标准的权利。这种权利涵盖了生存物质资料以及教育、医疗等公共服务的内容。从实现方式来看，这不仅包括国家和社会对权利的尊重义务，还包括在个人陷入生存困境时提供的保障义务。② 换言之，《世界人权宣言》秉承了《联合国宪章》的精神，在更广泛的层面上奠定了社会经济权利的基础。特别是对工作自由的重视，不仅承认了劳动与获取报酬的正当性，同时也认可了劳工组织的合法性。因此，在劳动权利方面赋予了更多政治权重。《世界人权宣言》还将社会和经济权利扩展至社会保障领域，这在后续的《经济、社会和文化权利国际公约》得到了进一步体现和落实，为在成员国国内法中进行法律实践提供了可能性。③ 其中较具建设性的一点是对适度生活

---

① ［英］霍华德·格伦内斯特：《英国社会政策论文集》，苗正民译，商务印书馆2003年版，第22页。

② ［瑞］格德门德尔·阿尔弗雷松、［挪］阿斯布佐恩·艾德：《世界人权宣言——努力实现的共同标准》，中国人权研究会组织译，四川人民出版社1999年版，第50页。

③ United Nation, *International Covenant on Economic, Social and Cultural Rights*, United Nations General Assembly Resolution 2200A (XXI), 993 UNTS 3, December 16, 1966.

标准的强调。根据该公约第 11 条的表述，我们透过文本的语言可以描绘出其期望实现的社会图景。不难发现，适度生活标准并非仅仅关注人的基本生存，还强调人们有权追求一种更为模糊与抽象的幸福感。这种幸福感并非依赖于剥削或战胜他人，也不依赖于其他公民个体权利的让位。人们有权获得的适度生活标准，主要包括足够的食物、能够维护基本尊严的衣物，以及不会因寒冷和卫生问题而危及生命的居住条件。同时，人们还应该有机会通过自身努力改善生活条件。[1] 人们对于这种物质资料及相关社会服务的获取，其权利与义务方主要指向国家和社会。国际公约的缔约国必须采取一切必要措施，确保其公民能够享有上述权利。因此，我们可以看到，社会经济权利这一概念相对较为模糊。与生存权所期望实现的公民权利状态相比，它更进一步；而与社会救助权相比，其涵盖的内容又更为广泛。然而，社会救助权并不像社会救助权和生存权那样与人的生存和发展底线保障有着紧密的联系。

4. 社会救助权与福利权

福利权思想可以追溯到 17 世纪英国自由主义先驱洛克提出的自由权理论。[2] 自 20 世纪初以来，自由经济发展所带来的问题导致了国家行政任务的巨大转变，进而催生了福利国家的形成。到了 20 世纪中后期，福利权运动在西方主要发达国家中蓬勃兴起。由于各国在福利权发展过程中的具体路径、方式乃至策略上存在差异，[3] 因此各国先后采取了"自上而下"或"自下而上"的方式来争取和推动福利权的实现。"在这样的背景下，似乎各国都开始承认某种包含福利权在内的社

---

[1] ［挪］A. 艾德等：《经济、社会和文化的权利》，黄列译，中国社会科学出版社 2003 年版，第 153 页。

[2] 龚向和：《作为人权的社会权——社会权法律问题研究》，人民出版社 2007 年版，第 1 页。

[3] 章剑生：《福利权、福利国家与现代行政法任务的变迁——胡敏洁博士之〈福利权研究〉述评》，《行政法学研究》2009 年第 3 期。

会经济权利。"① 进而有学者认为："在国际上，则可以把1966年的《经济、社会和文化权利国际公约》的发布作为福利权以法制形式得以确认的标志。"② H. J. 麦克洛斯基对于福利权的定义并未明确指出该权利的义务主体是国家还是社会。他强调了公民作为受益性行为的主体资格。在麦克洛斯基的定义下，福利权不仅涵盖了社会成员个体要求他人支付劳动报酬的权利，还包括了收取债务的权利。③ 作为一个法律术语和政治概念，福利权在西方国家，特别是在美国的文化语境中，相较于其他社会和经济权利，具有更为宽泛的含义。这种广泛性源于"福利"一词词源含义的不断扩展和演化，因为诸如文化与物质生活水准、接受教育、维持健康的生活以及获得社会保障等都属于福利权益的范畴。④ 例如，卡尔·威尔曼就认为福利权与传统的社会经济以及政治自由权利有所不同。他认为福利权是一种要求国家积极履行义务的人权，其核心是国家提供物质资料与服务，以辅助保障公民的生存和生活质量。⑤ 而卡尔·凯利则从权利的实现路径出发，指出福利权作为一项人权，其积极性特征更为显著。同时，福利权所要求的权利给付内容更多是物质利益性的，而非抽象概念性的。实际上，福利权所要求的给付本质上是国家所拥有的物质财产的分配。⑥ 因此，在美国的福利权利制度中，社会救助实际上是福利政策的重要组成部分。涉及住房、食品补助和医疗等领域的福利给付，在美国都带有浓重的社会救助色彩。事实上，许多国家已经在宪法层面确认了类似于福利权的权利；然而，各国所采用的术语却存在显著差异，如社会权、社会保障

---

① 陈国刚：《福利权研究》，中国民主法制出版社2009年版，第57页。
② 谢琼：《福利权与福利制度》，《社会保障研究》2010年第1期。
③ Carl Wellman, *Welfare Rights*, Lanham: Rowman and littlefield, 1982, p. 23.
④ 郑功成：《社会保障学——理念、制度、实践与思辨》，商务印书馆2000年版，第11页。
⑤ Carl Wellman and Lawrence C. Becker, eds., *Welfare Rights and Duties of Charity: Rights and Duties (Ethical Investigations)*, New York: Routledge, 2002, p. 156.
⑥ David Keley, *A Life of One's Own: Individual Rights and the Welfare State*, Washington, D. C.: Cato Institute, 1998, p. 57.

权、社会经济权利、生存权等多种表述方式。① 而在具体含义上，福利权是针对福利所享有的权利。

在我国，学者对于福利权的观点与美国或者其他西方国家存在差异。例如，冀慧珍学者在《当代中国社会救助权问题研究》中指出，由于语言使用习惯的不同，"福利权"一词在中国并不是一个常用术语。此外，从具体的政策实践来看，我国与西方国家的福利权内容并不完全重合。② 胡敏洁学者在《福利权研究》中指出，福利权的义务主体不仅限于国家，社会同样有义务为公民的物质和精神生活利益实现提供必要的设施和服务。③ 从以上关于福利权的研究可以看出，当前我国法学界主要从公法视角研究该权利，这与"福利国家"背景以及西方学者在该背景下研究福利权的传统密切相关。公民的福利权作为宪法的一项基本内容，最早在1919年的《魏玛宪法》中被提出。④ 在西方宪政传统的影响下，福利权被视为宪法上的基本权利，即公民有权请求国家满足其最基本的生活需求。这一观点不仅在中西方学者中达成了广泛共识，而且得到了很多国家宪法的确认。从这个角度来看，人权法和宪法上的福利权可以被视为社会救助权的上位权利，也就是说，福利权是社会救助权在宪法层面的母权利。然而，人权法或宪法上的福利权通常是高度抽象且难以具体化的权利。只有具备具体权利性质的福利权才更容易被实现和把握。根据"国家满足公民基本生活需要的标准"，福利权可以具体化为包括健康权、社会救助权、社会福利权、社会保险权等在内的多种权利。在这个意义上，具备具体权利

---

① "社会权"这一用语主要集中在欧洲国家，"生存权"这一用语主要为日本的用法，"社会经济权利"这一术语名，可以发现其主要为国际人权公约的表述用语。"社会保障权"的用法在我国社会保障法学界和宪法学界则更为多数。参见胡敏洁《转型时期的福利权实现路径——源于宪法规范与实践的考察》，《中国法学》2008年第6期。

② 冀慧珍：《当代中国社会救助权问题研究》，中央编译出版社2015年版，第42页。

③ 陈国刚：《福利权研究》，中国民主法制出版社2009年版，第10页。

④ 吕艳辉：《福利权与财产自由权的冲突和调适——以正义论为视角》，《求是学刊》2010年第4期。

性质的福利权涵盖了社会救助权。因此，无论是人权法或宪法上的福利权，还是具体化的福利权，它们的内涵和外延都比社会救助权更为广泛。然而，从公法视角来看，福利权过分强调依赖国家的积极作为，即过分依赖国家责任。相比之下，社会救助权的确立虽然也建立在国家责任的基础上，但在实现过程中引入和参与其他社会主体无疑增强了其社会性。这是社会救助权作为福利权的子权利在确立和发展过程中特殊性表现之一，也在一定程度上增加了福利权发展的多样性。在我国理论研究的语境中，福利权不仅是一项涵盖从劳动到社会救助等多项内容的组合性权利，而且和社会救助权一样，它要求国家和社会都履行给付义务，为社会成员提供物质资料及服务。在给付义务的主体方面，国家承担着主要角色，而社会组织和志愿社团则扮演辅助角色。与此同时，这种给付并不要求公民承担商业社会中的支付对价义务。然而，在权利内容的实现上，福利权和社会救助权展现出了较为明显的区别。首先，福利权与社会救助权在权利实现目的上存在细微差别。福利权不仅旨在实现社会救助权所保障的社会成员最低生活标准，还进一步关注社会成员能否享受到与当前社会发展水平相适应的生活。其次，福利权不仅要求国家和社会对社会成员提供现金补贴，还包括公共设施的建设以及公共服务的给付。相比之下，社会救助权对于公民个体的基本生存具有更为决定性的意义，而福利权则更侧重于保护和尊重公民享受一定生活质量的生存状态。最后，在权利主体身份上，社会救助权主要关注社会成员个人，而福利权则将关注点扩展到家庭单位，力求实现包含后代在内的长远福祉。同时，社会救助权主要保护社会或国家群体中的绝对贫困成员或在特定时期财产状况受损的成员，因此其诉求往往具有紧迫性。而福利权的保障对象则通常是已经具备一定社会和财富条件的社会成员。虽然福利权的内容包含对社会救助权的评价，但在实现路径上，社会成员往往倾向于将生存等紧迫性需求置于社会救助权之下，而将追求更高生活质量的需求置于福利权之下。

第二节 社会救助权的基本属性

对于"社会救助权是什么"的回答,不仅涉及社会救助权的含义,还涵盖其基本属性。社会救助权的含义主要从抽象层面概括其核心内容,而其基本属性则从外延的限定和内涵的扩展角度,辅助对抽象内涵的理解。界定社会救助权的基本属性是合理回答"社会救助权是什么"的关键步骤。社会救助权不仅属于人权范畴,更是一项基本人权;它不仅是宪法性的基本权利,还是基础性的社会保障权。

一 社会救助权是一项基本人权

(一)判别社会救助权的人权标准

从构词上分析,人权指的是人作为人所享有或应该享有的权利。[①] 从人权的本质上看,一个普遍必然的人权制度必须以公正原则为最高且唯一的原则来定义的人权体系,人权就是每个人能够受到公正对待的权利。[②] 就人权内容而言,法国学者卡莱尔·瓦萨克(Karel Vasak)生动地将人权内容概括为三代人权。第一代人权主要涵盖《公民权利与政治权利国际公约》中规定的权利,这些权利着重强调个人自由并反对国家权力的干预,因此也被称作消极人权。第二代人权则主要包含《经济、社会与文化权利国际公约》所规定的权利,它们要求政府采取积极措施以保障个人的权利,因此又被称作积极人权。而第三代人权,被称为"连带关系权利"[③],它们是与人类生存条件紧密相关的

[①] 在"人之作为人"一语中,第一个"人"字,无疑指具体的、现实的人,第二个"人"字既指抽象的人,即设定的、本性意义上的人,又指具体的、现实的人,即作为社会成员的人。所以对"人之作为人应该享有权利"一语,要作具体分析。参见夏勇《人权概念的起源:权利的历史哲学》,中国社会科学出版社2008年版,第166页。

[②] 赵汀阳:《"预付人权":一种非西方的普遍人权理论》,《中国社会科学》2006年第4期。

[③] 有学者认为,我们有理由修正人权的存在论基础,把"关系"看作权利的存在形式,于是,权利的合法性不再落实在个人身上,而是落实在关系中。参见赵汀阳《"预付人权":一种非西方的普遍人权理论》,《中国社会科学》2006年第4期。

集体权利，如和平权、发展权、健康环境权等。在瓦萨克看来，这三代人权正是对在法国大革命中提出的三大理念："自由、平等和博爱"的具体回应。[①] 在笔者看来，从本质上看，人权这一富于争议的概念已经演变为在人类共生关系中每个人应被公正对待的权利。社会救助权不仅符合人权的发展趋势，而且与人权的核心特征相契合。

社会救助制度和社会救助权的产生与发展轨迹与人权的代际发展有着相似之处。在慈善阶段，国家扮演了较为消极的社会救助角色；而进入国家责任阶段后，国家则需要积极主动地承担社会救助责任。社会救助权体现了处于弱势地位的公民或社会成员与国家、其他社会群体之间的紧密联系，其基本目标是保障人类的生存条件。这只是通过纵向考察人权概念的发展与社会救助权产生历史之间的契合程度，来得出人权与社会救助权之间的属种关系；然而，要确认社会救助权的人权属性，还需从横向对比的角度进行进一步分析，即运用人权的判断标准来评估社会救助权的属性。

英国学者莫里斯·克兰斯顿（Maurice Cranston）提出了判断人权的三个标准。第一，切实可行性标准（practicability）。如果某件事是人力所不能及的，那么它就不能构成我们的义务；同样地，如果做某件事是不可能的，那么将其视为一项权利就是荒谬的。第二，普遍性标准（university）。人权是所有人在任何时间、任何情况下的道德权利。第三，至关重要性标准（paramount importance）。一项人权必须是某种极其神圣且不能轻易被剥夺的东西。[②]

根据以上三个标准，我们可以从三个方面来判断社会救助权是否属于人权。首先，各国经济发展水平和国家责任的广泛发展决定了实

---

① Carl Wellman, "Solidarity, the Individual and Human Rights", *Human Rights Quarterly*, Vol. 22, 2000, p. 639. 转引自严海良《人权论证范式的变革——从主体性到关系性》，社会科学文献出版社2008年版，第9页。

② Maurice Cranston, "Human Rights, Real and Supposed", in D. D. Raphael, ed., *Political Theory and the Rights of Man*, Bloomington and London: Indiana University Press, 1967, pp. 43–53.

现社会救助权的切实可行性。在贫困问题普遍存在和国家对社会救助责任广泛承担的背景下，不同国家的经济发展水平大多可以逐渐支持实现消除人类绝对贫困的目标。公民或社会成员的社会救助权的实现是解决贫困问题的重要途径，因此，国家和社会既有能力也有责任通过保障公民或社会成员的社会救助权，为解决人类贫困问题做出应有的贡献。其次，社会救助权以生存权为基础，决定了每个人在任何时间和任何情况下都应享有社会救助权，即社会救助权具有普遍性。社会救助权是生存权的一种特殊体现，反映了受救助者对生存权的需求。无论是从道德权利还是法定权利的角度来看，生存权在本质上是伴随着人的出生而自然具有的权利，不同的人、不同的时间和空间都无法否认其存在。作为生存权的自然延伸，社会救助权同样具有普遍性。最后，社会救助权关乎生活在社会最底层的公民或社会成员的基本生存问题，这凸显了社会救助权对于人类生存条件的至关重要性。社会救助权的第一道防线功能是为公民或社会成员提供最低限度的保障。一旦缺失或被剥夺社会救助权，那些处于贫弱地位的公民或社会成员的基本生存将难以保障，甚至可能丧失"人之作为人"的资格。因此，作为人权的社会救助权是人类自我维系和自我发展的一种内部互助机制，其对于人类的重要性不言而喻。

（二）作为基本人权的社会救助权

社会救助的人权属性并不意味着社会救助权是一项基本人权，要确定社会救助权的基本人权属性，我们需要从基本人权的含义和判别标准入手。"所谓基本人权，是指社会存在的每个人及其组合体（群体）享有由各国政府、社会（包括国际社会）负起主要保障责任的，在各方面享有'人作为人'和'把人看作为人'起码的人格、人身、安全、生存、发展和幸福等基本权利和基本自由。"[①] 基本人权的价值

---

① 韩荣和、关今华、关山虹：《简论基本人权》，《福建师范大学学报》（哲学社会科学版）2010年第4期。

在于，基本权利和基本自由是带有根本性和普遍性的人权，基本人权充分体现了所有人权的本质。美国学者亨利·舒尔（Henry Shue）提出基本人权包括普遍的自由、生存和安全权利在内的基本权利，这些权利之所以是基本的，是因为享有这些权利是享有所有其他权利的必要条件。经济安全是实现其他权利，如行动自由和人身安全等的基础。经济安全指的是享有充足的食物、衣物、避难所、基本的医疗保障以及稳定的经济来源等。[1] 简单来说，基本人权是各国要保障的不可或缺的人权[2]，西方学者称其为"低度人权主义"[3]，我国学者称其为底线人权法则[4]。

通过对基本人权内涵与外延的探讨，可以总结出其基本特征：根本性和最低限度性。其一，基本人权是"人作为人"应当享有的根本性权利，这些权利是人之属性的重要表征，同时也是其他人权和其他权利的基础和前提。"某些利益是享有任何其他利益或权利的前提，生存和安全无疑就是这些利益中的两项，但是，并不存在要想享有其他权利就必须首先得以享有的任何权利。"[5] 也就是说，享有基本人权并非享有其他人权或权利的充分条件，而是这些权利相互依赖、不可分割的一部分。以生存权为例，作为学界公认的基本人权，它不仅是其

---

[1] Henry Shue, *Basic Rights: Subsistence, Affluence, and U. S. Foreign Policy*, New Jersey: Princeton University Press, 1996, pp. 19 - 23.

[2] 罗尔斯最初支持公民权，后来又提出"生命权（生存和安全的手段）；自由权（免予奴役、免受强制劳动，并有足够程度的良心自由，以保障宗教和思想的自由）；财产权（个人财产）；由自然正义的规则所表达的形式平等权（即类似案件类似处理）"是各国要保障的最起码的人权。参见刘贺青《罗尔斯基本人权思想述评》，《河北法学》2009 年第 6 期。

[3] 有如 A. J. M. 米尔恩认为，基于低度道德标准的低度人权包括生命权、要求正义权、受帮助权、自由权、被诚实对待权、礼仪权以及儿童的受抚养权七项权利。参见 [英] A. J. M. 米尔恩《人的权利与人的多样性——人权哲学》，夏勇、张志铭译，中国大百科全书出版社 1995 年版，第 206—207 页。

[4] 宋玉波：《国际人权法理论的新进展：底线伦理与低度人权》，《国际论坛》2008 年第 1 期。

[5] [美] 杰克·唐纳利：《普遍人权的理论与实践》，王浦劬等译，中国社会科学出版社 2001 年版，第 41 页。

第二章 社会救助权的界定及其价值论

他人权的基础，而且与其他人权紧密相连，共同构成了人权保障的完整体系。"生存权是指人的生命得以延续的权利，包括生命权、健康权、劳动权、休息权和获得救济的权利等。"① 财产权在当代社会已经成为一项基本人权。人类生存的权利体现在法理上就是生存权，而人类生存所需的外界物质，在社会科学的视角下，往往转化为财产的概念。② 因此，财产权是实现生存权的重要手段。然而，对于一些因财产权无法实现或不完全实现而影响其基本生存的贫弱群体来说，在财产权的工具价值无法充分发挥的情况下，社会救助权的兜底功能显得尤为重要。社会救助权对于弱势群体来说是另一层意义上的财产权保障。因此，生存权、财产权和社会救助权是不可分割的整体。其二，基本人权是最低限度的人类权利。从应然层面来说，基本人权是最基础且不可逾越的人权，其他人权不能低于这一标准。从实然层面来说，基本人权是各国人权法确立的基准，虽然各国的经济社会发展不平衡，但各国的人权保障标准不得低于这一底线。因而，基本人权一般在国际人权公约中得以体现。联合国大会 1948 年通过的《世界人权宣言》第 25 条规定："人人有权享受为维持他本人和家属的健康和福利所需的生活水准，包括食物、衣着、住房、医疗和必要的社会服务；在遭到失业、疾病、残废、守寡、年老或者在其他不能控制的情况下丧失谋生能力时，有权享有社会保障。"③ 联合国大会于 1966 年通过的《经济、社会和文化权利国际公约》第 11 条明确规定，公约缔约国应承认人人有权为他自己和家庭获得相当的生活水准，这其中包括确保足够的食物、衣着和住房，并能逐步改善生活条件。④ 而《世界人权公

---

① 谢鹏程：《公民的基本权利》，中国社会科学出版社 1999 年版，第 70 页。
② 邓剑光：《论财产权的基本人权属性》，《武汉大学学报》（哲学社会科学版）2008 年第 5 期。
③ 程味秋、[加] 杨诚、杨宇冠编：《联合国人权公约和刑事司法文献汇编》，中国法制出版社 2000 年版，第 95 页。
④ 程味秋、[加] 杨诚、杨宇冠编：《联合国人权公约和刑事司法文献汇编》，中国法制出版社 2000 年版，第 113 页。

约》与《经济、社会和文化权利国际公约》共同确立的"获得足够的食物、衣着和住房的权利",实际上意味着在国民面临食物、衣着和住房匮乏,基本生活难以为继的困境时,他们有权获得基本的生活保障。这种权利,我们称为社会救助权。

"人权原则是抽象而普遍的,但是必须在复杂而具体的环境中贯彻,贯彻人权不能直接源于国际条约文本,而必须结合对当地环境包括当地文化的判断进行斟酌。"① 社会救助权,作为基本人权的重要组成部分,在我国的经济、社会和文化背景下逐渐萌生并得到发展。这一权利在我国首次发布的《国家人权行动计划》中得到了明确的确立和保障。《国家人权行动计划》(2009—2010年)称:国家将"继续采取有效措施,促进城乡居民特别是中低收入居民收入的逐步增长,完善最低生活保障等制度,努力维护城乡居民获得基本生活水准的权利。""完善和落实基本养老和基本医疗、失业、工伤、生育保险制度和社会救助制度,提高社会保障水平。"②

二 社会救助权是一项宪法性权利

对于宪法基本权利的定义,德国著名宪法学者卡尔·施米特认为:基本权利是那些先于国家存在且超越国家范畴的权利,它们并非国家制定的法律所赋予,而是对已有权利的承认及保障。③ 通常而言,宪法中规定的基本权利是人权的重要组成部分,它们是人的全面发展所必需的最关键权利。④ 从这个角度看,虽然宪法性权利是人权的一部分,但并非所有人权都能自然成为宪法基本权利,关键在于是否得到了宪

---

① Jon Mandle, *Global Justice*, Cambridge: Polity Press, 2006, p. 53.
② 国务院新闻办公室:《国家人权行动计划(2009—2010年)》,中国人大网,http://www.npc.gov.cn/zgrdw/npc/xinwen/szyw/zywj/2009-04/13/content_1497547.htm,访问日期:2023年12月31日。
③ [德]卡尔·施米特:《宪法学说》,刘锋译,上海人民出版社2005年版,第175—176页。
④ 胡锦光、韩大元:《中国宪法》,法律出版社2018年版,第186—187页。

法的明确承认。这是从权利存在的实际状态出发,对宪法基本权利和人权进行的区分。同样地,虽然从理论层面可以推断社会救助权作为基本人权应具备宪法权利的属性,但从实际情况来看,社会救助权是否确实属于宪法基本权利,以及它属于宪法基本权的哪一类,仍需要进一步的研究与探讨。

(一)社会救助权作为宪法权利的理论基础

宪法不仅规范了主权范围内的权利,也确定了一个国家的政治体制。换言之,宪法的制定、颁布与实施,是政治共同体政治哲学理念的体现。① 宪法作为法律文件,其属性显而易见,但宪法的另一重要属性在于它通过法律语言确定政治权力与形态工具。因此,在解读宪法内容时,我们不仅要运用法律语言的逻辑分析,还需深入理解政治因素。同样地,对于一项权利是否具备宪法性的讨论,也需将法律与政治因素结合起来进行综合考量,才能得出具有说服力的结论。② 社会救助权在权利体系中扮演的角色,具有最基础的保障性特质。当一个政治共同体的成员无法通过自身努力维持个人生存基本条件或获取发展机会时,若其向政治共同体求助或提出履职诉求而未获回应,成员的生存将陷入无法维持的境地。进而,共同体成员会对该共同体成立的正当性产生质疑,当成员的基本存在无法得到共同体的保护时,信任危机将动摇既存共同体的根基。宪法作为一国的根本大法,所规定的权利内容与国家组织形式通常具有基础性、框架性和不可动摇性。宪法不仅确立了公共权力运行的原则与边界,也规定了公民权利的基础。同时,对共同体组织形式的确认保障了权利与权力运行的轨道与框架。因此,宪法内容反映了一个共同体所承认或放弃的价值,展现了共同体如何存在、如何行使权力、如何维持存在以及如何实现成员诉求。

---

① 许崇德主编:《宪法》,中国人民大学出版社1999年版,第17页。
② [荷]亨利·范·马尔塞文、格尔·范·德·唐:《成文宪法的比较研究》,陈云生译,华夏出版社1987年版,第5页。

基于此，宪法需要为政治共同体的存在提供坚实保障。维持和实现共同体成员对政治统治的信任，并满足他们对政治统治正当性与合理性的期待，是宪法的重要职能之一。社会救助权作为保障公民生存与生活的基本权利，其在共同体社会与政治秩序维持中的基础性作用不言而喻，这也决定了其被赋予宪法权利保护的必要性。

（二）社会国背景下的社会基本权产生与发展

1. 社会国的产生

近代人类历史上，政治制度经历了重大变异，专制政体相继被推翻或转型为虚位元首。法治国家的理念随着时代的演进而有所区分，逐渐由自由法治国过渡到自由法治国与社会法治国交互作用的状态。[①]近代西方国家普遍奉行的是自由主义的法治国家观。在自由法治国的基础上，国家不仅需要保障公民足够的自由，即通过限制国家权力来确保公民的自由权；同时，在新的历史条件下，国家还应积极主动地对市民社会进行调整，以确保公民能够实质性地享受到宪法所赋予的自由。"社会国（Sozialstaat）或者福利国理念是19世纪自由资本主义发展的结果，也反映了当时社会主义思潮的强大影响。20世纪以来，社会国逐渐成为世界各国追逐的目标。尤其是二战之后，以德国《基本法》明文规定社会国原理为标志，社会国发展为世界性的潮流，激荡涌动至今。"[②]作为宪法价值秩序的重要组成部分，社会国已成为德国国家发展的主要目标之一。德国的社会国概念与英美国家的福利国相对应，它们都着重强调国家的社会义务，并在宪法或相关法律中得到了确认。

"社会法治国原则在宪法中之确立，以及据此而生之相应社会安全法制，为现代法治国家进步之表征。换言之，社会法治国原则赋予国

---

① 李哲罕：《社会国还是社会法治国？——以当代德国法治国理论为论域》，《浙江学刊》2020年第3期。
② 龙晟：《社会国的宪法意义》，《环球法律评论》2010年第3期。

家须建立社会安全之相关法制,以达成国家所具有保障人民有尊严生存之目标与责任。"① 社会国的核心内涵可以总结为:国家对社会正义、公共福祉与社会安全负有广泛的责任。换言之,社会国就是致力于或应当致力于社会任务的国家。② 在社会国理念下,"政府有责任对基本人权,特别是弱势群体的基本人权和福利,给以更多、更负责的保障和增进。而在立法、行政执法和司法上要更多注重公平、公正,统筹兼顾。这是人权入宪的特殊意义。"③ 因此,社会法治国的形成,实质上是公民自由权发展的必然结果,是国家社会义务与责任形成的重要体现,也是人权入宪的必然产物。

2. 社会国与社会基本权的结合

社会国的产生打破了传统上国家与社会的分隔,不仅引发了现代国家目标与功能的巨大变革,同时也对基本权理论产生了深远的影响。社会国与基本权的结合,使得基本权在传统自由权的基础上,进一步发展出了公民的社会基本权概念。④ 质言之,社会基本权的产生是国家社会义务的发展和延伸的体现。"社会基本权,又可称为社会权,或者社会权利(social rights),它是宪法赋予国家的积极作为义务,德国1919年《魏玛宪法》正式给予这类权利以宪法地位。"⑤ 在现代宪法中,保障公民的社会基本权无疑是其最重要的特征之一。

社会基本权,作为社会国背景下的产物,其核心目标是国家积极主动保障公民的基本生活。这一目标的确立经历了两个阶段。最初,社会基本权旨在保障社会上经济贫弱者的基本生活条件,其适用对象

---

① 龙晟:《社会国的宪法意义》,《环球法律评论》2010年第3期。
② 赵宏:《社会国与公民的社会基本权:基本权利在社会国下的拓展与限定》,《比较法研究》2010年第5期。
③ 郭道晖:《人权观念与人权入宪》,《法学》2004年第4期。
④ 赵宏:《社会国与公民的社会基本权:基本权利在社会国下的拓展与限定》,《比较法研究》2010年第5期。
⑤ 郑贤君:《论宪法社会基本权的分类与构成》,《法律科学》(西北政法学院学报)2004年第2期。

仅限于具有某些特定社会属性的公民。然而，随着社会基本权保障的不断深化，其权利范围逐渐扩大，理论上而言，全体人民都应成为社会基本权的权利主体。① 从实证宪法的视角来看，受社会法治国理念的影响，多数国家的社会基本权设定已进入较高阶段，全体公民均已成为社会基本权的权利主体。因此，社会基本权的普遍性使其具备了基本的人权属性，同时，社会基本权的主体和内容的变化也体现了鲜明的时代特征。

总之，社会国与社会基本权的结合主要表现为国家和社会对公民或社会成员基本生存权的保障义务的承担。社会国原则所涵盖的内容主要聚焦于人的生存问题，特别关注一个国家或社会应如何为公民提供基本所需的物质生活条件。为此，必须创造符合人性尊严的社会经济条件，并对那些在社会经济上遭遇困境的人提供救助。② 更为精确地说，社会救助权正是社会国原则与社会基本权相结合的直接成果。

（三）作为社会基本权的社会救助权

在社会国原则的指引下，国家应当依法为人民提供各类必要的社会救助，确保他们能够维持人性尊严的基本生活需求。③ 国家通过社会救助来保障公民的基本生存，这是社会国或福利国的最基本要求。换言之，实现作为基本人权的社会救助权，是社会国原则的核心所在。而社会法治国的经济社会条件，则是社会基本权产生与发展的根本动力。因此，社会救助权与社会基本权的产生与发展，均根植于社会法治国这一共同背景。社会基本权不仅体现了个人对于社会的依赖程度，同时也彰显了国家在保障人民基本权利实现过程中的关键作用。④ 具体来说，社会基本权对应的是国家建立社会安全法制的义务和责任；而

---

① 许庆雄：《宪法入门》，（台北）元照出版公司2000年版，第199页。
② 龙晟：《社会国的宪法意义》，《环球法律评论》2010年第3期。
③ 谢荣堂：《社会法治国基础问题与权利救济》，（台北）元照出版公司2008年版，第7页。
④ 徐振东：《社会基本权理论体系的建构》，《法律科学（西北政法学院学报）》2006年第3期。

社会救助权则主要对应国家保障公民有尊严生存的职责。公民的基本生存不仅是社会安全法制的基础，更是其得以实施的前提。因此，社会救助权作为社会基本权的重要组成部分，是其不可或缺的基本因子。

从现阶段社会救助权的主体及其主要内容来看，社会救助权无疑是最低限度的社会基本权。目前，各国的社会救助实践主要表现为国家向那些基本生存无法保障的贫弱者提供物质帮助，确保他们能够有尊严地生活。这一实践与初级阶段的社会基本权理念相契合，即社会基本权的主体在初期主要限定为具有特定社会和经济属性的公民，旨在弥补这些公民在社会和经济地位上的不足。显然，基本生存存在问题的贫弱者是公民中社会和经济状况最为严峻的代表。要缓解公民在社会和经济地位上的不平等，必须以保障公民的基本生存为基础和前提。因此，社会救助权不仅是典型的社会基本权，而且从其所保障的公民利益及所处的阶段来看，社会救助权属于最低限度的社会基本权。尽管社会救助权可能会在社会基本权的发展轨迹上在权利主体和内容方面有所突破，但其下一步的发展仍应当限定在社会基本权这一"属"概念的框架之内。

第二次世界大战以来，社会基本权得到了大多数国家宪法的确认。20世纪以后的宪法，如德国魏玛宪法（1919年）、法国第四共和宪法（1946年）、意大利宪法（1947年）以及日本宪法（1946年）等，均包含大量条款或专门篇幅明确列举了社会及经济权利，并强调了国家的保障责任及政府功能的加强。[①] 社会基本权入宪的潮流也影响到了国际法领域，其中最具代表性的是联合国于1966年通过的《经济、社会和文化权利国际公约》。该公约规定了生存权、工作权、文化权、自决权、发展权、健康权、社会保障权与受教育权等，这些权利可以视为社会国理念在实证法上的具体体现。我国现行宪法第二章"公民的基

---

① 徐振东：《社会基本权理论体系的建构》，《法律科学（西北政法学院学报）》2006年第3期。

本权利和义务"中对公民社会基本权的规定，也反映了这一宪政新趋势。因此，无论从宪政理论的角度，还是从实证宪法的规定来看，作为社会基本权的社会救助权都是一项基础的宪法性权利。

（四）社会救助权的宪法权利意义

社会救助权首先体现为一种物质的经济性权利。这项权利旨向保障物质生产资料，它不仅为宪法上的人权根基及生存权的实现提供了保障，同时也为其他政治民主性权利奠定了物质基础。物质性权利的首要作用是为人的生存和发展提供现实支撑，而建立在经济保障基础之上的政治自由也必须以行为主体能够安全、稳定、健全地持续存在为前提。因此，像结社、言论自由等看似与物质经济权利无直接关联的权利内容，实则与物质资料的持续供给或预备式供给息息相关。一旦这些物质保障消失或被取消，宪法上所列明的其他类型人权将因缺乏支持而逐渐失去生存与活跃的土壤。随着资源的不断消损和无法得到救助的社会成员的不断消亡，这些权利将逐渐丧失其根基和保障。因此，社会救助权作为一种宪法层面上的物质经济性权利，其意义首先体现在为宪法所确认的政治秩序提供物质基础。其次，正如罗斯福曾经强调过的，贫困的窘迫处境和劳动机会的缺失导致人们被排除在社会和生产生活之外，这部分人群往往成为专制统治的潜在支持者。当失业与贫困成为普遍性的社会现象时，政治动荡与极权主义的"温床"便会逐渐形成。① 因此，社会救助权作为物质性的经济权利，其在解决生产资料匮乏问题和救助失业人口方面的救助，决定了它对民主发挥着不可忽视的作用。现代民主社会的一个基本观点是权力源于人民，民主则是人民通过行使自身意志来管理的一种体制。同样地，现代民主社会的一个基本价值取向是关注少数者，赋予社群中的少数派权力，以确保少数者能够获得与多数者相同的权力地位，进而保障公

---

① 刘海年主编：《〈经济、社会和文化权利国际公约〉研究——中国挪威经社文权利国际公约研讨会文集》，中国法制出版社2000年版，第8—14页。

民在社会生活和政治生活中的平等参与。因此，参与机制的建立是民主社会的一个重要议题。在这一层面上，社会救助权通过保障公民基本生存的物质条件，使得公民有机会行使除物质经济性权利之外的其他权利内容，从而为公民参与社会和民主政治奠定了基础与可能性。公民能够根据自己的意愿决定是否参与社会生活，而不是被绝对地排除在外。贫穷的生存状况会破坏民主的状况，因为那些生存条件无法满足的群体往往会被排除在社会的主流之外。因此，社会救助权通过向这一群体提供救助，能够保障他们不必为了摆脱贫困而挣扎，从而有保障地参与社会讨论并在权利运行中发声。而反过来，公民参与社会和政治生活以及对权利斗争的参与，又能更好地为可能陷入不利处境的人员争取权益并消弭不平等。因此，社会救助权既可以被视为民主的支撑，也可以被视为民主的结果。① 德国学者施米特曾经指出，不论是从宪法的明文规定，还是从具体的法律实践中通过明示或暗示的方式确立了斗争的可能性，"自由"的含义便不再仅仅局限于人依靠自由意志而开展活动，自由变得更加具有社会性，是指通过社会组织开展社会活动并且行使权力。因此，社会救助权对于社会成员的保障，首先体现在对民主的政治权利实现的保障上。

第三节 社会救助权的价值追问

一 人之权利的福利观——社会救助权的价值潜在内涵

福利国家理论之所以逐渐被人们广泛接受，成为一种普遍观念，其中一个重要原因便是它对人权的关注与强调。自20世纪40年代以来，福利国家的提出，继公民权理论之后，标志着人们对国家行政权力角色的期望发生了改变。哈罗德·威伦斯基曾经指出，在福利国家

---

① [德]卡尔·施米特：《宪法学说》，刘锋译，上海人民出版社2005年版，第176—177页。

中，政府扮演着辅助每个公民实现基本权利的角色。这种基本权利的实现涵盖了从满足基本生存条件，到影响人类发展的教育、医疗等多个方面和多维度的最低适度条件。政府发挥这种辅助职能并非出于主权者的怜悯或者或行政机构的恩惠，而是源于公民因其政治性的公民权利而天然享有的对行政机关履职行为请求的正当基础。① 人们对于社会与国家的政治情感开始发生转变，认为社会的责任与国家的职责应涵盖帮助成员消除贫穷等社会危害问题。因此，有学者指出，福利国家理论的提出与国家运行模式的转型，标志着与此前世代迥然不同的国家形态与福利服务提供方式的新特征。国家的行政职能所需承担的服务义务内容以及最终的服务对象也产生了转变。这些转变不仅体现在外在的行政机关与行政相对人之间，同时也反映了国家内部意识形态与价值的转变，展现出不同代际的行政哲学与法律建制所作出的价值选择：人的存在与发展成为备受关注的价值判断标准，而对这一标准的保障与拓展也成为衡量一套体系是否运行良好与有效的标准。② 从经济发展的角度来看，社会大众对贫困这一经济现象态度的转变预示着福利国家出现的必然性。在传统的宗教国度与封建王朝中，贫困被视为社会成员对自身、他人和社会所犯的恶行。社会的弱势群体所承受的贫困，不仅是一个影响其生存的既定事实，还伴随着负面的社会评价以及社会制度的系统性歧视。无论是因代际阶级地位弱势导致的资源短缺，还是个人生理缺陷所造成的生存困难，都被视为对贫穷个体的惩罚。这种对贫困的系统性歧视常常以"懒惰"为借口大行其道。然而，随着人权观念的发展和公民权利概念的建立，社会成员不再愿意"乖顺"地继续接受这种惩贫性的贫困观念。他们不再全盘接受贫困仅是个体解决途径中的实践概念，也不再认为社会与国家在贫困斗争中能够置身事外。对社会与国家提出的新要求，迫使公权力将贫困

---

① 谢琼：《福利权与福利制度》，《社会保障研究》2010年第1期。
② 谢琼：《福利权与福利制度》，《社会保障研究》2010年第1期。

问题从个体懒惰的恶行转变为影响社会经济整体健康发展的病症。① 福利国家位于极权主义的集体计划组织形式与完全放任自由的个人主义之间。尽管在共产主义与自由主义之争尚未得出更优越的结论时，福利国家观的组织哲学似乎呈现出较为模糊的形式特点，但如果从人类发展的视角来评价，福利国家在解决社会阶级分层与就业等问题上所展现的效果，似乎契合了社会救助权诞生的时代需求，同时也是对公民权利强调的有力实践。②

随着人们对权利的发现和强调，无论是从集体主义的组织决策还是个人主义的自由主义竞争策略出发，福利国家在实现人们基本权利方面具有无可辩驳的优势。社会成员对政府的公权力产生更多的期待和义务要求，也使得公权力的责任范围扩大至先前未涉及的领域。弱势群体和阶层开始对公权力提出具体的履职诉求，这种诉求的扩展伴随着更多公民的权力让渡。国家公权力作为力量来源和保障的行政部门逐渐取代了依靠富人施舍和善良之人美德的社会组织，因此提供福利服务的方式也从不连续、临时性、非规范化的管理模式转变为长期、可预期、成文化的方式。③ 只有在政府职能包含广泛内容的国家体制内，社会整体的贫困问题才能得到更好的解决。根据考斯塔·艾斯平－安德森在《福利资本主义的三个世界》中的论述，福利国家的合理政策源于对于劳动力商品化性质的逆向剥离。安德森认为，工业革命生产过程中出现的将人的劳动力商品化实际上是一种不道德的行为，与马克思将劳动者的商品化定义为从独立的生产者向资本家手中赚取工资的异化过程类似。④ 为了破除劳动力的商品化，国家需要新的机制，要求通过经济市场之外的调整机制来重新调整社会关系以保护社

---

① Edward Hallett Carr, The New Society, Boston: Beacon Press, 1957, p. 2.
② 江克演:《社会救助的理论与实务》,（台北）桂冠图书公司1990年版，第83页。
③ Richard Morris Titmuss, Problems of Social Policy, London: H. M. Stationery Office, 1950, p. 506.
④ [丹]考斯塔·艾斯平－安德森:《福利资本主义的三个世界》,郑秉文译,法律出版社2003年版，第58页。

会。这种调整或更新无法仅依赖社会和市场自身，而需要通过政策立法等行政手段从抽象行为到具体行为的层面对机制进行更新。政府和国家作为具有政治义务的主体，需要成为社会调整的主体，而社会本身则成为被调整的对象。

福利国家的概念强调的不是对社会的全方位积极干预，而是作为一种保护和特殊时刻的调整职能。这样的特殊时刻不是根据行政权力拥有者的政治目标或者个人偏好确定，而是根据是否需要从人权保障的角度对社会中的弱势群体进行帮扶。因此，福利国家强调作为责任主体对于公民的保护义务，这标志着从自由主义形态下的小政府向行政职能逐渐膨胀的大政府的转变。第二次世界大战之前，不论是古典自由主义还是新自由主义的资本主义国家，人们普遍认为对政府权力要严格限制，认为政府干预社会生活的程度越少越好。但是，完全放任自由主义的实践，以及卡塔尔组织的出现、经济危机的连续打击和世界大战留下的疮痍，使得公民发现自己的生活状态陷入了一种腹背受敌的高风险之中。在这种情境下，仅仅继续依靠传统的个人努力、家庭单位及慈善组织，已经无法有效应对人们普遍遭遇的不利状态。因此，基本人权概念的提出，恰巧迎合了人们开始产生的对政府履职的强烈愿望。这种愿望不仅体现在对人的基本生存的物质保护上，更延伸至对更高层次的政治权利和自由保障的追求。随着这一变化，政府的责任职能范围得以扩大，其行政义务也随之拓展。传统的保障生命存在的低层次要求，现已拓展至涵盖教育、医疗等关乎人的全面发展的生活保障。同时，福利国家理论并非强调多数者的幸福，也非基于放弃少数群体利益保障的可能性来进行诡辩。相反，福利国家理论恰恰强调的是，在行政范围内，每一个公民基于公民身份所享有的要求国家履职的政治权利。因此，福利国家所强调的并非一种让步意义上的关注，而是一种绝对意义上的对于每一个个体的关注。至于竞争市场中的弱势群体，福利国家理论则注重通过社会救助的反馈机制来补偿他们的竞争和生存能力。因此，福利国家的职能并非对个别公民

第二章 社会救助权的界定及其价值论

个体的施舍，而是对每一个个体的救助责任。福利国家的出现，反映了人们观念的深刻转变。如今，不再只有那些足以激发人的怜悯天性的极度贫困者，才能因自身的窘迫处境获得救助。社会意识已经超越了要求被救助者必须达到无法自我生存、必须依赖外界救助的境地。那种将穷困的悲惨程度与获得救助的正义性紧密绑定的观念正在逐渐淡化。国家的救助义务不再仅限于那些必须依靠他者才能生存的极端穷困者，而是将救助的范围扩大，并对退出救助的标准进行了相应的提高。这标志着社会成员正有意识地通过集体力量和结构来对抗个别与群体风险，实现社会救助体系的转型。①

福利国家所保障的生活质量与每个国家和地区的特定经济状况紧密相连，且深受其微妙的制度框架影响。北欧及一些欧洲国家成功构建的全面福利国家体系，正是它们经济稳定和生产力先进的明证。作为社会矫正的动态机制，福利国家不仅灵活响应市场经济的有机演变，还作为对无拘束竞争环境下分配不公的一种修正。这些矫正措施的有效性至关重要，因为它们的目标人群覆盖了整个国家的公民。在缺乏足够雄厚经济基础的情况下，实现福利国家的目标无疑是一项复杂而艰巨的挑战。在一个国家的疆域内，福利国家所涵盖的服务领域囊括了诸多体系，如社会救助、社会保险和社会福利等。这些体系又包括了各种福利措施，诸如生计支持、教育计划、医疗服务、失业救济、住房保障等。不同福利体系所变现出的异质性，正是其独特政策取向的反映，而社会救助、社会保险和社会福利在实现水平和标准上的差异，更凸显了其多维度的特性。正是在这样一个错综复杂且相互关联的组成部分网络中，福利国家的全面性得以充分体现，充分展现了它们在满足社会需求和促进全面社会福祉方面的多重作用。因此，福利国家的实现不仅与经济因素密切相关，更与一个国家更为广泛的社会

---

① [丹] 考斯塔·艾斯平-安德森：《福利资本主义的三个世界》，郑秉文译，法律出版社2003年版，第59页。

和政治制度安排紧密相连。

二 人之权利与福利国家理论内的价值取向与社会救助权内涵的耦合

福利国家理论在促进和保护人的权利与自由方面发挥着重要作用,这首先体现在对自由的保障上。尽管福利国家的出现一开始曾被视为对自由的潜在威胁,但这实际上是一个涉及政治和法律领域的复杂议题。争议的焦点在于福利国家可能带来的对个体自由的限制,包括可能影响中产阶级在财富管理上的自治权,以及可能阻碍贫困人群实现自给自足的努力。然而,这些挑战也反过来促使我们更加深入地思考如何建立一个更加公平和正义的社会。然而,我们必须认识到绝对自由的概念从未存在,正如"免予匮乏的自由"所体现的,我们应当有策略地利用外部力量来减轻饥饿等困境,否则弱势群体的个体成员将陷入逆境。① 从政治维度深入探讨,政府对于自由所采取的限制措施,不能单纯基于对于人的品德的考验,也不能仅仅因为一个社会群体对于生活的美好品质幻想较之于其他社会成员的想象更能迎合主权者的想象而做出取舍。福利国家的具体制度已经融入了许多积极的福利元素,包括为贫困群体提供适度信贷、强化教育、实施就业激励政策以及完善的医疗制度。从法律角度来看,这些措施有助于塑造一个旨在帮助受助者摆脱依赖、走向自给自足的框架。若无这些制度框架的支撑,个体很可能迅速陷入贫困文化,面临社会排斥,并面临代际贫困延续的风险。这不仅带来了道义上的困境,还引发了关于国家在确保所有公民平等机会方面的政治和法律挑战。在缺乏全面福利国家解决政治、法律和社会因素复杂相互关系的背景下,自由的侵蚀不仅限于贫困者,它实际上对所有社会阶层都产生了广泛的影响,从而显著削

---

① [美]罗纳德·德沃金:《认真对待权利》,信春鹰、吴玉章译,生活·读书·新知三联书店2008年版,第357页。

第二章 社会救助权的界定及其价值论

弱了自由的普遍价值。

另外,福利国家的价值体现在对公平的实现以及对人们期待社会稳定的满足。财富不平等问题是自由市场经济增长的一个必然结果,它对社会平衡构成威胁,影响社会的进一步发展。经济学家阿马蒂亚·森清楚地认识到社会保障,特别是福利体系在社会经济中的关键作用。如果没有这样的制度保障,微小的失业问题可能变得严峻,进而导致广泛的饥饿,甚至可能演变成饥荒。防止饥荒的发生,并不取决于社会成员的平均收入或其已经积累的日常储蓄,而是取决于国家或政府精心设计的社会保障体系所确保的最基本的市场参与权利。[1] 社会底层的边缘群体在竞争激烈的环境中面临着多方面的困境。同时,他们的边缘地位使他们不可避免地成为经济和社会发展的牺牲品。因此,援助这些困境中的群体不仅是一种道义责任,更是必要的行动。福利国家与传统人道主义援助的不同之处在于,它将全体公民视为权利主体,政府因此承担着相应的责任。这一特点源于法律无法剥夺社会成员通过行使权利来获得救济的可能性,即他们拥有从社会获得救助或要求国家实施福利政策的政治权利。这是社会成员维持其生存状态的最后手段,法律制度无法对此加以禁止。[2] 这一法律制度设计上的禁令促使社会必须仔细设计更好的方法来预防或减轻人们面对贫困时的绝望情绪。一个有效的福利体系应当通过体制化的机制,巧妙地将幸运者与不幸者、生产者与依赖者、年轻人与老年人紧密联系在一起,从而构成社会稳定的基石。而针对福利国家制度与理念的批判,往往源于对公民懒惰的纵容的担忧。将福利国家角色质疑为懒惰者的摇篮,或者更微妙地表达对其可能削弱工作激励和热情的担忧,这两种观点都倾向于过于简化福利国家复杂的结构,将其多层次的功能贬低为对

---

[1] [印]阿玛蒂亚·森:《贫困与饥荒:论权利与剥夺》,王宇、王文玉译,商务印书馆2001年版,第13页。

[2] [美]阿瑟·奥肯:《平等与效率》,王奔洲等译,华夏出版社1999年版,第16页。

社会救助的绝对权利。这种简化的理解忽视了福利国家在促进社会公平、保障基本人权以及维护社会稳定等方面的积极作用。在20世纪70年代和80年代，由于财政压力，政府进行了严格的政策探讨，并踏上了一段艰难的探索之旅，旨在纠正和缓解普遍存在的"福利病"。这种积极的努力在学术界引起了广泛的共鸣和一系列深入的探讨，从发展型社会政策的轮廓描绘，到第三条道路和新福利自由主义的崛起。这些概念上的演变不仅体现在政策层面，还涵盖了哲学基础的出现，如能力和可持续生计等理论。这种范式转变标志着一个重要的转折点——从先前强调简单的财富再分配和直接福利支付，转向了对人力资本积极投资的范式。随着福利改革的深入推进，一个关键的拐点逐渐显现，它引导各国重新调整福利体系，从以支付为中心的旧范式，转向更为积极、注重人力资本投资的福利模式。这种模式不仅强调金融或物质方面，更重视提高生计能力和增加就业机会。这意味着教育、培训和就业等领域的措施应被优先考虑，敦促政府、非政府组织、企业和公民共同合作。在各国的政策实践中，细微的差异逐渐显现，增加了福利改革努力的复杂性。这些政策旨在帮助贫困群体实现可持续就业，突显了全球范围内对福利模式范式转变的承诺。[①] 在这一转变的环境中，政治和法律方面的问题成为更加关键。政治紧迫性与法律必要性之间的微妙互动，凸显了国家与公民之间紧密的共生关系。福利模式的重新调整凸显了政府角色的转变，政府不再仅仅是慷慨施舍者，而是更加注重作为福利体系基础的权利和权益的捍卫者。法律哲学原则，如正当程序、平等保护和基本权利，与不断演变的福利范式交织在一起，共同构建了一个法律框架，平衡了社会需求与个体自由。总的来说，福利模式的不断演变及其与政治、法律和哲学维度的错综复杂的交互作用标志着社会治理轨迹中的一个关键时刻。积极福利模式

---

① Nanna Kildal, *Workfare Tendencies in Scandinavian Welfare Policies*, Geneva: International Labour Office, 2001, pp. 9-24.

第二章 社会救助权的界定及其价值论

的调整不仅反映了对经济和社会紧迫需求的务实回应,更突显了法律和哲学范式的深刻变革。随着各国深入探讨福利改革的复杂性,政治、法律和哲学考量的融合变得不可或缺,引导社会治理在宪政治理的微妙背景中协调社会需求与个体权利,从而构建福利国家。

在完成了对福利国家理论发展的梳理以及基本价值内涵的讨论之后,我们发现社会救助制度作为国家福利的一项重要内容,其价值内涵与福利国家之间存在着多重交叉。福利国家的诞生,无疑标志着公民权利漫长演进过程的巅峰。社会权利,作为建立福利国家的核心推动力,深深根植于公民身份的基石之上。马歇尔对权利的三分法——民事权利、政治权利和社会权利——为我们揭示了这些权利之间错综复杂的联系,其中社会权利与福利国家之间的关系尤为直接。他首先强调了公民权利的普遍性,认为这是成为公民的基本前提;其次,他强调了对公民权利的度量,提倡制定明确的标准以防止其沦为纯粹的修辞;最后,他强调了政府,特别是中央政府在福利国家建设中的责任,要求从政治和行政的角度确保公民权利的切实履行。[1] 与这些原则相呼应,中国学者郑秉文主张社会权利是现代福利国家的起源。他认为社会福利与社会权利的特征紧密契合。[2] 在他看来,由于不幸的环境变迁,部分社会成员无法维持一定的生活水平,因此应获得福利援助。未能提供此类援助将构成极大的不公正,违背了普世公民权利原则,即不论地区或收入如何,每个人都应享有同等标准服务的权利。对社会救助体系的批判性态度至关重要,它决定了社会救助权利在权利取得上是否具有正当性。社会对个人利益的承认和保护是推动个体权利实现的重要因素。社会团结,作为共同利益、个人利益和个体权利的交织,成为一种约束力,防止个体脱离社会,确保社会不会对个体的

---

[1] Philip Bean, John Ferris and David K. Whynes, eds., *In Defence of Welfare*, London: Tavistock Publications, 1985, p. 15.

[2] 郑秉文:《社会权利:现代福利国家模式的起源与诠释》,《山东大学学报》(哲学社会科学版) 2005年第2期。

存在和苦难视而不见。在中国背景下，社会救助权利的确立逐渐伴随着经济和社会结构的巨大转变以及对贫困概念的不断演变。这体现了社会救助价值从维护稳定的功利性转变为社会权利的价值，象征着社会规范与政府政策之间的动态相互作用。更深入地探讨福利国家与社会救助权所涉及的政治和法律问题，不仅关乎社会救助权利的生成，更对政府、社会和个体之间错综复杂的关系产生深远影响。从法学角度来看，社会救助权利的认知和执行建立在个体和国家之间的共生关系之上。宪法原则，如平等保护和正当程序，在界定社会救助计划运作的框架时起着关键作用。围绕社会救助权利的法律讨论，不可避免地涉及对社会公共利益与保护个体权利之间权衡的复杂手段。此外，社会救助权利的法律基础涉及分配正义的考量，需要我们深入分析国家如何分配资源以应对社会不平等的问题。

在当代社会，公民不仅享有表面上的基本政治权利和自由，而且融入了一个涵盖生存权以及参与社会进步果实分享的权利网络中。这一多层次的画面表明，公民不仅是第一代权利的受益者，还是复杂且不断演变的第二代和第三代权利的享有者，其中社会救助权正是这些权利的具体体现之一。从生存权的角度来看，失去自由意味着失去了生存所必需的条件，这将导致个体陷入悲惨境地，甚至走向灭亡。① 因此，保障社会救助权利对于维护公民的基本生存和自由至关重要。社会救助权的确立绝非仅仅一种法律的附带思考，而是经过精心设计的体制安排，旨在赋予个体实现其生存目标的能力。这一体制安排被视为政府对市场竞争固有二元差异和不平等现象的深思熟虑和系统性回应，它在社会保障框架中占据了重要的认知地位。在追求乌托邦理想的时代，我们渴望构建一个理想社会，其中自由的个体不仅享有公民和政治自由，而且摆脱了恐惧和渴望的束缚。为实现这一目标，我们需要创造一种条件，让每个公民都能充分享受他们的公民和政治权利，

---

① ［法］皮埃尔·勒鲁：《论平等》，王允道译，商务印书馆1986年版，第12页。

这同时反映了对经济、社会和文化权利同步享有的追求。随着福利国家的建立，人权范围得到了有益的扩展，经济社会权利成为人权不可或缺的组成部分。福利权的承认使人权从消极的受益关系转变为积极的受益关系，其中的社会救助权正是对人类最低生活标准的一种保障，体现了对人类生命和福祉的深切关怀。在中国社会政治语境中，社会救助权的发端直接关联着其经济和家庭结构的深刻变革。① 在中国社会结构的古老编年史中，一种普遍的大家庭模式以自给自足的自然经济为基础，培育了同居和共同财富的观念。在这个古老的社会范式中，个体往往发现自己被裹挟在社会和大家庭的集体怀抱中。在这样的背景下，治理的首要需求是秩序，强调个体义务的需求较多，而公认的权利则较少。因此，个体很难彰显其独立身份，权利观念也难以得到充分发展。中国现代时代的特征是其向开放和自由市场经济的不可阻挡的过渡与发展，见证了家庭结构从大家庭向小型核心家庭的巨大转变，这凸显了个体与集体之间张力的新解决方式。在这个时代的过渡中，组织结构呈现出扁平化的特点，为平等、自由和权利等观念的产生提供了土壤。然而，随着家庭范例的转变，小家庭在克服逆境方面的能力迅速减弱。因此，当代时代的紧迫需要使国家必须通过设立制度来保障个体的生存权利。进一步而言，社会救助权的确立不仅有助于中国公民在确保其生存权利的基础上建立个体尊严，而且与社会救助权确立前人为的施舍和慈善行为有着本质的区别。它标志着从一种随意的、非制度化的救助方式向一种系统化、规范化的权利保障机制的转变。在法律哲学的视阈中，社会权利作为福利国家的推手，凸显了一种范式转变。从纯粹功利主义的角度转向对社会权利的全面认知，这标志着对个体权利与社会福祉之间共生关系的更广泛认可。社会救助权利、政治考量与法律基础之间的相互作用，构成了一个多层面的

---

① ［瑞］托马斯·弗莱纳:《人权是什么》，谢鹏程译，中国社会科学出版社2000年版，第45页。

综合体系，将个体权利、社会义务和治理结构紧密地交织在一起。社会权利从福利国家的催化剂演变为法律框架中的细致认知，这突显了社会规范和法律范式的动态性。

三 保障人的基本生存——社会救助权的基本价值

人的生存需要直接决定了法律对维持人的生命与保障人的安全等价值的追求。人类生产物质生活资料正是为了满足人的生存需要。① 人的基本生存需要，作为人性的基本需求，同时也是法律与权利所追求的基本价值目标。近代以来，在中国，"生存"一词的使用频率颇高。从先前的"生死存亡"，到后来的"球籍问题"，再到如今人们感叹"生存"似乎越发不易，"生存"对于我们来说，不仅是一向不言而喻的基本事实，更是一个需要不断面对和解决，又不断产生新困难的基本问题。② 在生存哲学的视域中，"生存"并非一个外在的描述性概念，而是一个力求深入探索人的生存真谛的反省或反思性概念。它不仅仅指人的"生命的存活"，更是指人作为生存者所展现的"生成着的存在"。③ 由此可见，哲学上的"生存"概念具有丰富的内涵，从中我们至少可以提炼出两层含义：生存不仅意味着人的生命体的存活，更意味着能够保有人的尊严地生活。生存对于人的重要性是不言而喻的，社会救助权的基本价值正是体现在保障人的基本生存上。特别需要强调的是，从应然角度来看，社会救助权旨在保障一国所有公民的基本生存权益；而从实然角度观察，社会救助权则主要聚焦于为那些陷于生存困境的公民提供基本生存保障。接下来，本研究将从实然的角度出发，结合生存的物质与精神两个层面，深入剖析社会救助权基本价

---

① 卓泽渊：《法的价值总论》，人民出版社2001年版，第108页。
② 张曙光：《生存哲学在当代中国之缘起》，《北京大学学报》（哲学社会科学版）2001年第4期。
③ 生存哲学认为，人是具体的生存者，人是通过在世生存而获得和变化其规定性的；生存作为每个个人生命的表现和体验活动，只能由他们自己选择或担当。参见张曙光《生存哲学的命意及其当代旨趣》，《哲学动态》2001年第1期。

第二章 社会救助权的界定及其价值论

值的物质要件和精神要件。

（一）社会救助权基本价值的物质要件

社会救助权基本价值的物质要件，主要是指为那些陷入生存困境的公民或社会成员提供必要的物质帮助。由于人具有自然属性，因此必须满足自己的物质生活需求，这也是保障人的基本生存的前提条件。"人的自然性，对于法的某些价值追求来说具有直接的决定与根据的意义。人是自然的人，自然生命的存在与安全必然被放到相当首要的位置加以特别强调。"① 从社会救助权产生的历史脉络来看，保障人的基本物质条件已经由原先纯粹的人道主义或慈善行为，逐渐转变为国家的责任或社会的责任，并进一步发展成为公民或社会成员的基本权利。社会救助权的确立过程，实际上是国家和社会的社会救助责任不断被明确和强化的过程。因此，从这个角度来说，社会救助权基本价值的客观要件，主要就体现在国家和社会的社会救助责任的确立上。

首先，国家的社会救助责任，在本质上可以视为国家的经济义务。这意味着国家有义务为每个人提供根据宪法规定的经济、社会和文化权利所享有的各种具体权益。例如，在失业、年老、残疾或遭遇突发性灾害等没有其他可能性的情况下，国家有责任直接提供如食物等基本生活必需品，以满足人们的基本生存需求。② "在缺乏其他可能性的前提下"这一表述揭示了国家的社会救助责任在国家经济义务中的兜底性质。当其他社会保障性的经济措施无法发挥作用时，社会救助的"保障基本生存"功能便凸显出来，它主要满足的是公民的基本物质需

---

① 卓泽渊：《法的价值总论》，人民出版社2001年版，第102页。
② 挪威学者A.艾德把国家的经济义务划分为四个层次：第一个层次，国家必须尊重个人拥有的资源，个人自愿选择工作的自由，采取必要行动单独或者与他人一起使用必要资源的自由，以满足个人需要。第二个层次，国家义务意味着保护行为自由和排他性地使用各种资源的自由，诸如反欺诈的保护、反对贸易和契约关系中的不道德行为的保护、反对兜售和倾销有害或有危险的产品的保护等。国家的这种保护性职能是国家义务中最为重要的一个方面。第三个层次，国家有义务促使借以享受法定权利的机会。第四个层次，国家有义务提供每个人依据经济、社会和文化权利所享有的诸种权利。参见［挪］A.艾德《人权对社会和经济发展的要求》，刘俊海、徐海燕译，《外国法译评》1997年第4期。

求。在国家的经济义务体系中，社会救助责任通过确保公民基本的物质需求得到满足，从而保障公民生命的延续。这不仅让公民能够维持基本生活，还使他们有能力成为国家经济义务的权利主体。因此，国家的社会救助责任实际上是国家的经济义务的逻辑起点，它确保了公民的基本物质生活，维持了公民生命的存续，进而使公民具备了享受国家经济义务所涵盖的其他经济利益的基本能力。

其次，社会的社会救助责任是慈善性非政府社会救助不断发展的必然结果。正如国家的社会救助责任与社会的社会救助责任之间存在一定的对应关系，政治学、社会学、法学等社会科学领域也广泛讨论"国家与社会"之间的关系。在这里，我们需要明确"社会"这一概念的含义。"社会或公民社会是指与以强制力量为基础的国家（政府）相对应的人类生活的存在形式，即人们生活的共同体或以自由契约关系为基础的人类的生活形式"。[①] 简而言之，"社会"是社会成员在自由、平等原则下进行交互活动的领域。因此，与国家相对的社会主要由互动性、本源性的人类活动构成。而社会救助作为社会活动的重要组成部分，其根源在于人类的人道精神和慈善传统。显然，人道和慈善的核心要求是保障人的生命的存续，即确保人的基本生存。因此，从"社会"的本质和社会救助的根源出发，社会的社会救助责任主要表现为社会成员之间的主动经济互助，旨在保障社会成员的基本生存，从而体现人类互助共生的美好愿景。

社会救助权基本价值的物质要件之确立，必须充分考虑公平与效率在物质分配中所发挥的价值作用。然而，公平与效率这两个概念本身具有广泛的内涵和一定的模糊性，因此，本节将仅限于探讨它们在社会救助权情境下的具体语意内涵。

"效率"，作为经济领域的常用术语，同时也是社会救助权物质要

---

① 它是指人们按照契约性规则，以自愿为前提和以自治为基础进行经济活动、社会活动的领域。参见王思斌主编《社会学教程》，北京大学出版社2016年版，第27—28页。

件内容的另一重要价值。不过，其在社会救助权中的功能一定程度上已被公平价值的体现覆盖。在社会救助权的实现过程中，效率主要体现在两个方面：一是如何优化社会资源的配置，以最大化地促进经济增长和合理分配利用；二是政府相关部门和机构如何提高社会救助服务的效率，确保社会资源能更迅速地流向受困者，以及在既定的时间与空间条件下，如何运用有限的社会资源以救助尽可能多的群体。而社会救助权的物质分配所涉及的公平问题，主要体现在当不同的社会成员产生相同的社会物质资源和服务资源需求时，作为社会救助权义务主体的国家与社会，必须无差别地回应这些给付请求，这种回应不应因社会成员的财富状况和社会地位的不同而产生任何形式的歧视与区别对待，以确保社会救助的公平性和普惠性。因此，在社会救助权的语境下，公平首先要求实现社会物质资源的公平分配。这种公平分配并非追求绝对的、无差别的平均，而是要求将社会资源的分配策略，针对一定范围内的公民的生存需要，利用家计调查等方式，为陷入困境的公民在行政区域政府管理部门与救助机构之间找到资源的合理配置与有效利用的平衡点。① 其次，公平体现在对于申请社会救助服务的机遇上。如前所述，社会救助权并非追求绝对的公平，它提供的是一种机会性的权利，旨在通过矫正已存在的不公平来回应社会问题。也就是说，当社会成员陷入生存困境时，他们申请和获得社会救助的机会应当是平等的。社会救助权保障的是每个人在达到共同体设定的适度生活标准线以上的生活水准的机会和能力是平等的。② 换言之，无论公民的致贫原因是什么，只要他们符合救助标准，就应该得到社会救助；同时，不论他们的经济状况、社会地位、性别、种族等差异如何，他们享受社会救助的公共服务的机会和准入标准都应是平等的。

同时，社会救助权的实现也能够反作用于社会公平以及资源配置

---

① 刘钧：《社会保障理论与实务》，中国劳动社会保障出版社2012年版，第328页。
② 刘钧：《社会保障理论与实务》，中国劳动社会保障出版社2012年版，第328页。

效率最大化的实现。首先,社会救助权对于公平的作用力体现在对于机会公平的实现上,即确保每个社会成员享有平等的机会。这种机会公平的第一层逻辑是每个社会成员绝对平等地享有生存和发展的权利,而社会救助权则是这一权利得以实现的重要保障。第二层逻辑是公民在主张权利时应享有公平的机会,这建立在基本的生存需求得到满足的基础之上。第三层逻辑则是机会的均等与公平实现,要求公民在主张权利时,不得以任何诉求提出时间排序之外的理由,主张自己的权利比他人的权利拥有更优先的实现地位。因此,社会救助权的实现,在保障社会成员个体生存与价值实现、促进社会成员平等享有权利和有效实现权利以及构建和谐社会等方面,都发挥着基础性的作用。[①] 因此,社会救助权在保障社会成员基本生存的同时,从另一个角度确保了那些因为社会资源分配的结构性不均、自身先天能力不足以及代际效应而处于弱势的人群,能够满足基本生存条件,并享有与其他社会成员相当的、位于基准生活线以上的生活条件。这不仅保障了他们的基本生存权,还进一步促进了他们在机遇起点上的公平。其次,社会救助权对公平的作用主要体现在分配过程中。即使在机遇相对平等的社会中,劳动者或社会成员在获取成果收益时,仍可能受到自身权利实现能力和所处社群地位的影响。因此,实现劳动与应得收益完全对等的理想状态,在现实社会中很难找到理想的土壤。然而,这种在社会成果和收益上的差距,又可能导致弱势者或收益较少的社会成员对社会结构产生抵触情绪,进而引发社会问题。社会救助权的作用,即使某些社会成员在分配过程中无法取得足够的生存物资,他们也能通过其他权利请求获得所需物资。这一路径确保了那些在分配环节中处于弱势的群体能够在权益得到补偿,进而实现实质上的公平。因此,在分配的结果中,社会救助权的实现强调的是对最终分配结果中合理

---

① [美]约翰·罗尔斯:《正义论》,何怀宏、何包钢、廖申白译,中国社会科学出版社1988年版,第87—91页。

差异的接受与调整,即对于社会资源获取困难或成果享有较少者的倾斜保护,旨在在社会分配的不均和贫富悬殊之间找到最小的冲突点。那些在社会发展中获利较多的人,能够享受其利益;而那些处于不利境地的人,则依赖于这些利益的捐赠与共享。然而,优势获利者往往希望减少或取消这种贡献,减少无偿的财富支出。但我们的制度并不支持这种渴望,而是需要关注如何确保那些处于劣势的获利者能够获得更多明确的权利,以主张这种贡献。换言之,我们的制度需要在社会财富聚集者的可承受范围内,在财富较少者的生存需求和渴望之间找到平衡点。① 社会救助权可以将高收入者缴纳的高额税费作为物质基础,为公民提供基本的生存保障,从而使社会财富通过再分配达到相对公平的状态。

(二) 社会救助权基本价值的精神要件

社会救助权基本价值的精神要件在于确保陷入生存困境的公民或社会成员能够有尊严地生活。"社会救助是现代社会保障体系的第一块基石,它解除的是困难群体的生存危机,从而是维护社会底线公平的制度安排,并具体体现着政府的公共责任和社会的道德良心。"② 社会的底线公平不仅要求贫弱的社会成员能够与其他社会成员同等获得基本生存的物质保障,还要求他们能够在生活中保持尊严。基于此,社会救助权的基本价值不仅体现在通过物质援助确保人的生命的延续,更在于在精神层面使人得以有尊严地生存。

人格尊严在德国的宪法中首次被纳入考量范畴后,将人格尊严的尊重与保护作为国家义务逐渐成为一种立法趋势,并在理论上得到了普遍认可。这是因为其他如政治、民主与自由等内容的讨论价值,都建立在人格尊严被首先确认的基础之上。因此,人格尊严也是被宪法

---

① [美] 约翰·罗尔斯:《正义论》,何怀宏、何包钢、廖申白译,中国社会科学出版社1988年版,第526页。
② 郑功成:《中国社会保障改革与发展战略——理念、目标与行动方案》,人民出版社2008年版,第235页。

确认的基本权利的核心。作为基本权利项下的重要子权利，社会救助权自然需要将人格尊严作为其权利的核心。

人格尊严的基础性和核心性主要体现为两层含义。首先，尊重和保护人格尊严不仅是最高的宪法原则，同时也是以宪法为母法的整个法律体系中所有规范的最高目的规范。① 因此，与人格尊严相关的条款通常都被置于宪法文本的开篇或基本条款之中，与民主、平等、法治及人权等内容共同构成一国的民主法治最终目标。此外，在几部重要的国际人权文件中，人格尊严也都被明确规定于序言部分。其次，人格尊严不仅是一项基本权利的概括性组成内容，其本身也有可能成为一项基本人权。这一点在法国1946年宪法中得到了实践，但在其他司法主权范围内仍存在不确定性。② 然而，人格尊严能够成为一项个别的权利主张，不仅涉及是否作为单独条款被宪法确认，还关联到宪法的实施体制问题。因此，在我国当前的宪法语境中，人格尊严作为个别权利的实践问题尚缺乏讨论的现实基础。

"人格尊严"不仅体现在世界人权公约之中，更被誉为现代宪法的核心价值。③ 并体现在德国基本法、意大利宪法所强调的"人格尊严"，以及美国宪法观念和日本宪法中的"个人的尊严"或"个人的尊重"等表述中。④ 特别要指出的是，德国学界将"人的尊严"定位为"最上位的宪法原则"、"宪法的基本要求"、"客观宪法的最高规范"或"实质基本规范"等，突显了其在宪法体系中的重要地位。⑤

---

① 林来梵：《人的尊严与人格尊严——兼论中国宪法第38条的解释方案》，《浙江社会科学》2008年第3期。
② 韩大元主编：《外国宪法》，中国人民大学出版社2005年版，第98页。
③ 日本的芦部信喜教授就曾将"人的尊严"认定为是整个立宪主义宪法中的"核心价值"。参见林来梵《人的尊严与人格尊严——兼论中国宪法第38条的解释方案》，《浙江社会科学》2008年第3期。
④ 林来梵：《人的尊严与人格尊严——兼论中国宪法第38条的解释方案》，《浙江社会科学》2008年第3期。
⑤ 谢立斌：《中德比较宪法视野下的人格尊严——兼与林来梵教授商榷》，《政法论坛》2010年第4期。

在基本法中，依据人的尊严条款和社会国家原则，国家有义务确保即便没有任何财产的公民也能过上符合人的尊严的生活，并在必要时通过社会保障来确保其基本生活需求得到满足。因此，社会救助制度是以人的尊严和社会国家原则为重要依据的。[①] 换言之，人权法或基本法所强调的"人格尊严"，要求社会救助制度以确保陷入困境的公民或社会成员能够有尊严地生存为基本目标。这种尊严的生存状态，正是"人的尊严"在社会救助制度中的直接体现。

"如果说生存者是通过'劳动—财产—维持生存'的定式完成了生存权的自我实现的话，那么另一种定式'物质请求—国家帮助—维持生存'就是一些例外的人生存权实现的救济方式。对社会的多数成员来说，生存权是通过第一种定式而得到保障的，第二种定式只适用于具有生存保障的社会弱者。"[②] 显然，只有将社会弱者的生存权实现方式逐步转化为与大多数成员相近的方式，即通过社会救助权的实现，使社会弱者具备参与劳动和创造财富的基本能力，才能确保他们的人性尊严得到平等尊重。正是在这个层面上，社会救助权的基本价值的精神要件在于促进社会弱者有尊严地生存。基于此，社会救助权的终极目标——促进人的能动发展，才能逐步得以实现。这不仅是生存权实现的应有之义，也是探寻社会救助权价值的必由之路：从满足人的基本生存需求出发，通过国家和社会提供的物质帮助，满足社会救助权基本价值实现的物质需求，进而提升社会弱者劳动和创造财富的能力，以实现他们有尊严地生存，从而契合社会救助权基本价值实现的精神需求。

四 促进人的发展——社会救助权的终极价值

物质保障下人的基本生存是社会救助制度的基本目标，而从权利

[①] 谢立斌：《中德比较宪法视野下的人格尊严——兼与林来梵教授商榷》，《政法论坛》2010年第4期。

[②] 徐显明：《生存权论》，《中国社会科学》1992年第5期。

视角出发，社会救助应当追求更高的目标。"关于权利的语言是一种特别有力的表达方式，它表达的是尊重个人，尊重他的价值和尊严，以及尊重他作为自主的道德行为者的地位。"① 社会救助权的价值不仅体现在通过物质条件保障人能够有尊严地生存，更体现在彰显权利主体的自主性地位，即促进人的发展。

（一）从"人的生存"到"人的发展"

人的发展是建立在人的生存基础之上的更高层次的状态。"人的生存就是人不断生成、演进的社会历史性过程，因而本质地具有发展的向度和性状。生存与发展原本是不可分开的。"② 人的生存与发展紧密相连，生存的本质要求即为发展，而发展则以生存为基础。从人类存在与发展的动力与社会内驱力的关系来看，人类谋求自身存续的诉求是推动社会进步的原动力。这种诉求不仅满足了人类基本的生存需求，还体现了人类渴望通过自我意志实现生存自由的愿望。同时，人类基于这种自由意志所进行的社会活动，不断调整各种社会关系，既作用于社会发展，又受到社会发展结果的影响。因此，简而言之，社会演进的本质是人类为满足自身物质与精神需求，利用所掌握的物质资料建立起来的共同体，而社会的演进则伴随着人类需求的不断变化而变化。③ 根据马克思的唯物史观，人类的存在从一开始就包含物质因素，历史的开端建立在人的存在之上。因为历史的源头首先是人类为了存在而进行生产活动，以满足其存续渴望的历史。在人类的基本生存得以维持之后，会产生新的诉求，无论这些诉求是指向更高、更新或者更广阔的物质材料还是生产工具，或是建立在这两者之上的更新需求，这些与生产方式紧密相连的活动紧密伴随着人类历史的诞生与延续。④

---

① 陈弘毅、周叶谦：《权利的兴起：对几种文明的比较研究》，《外国法译评》1996年第4期。
② 张曙光：《"生存与发展"问题和生存论哲学》，《哲学研究》2001年第12期。
③ 《马克思恩格斯全集》（第1卷），人民出版社1962年版，第78—81页。
④ 《马克思恩格斯全集》（第1卷），人民出版社1962年版，第286页。

第二章 社会救助权的界定及其价值论

马克思的唯物史观强调了人类的需要是推动历史发展的动力，他指出，因物质需要而产生的生产活动，一定程度上体现了人的存在本质。同时，人的需要不仅推动历史发展，历史条件也会催生人的新需求。因此，人的需求及其满足方式需要在历史的视阈内进行分析。此外，由于人的需求并不具有永恒的固定性，人的欲望满足也不可能始终处于一种持续的饱满状态，而只可能表现为在特定历史时期内个别的、非连续性的满足。① 所以，尽管人的生存欲望始终是历史存在的基础性条件，但随着历史条件的演进和生产方式的变革，生存欲望并不总是主导着人类需求的全部。当生存的条件和存续的渴望能够相对容易且稳定地实现时，基于这些条件的发展需求便会逐渐成为人类需求的新焦点。因此，如果从这个维度上审视社会救助权的权属功能，人的发展也应在保障人的生存之后被纳入讨论范畴。从社会救助权的发展现状和前景来看，结合人的生存与发展的相互关系，人的发展应当被视为社会救助权实现的终极价值。

"发展"是一个内涵丰富的概念，对"发展"进行不同视角和不同层面的解析，将会得出不同的"发展"定义和认识。在哲学上，"有必要区分两种'发展'概念，一是以主客二分为前提的属于工具理性的发展概念，一是人自成目的的生存论意义上的发展概念。前者把人的生命时空规定为单向度同质态的流程，后者在时间上则具有多维性和回复性，在空间上具有异质性"。② 本研究致力于探讨的"发展"概念，属于第二种意义上的"发展"，即生存性发展。这种发展是指在人的自我发展目标的指引下，不仅需要保障人的基本生存，而且应当致力于提升人的生存能力。在法学领域，法的发

---

① 《马克思恩格斯全集》（第2卷），人民出版社1995年版，第9页。
② 这两种发展概念并非不相干，前者是人的生存手段也是人的生存的一种可能性的展开，但是，它一旦被过度发挥，一旦与人的其他可能性分裂开来并具有了唯一性和目的性，它就会造成人的生存异化。只有在后者的统摄下并为其所规范，它才能服务于人自身的全面发展。参见张曙光《"生存与发展"问题和生存论哲学》，《哲学研究》2001年第12期。

展是人的发展的具体表现。具体来说，法的产生是人类发展的历史现象，法的演进是人类发展的重要方面，而法的消亡则是人类发展的一个重要结果。① 人的发展涵盖了法的产生、发展和消亡等多个方面。同样地，人的发展也能映射出权利的产生与发展过程。在法学层面上，人的发展是指作为法的发展与权利发展过程的主体所经历的变革与进步。

从"人的生存"到"人的发展"不仅是人的存在形态的自然延伸，也真实反映了社会救助权价值目标的动态发展。保障人的基本生存无疑是社会救助权的基本价值目标，因为社会救助权的实现可以为人的生存提供必要的物质保障和精神支持。然而，这种保障方式只能暂时满足人的基本生存需求。要从根本上保障人的生存，必须充分激发人的能动性，提升人的生存能力，进而促进人的发展。这不仅是保障人的生存的长效机制，也是社会救助权的终极价值目标。而实现这一目标，必须依赖于一定的社会条件和社会实践作为基础。

（二）人的发展的社会基础

马克思指出，人的实践活动构成了人与自然关系以及人与人之间社会关系的内在联系。一方面，人针对自然资源进行的改造或开发活动决定了生产力；另一方面，人在针对自然的生产活动中形成的社会关系决定了生产关系。② 社会的发展与历史的演进伴随着生产力的革新与变化而发展。生产力的增长、发展和革新，一定程度上代表着社会物质资料的增长，以及人的改造能力和生产力量的提升，因此，人的力量在很大程度上决定了历史的演进。人的力量的增长导致的生产力的发展与生产关系的变化，使得历史进程受人主导。③ 因此，人类的发展与社会、历史的发展在人的实践中实现了一致性，社会与历史

---

① 卓泽渊：《法的价值论》，法律出版社 1999 年版，第 527—532 页。
② 《马克思恩格斯全集》（第 46 卷），人民出版社 1979 年版，第 219 页。
③ 《马克思恩格斯全集》（第 1 卷），人民出版社 1962 年版，第 56 页。

的发展规律反映并伴随着人的变化与发展。虽然社会的发展伴随着人的发展而变化，但社会发展的内容并不囿于人类发展的领域。人类的发展主要关注的是人的需求与需求满足的协调，同时涵盖了从物质到精神的全方位发展。而社会的发展除了包括人类素质的整体提升外，还涉及经济、政治生活等多个方面的发展内容。因此，虽然人的发展不仅制约和塑成着社会发展的规律，同时人的发展也赋予了社会发展的价值取向与目标追寻，但是人的发展并不能完全支配社会的发展。这是因为物质资料与自然规律的客观性存在、变化、出现并不以人的意志为转移。① 因此，人的发展只能作为社会发展的客观动因，而无法仅凭自身意志任意改变社会的发展轨迹。同时，社会的发展也会反过来对人的发展产生影响。社会发展所带来的新的生产条件、生产资料，作为人的发展的客观条件，是人的发展进入下一阶段的基石。而社会发展所形成的既成事实也决定了人的发展在特定时期内的边界和可能性。② 社会规范，政治制度与国家法制，既是人的发展过程中所形成的社会关系的产物，同时也起到了调整和规范社会关系的作用。因此，社会规范需要在人的社会关系发展与社会整体发展之间发挥协调矛盾的作用。社会救助权作为一种社会规范与国家制度的存在，其显著特点在于它作为社会为人所提供的保障手段，确保了人的生存与发展的基本需求得以实现。同时，由于社会救助依赖于公共物资对广大人群进行救助，社会救助的能力与水平自然受到社会发展的制约，进一步来说，也受到人类发展水平的限制。由于社会资料的有限性，社会救助难以对覆盖全体人类，而是主要面向那些生存与发展能力较弱的群体。因此，社会救助权不仅反映了社会发展的基础层面，也体现了在特定历史时期，对社会发展具有决定性作用的人的发展的最低水平。

---

① 《马克思恩格斯全集》（第46卷），人民出版社1979年版，第36页。
② 《马克思恩格斯全集》（第1卷），人民出版社1962年版，第243页。

在社会救助理论上，促进人的发展具有深厚的社会基础。其一，人的自立与发展是基本的社会心理需求。美国学者莱恩·多亚尔（Len Doyal）和伊恩·高夫（Ian Gough）主张，无论处于何种社会，人们都有两种基本需要：身体健康的需要和自立的需要。自立的需要不仅要求对自身及社会有恰当的认识，还要精神健康，并拥有新的重要的行动机会。① 人的自立与发展是确立社会地位和获得社会认可的前提，如果社会成员缺失自立性，他们势必将难以融入社会群体中。因此，社会成员的自立与发展是社会群体形成过程中的基本社会心理需求。根据马克思唯物史观对于人的需求的重视，人的自立与发展作为一种人的需求，同样是推动历史与社会发展的动因。此外，人的存在不仅是物质性的，也是精神性的。虽然这种精神存在并不能完全依据个人愿望改造外界，但人的物质与精神双重领域的存在，决定了人的需求既有物质性的一面，也有精神性的一面。因此，在考虑人的存在需要时，必须同时兼顾其物质性与精神性。而人的自我实现，即人的需求的满足，由于人作为社会动物的属性，以及生产关系与社会关系之间密不可分的联系，因此脱离了个人的社会环境便无法得出关于人的实现或价值存在的适宜结论。② 换言之，人的价值实现，或者人之需求的满足，不仅仅是个体欲望的满足，同时也需要得到社会成员的普遍认可。因此，从个人与社会的关系视角来分析，人的发展需要置于社会的发展中实现，同时人的发展需求也推动着社会的进步。

其二，社会弱势群体的生存能力是基本的社会现实需求。"在罗尔斯的眼里，国家只要给予社会底层民众以物质支持就可，而在福利经济学家阿玛蒂亚·森看来，这还远远不够，因为个体的差异，即使两

---

① ［美］威廉姆·H. 怀特科、罗纳德·C. 费德里科：《当今世界的社会福利》，解俊杰译，法律出版社2003年版，第66—67页。
② ［德］N. 霍思：《法律科学与法哲学导论》，罗莉译，法律出版社2005年版，第236页。

个人拥有的财富是一样的,但他们将财富转化为有意义的目的的能力可能不一样,这也是为什么社会要特别给予弱势和残疾特别的照顾和发展机会,从而使他具备更多的能力。"① 从社会正义的角度看,社会弱势群体的"弱势"主要体现为生存能力的不足。社会救助权的实现不仅需要提供物质帮助,即"授之以鱼",更应当致力于提高他们的生存能力,即"授之以渔"。只有从长效机制上弥补社会弱势群体生存能力的不足,他们才能通过自身的努力脱离贫困,获得基本的人的尊严,进而为解决人的生存问题提供可持续发展的方案。因此,解决人的基本生存问题的社会现实决定了增强社会弱势群体生存能力的必要性,而社会救助权的实现正是促进人的发展的重要途径。

社会发展涉及内容的广泛性,决定了单一领域的制度设计无法在仅在关注自身议题时对社会发展的整体进程发挥优质、良性的作用。从涉及人类生产劳动的就业与分配,以及人口劳动力的管理,到现代生活的内容如教育、医疗、科技、文化和卫生事业,都需要我们综合考虑。同时,个人在促进社会发展时也明显地受到个体能量在社会机器运作面前的边界效应的限制。因为人类构成社会的方式并非基于个体经验,而是建立在不同个体之间的交互活动之上。仅凭个体的努力,在生产方式日益变革的社会环境里,日益难以实现个体的生存与发展诉求。因此,建立在生产方式之上的社会关系,要求人类寻求将个体力量进行结合与统一协作,从而能够以群体的力量保障参与其中的每一个个体都能够得到集体之力的支持。同时,在享有这种集体的保障之时,个体也不应以消弭自身的个性作为代价,即处于群体之中的个体仍旧可以保有作为个体的自由。② 而此种群体之间的有效协作,随着生产方式的演进和客观物质资料的丰富,逐渐超越了个体能力的局限,从基本的生存能力到后续的发展能力都发挥着更加举足轻重的作用。

---

① 刘钧:《社会保障理论与实务》,中国劳动社会保障出版社2012年版,第320页。
② [法]卢梭:《社会契约论》,何兆武译,商务印书馆1980年版,第23页。

人的生存需求，发展需求以及发展潜能都需要置于社会关系的框架中才能得以充分实现。基于此，社会联合，尤其是建立在社会成员的生存内驱力需求以及潜力发挥需求之上，愈加成为人类发展的基石。因为只有通过这种社会关系的联合，不同的社会个体之间才能拥有共享各自优势与潜能的可能性，也因此人类社群的联结成为更有力的风险抵御力量。个人的美德进入社会关系的领域，成为人类共同体的共享美德，而共同体共享的美德也使得人类作为一个整体社群的行动获得正当性。① 个人脱离社会之后的存在逐渐变得脆弱，因为社会关系的存在使得外部条件在个人的生存与发展中发挥着更加重要的作用。根据马克思关于人的需求对社会发展具有决定性作用的理论基础，虽然社会发展受到客观物质条件的制约，但是旨在帮助人类实现自身发展的目标并不会改变。同时，社会发展也需要依赖于人的发展。

在社会救助的实践中，很多国家，包括瑞典，其他社会救助政策的核心是通过社会救助和就业扶持政策来促进贫困者的自力更生。② 《瑞典社会服务法》明确规定，社会救助应当以尊重个体的独立性和完整性为基础，并把个体为其社会职位而应当承担的社会责任和其他因素考虑在内。社会救助的目标应当是解放和发展个体及由个体所组成的团体的能力。③ 我国台湾地区社会救助制度的变革，摒弃了传统消极的救济做法，确立了"助其自助"的积极目标，除了继续提供既有的生活补助金之外，还增加了职业训练、就业服务、以工代赈等"反贫困方案"。④ 在德国法中，社会救助理念的"备位原则"强调个人应先自助而后人助，且应以其他社会安全制度的给付为优先。⑤ 基于此，人

---

① [美] 约翰·罗尔斯：《正义论》，何怀宏、何包钢、廖申白译，中国社会科学出版社1988年版，第526页。
② 曹清华：《瑞典现代社会救助制度反贫困效应研究》，《社会主义研究》2008年第2期。
③ Lotta Vahlne Westerhäll, "Rights, Obligations and Sanctions in Social Law", *Scandinavian Studies in Law*, Vol. 32, 1988, p. 261.
④ 吴振宇：《公私协力保障生存权——以社会救助制度为例》，《法治研究》2011年第9期。
⑤ 吴振宇：《公私协力保障生存权——以社会救助制度为例》，《法治研究》2011年第9期。

第二章 社会救助权的界定及其价值论

的发展可区分为自助式发展和他助式发展。当自助手段无法满足人的基本生存与发展需求时，人的发展需要得到国家或社会力量的辅助，这种他助式发展可视为生存性发展。具体来说，他助式发展与社会救助权相对应，而自助式发展则与其他社会保障权相对应。社会救助权的实现使公民或社会成员通过"他助"获得基本生存和发展的能力，同时也有助于提升他们自助发展的能力。

社会救助权首先通过帮助社会成员增加抵御风险的能力而促进人的发展，这些风险往往源于社会的结构性发展不平等，进而导致人的贫穷。不论是社会救助制度起源的英国济贫法时代，还是后来以英美为首的大国家福利时代，解决贫困问题或帮助社会成员获得摆脱贫困的能力，一直都是社会救助制度所关注的问题。贫困不仅是社会动荡的一大成因，而且反映了社会成员发展的不平均，因此，社会共同体需要建立一种能够弥合这种不平等的社会制度，以实现人类的共同福祉，确保共同体的集体美德不受损害。随着人类历史的演进和生产方式的变化，原先的家庭作坊逐渐被工厂取代，这种生产方式的变革也导致了原先的人类生存形态发生了变化。如果说原先人是以家庭作坊作为主要的社会关系网络，并且家庭扮演了抵御风险的最小单位，那么随着工业革命的到来和工厂生产方式的兴起，家庭的生产与社会劳动之间的关联被削弱，工厂取而代之地扮演了主要的财富富集角色。而人类作为巨型工厂的雇佣劳动力，取代了原先在家庭生产中自产自销的经营者、雇佣者、劳动者三合一的身份，使得社会成员对于雇主以及企业的依赖性急剧增加。随着福利意识的风暴席卷欧美国家治理政治领域，以及随后福利国家财政的全面危机到来，家庭已经不足以承担抵御风险的角色，也无力发挥支撑个体的功能，社会成员对于国家、社会、企业雇主的责任诉求变得具体且确凿。[①] 而即使是在救助制度最具有侮辱性的济贫法时代，贫困问题就已经被视为社会救助制度

[①] 姚建平：《中美社会救助制度比较》，中国社会出版社2007年版，第67页。

最需解决的问题。贫困不仅是一个社会既成的现象，其背后的形成逻辑更是对人权的根本违背。由于个人能力的差异，以及社群、社会因素的左右，人作为一个生物在种间竞争中呈现出的原始淘汰性表现在贫困上，即不同的个体之间从外界环境中获取生存资料的能力存在结果上的不平等。[①] 这种不平等的结果往往并不完全由个人能力所导致，它一方面是资本发展进程中的附随产物，另一方面是社会制度跃进过程中的遗留问题。因此，贫困并非一个能够单纯归咎于社会成员自身的结果。社会救助权的实施能够矫正这种不平等，使贫困对人的发展在起点和机会上造成的不平等在一定程度上得到弥补。[②] 社会救助权对于贫困者的帮扶，不仅能够修补既存的不平等现象，同时在社会再生产环节也发挥着重要的保障作用。由于经济下行导致的就业岗位有限与劳动力过剩的匹配错位问题，往往使得特定时期内富余的劳动力无法获得就业机会而陷入暂时性的失业状态。此时，社会救助权的设置便可以确保因失业而导致的暂时性贫困者与贫困家庭的基本生存条件得到保障，使社会再生产即使在经济下行时期也不会面临崩溃的风险。[③] 社会救助权在再生产中发挥的作用，主要表现为通过对贫困者的基本生存保护，实现劳动力的持续供给与合理配置的保障。另外，社会救助权也通过社会再分配环节对于贫富差距的弥补，能够抚慰享受到较少社会成果的社会成员对社会制度的抵触情绪。因此，社会救助权不仅对社会成员自身的发展实现具有价值，同时也能通过缓和矛盾与冲突来促进社会的和谐发展。社会救助权最终对于人的发展和社会发展的贡献在于构建出一个更加得到人民拥护的社会规范，通过保障社会成员的个体生存条件，履行宪法规定的公权力对基本权利的保障义务。进而，这使得政府权力的授予者——人民，对于他们让渡出来

---

① 周宏：《福利的解析——来自欧美的启示》，上海远东出版社1998年版，第142—143页。
② 洪大用：《转型时期中国社会救助》，辽宁教育出版社2004年版，第181页。
③ 洪大用：《转型时期中国社会救助》，辽宁教育出版社2004年版，第197—198页。

第二章 社会救助权的界定及其价值论

的权力所形成的共同体制度更加拥护,社会关系与制度的发展也因此能得到助力。①

综合本节的论述,在以"人"为中心的权利价值思维的指引下,我们从"权利主体"或"人"的视角对社会救助权进行了价值追问。人的生存与生存性发展分别构成了社会救助权的基本价值和终极价值。将它们与法律的常规价值相对照,我们不难发现,"人"的视角下的社会救助权的价值实际上是以"平等"价值为核心的。"保障人的基本生存"可以具体化为确保社会弱者享有与其他公民或社会成员相同的生存权利,即实现"形式平等";"促进人的发展"则是为了弥补社会弱势群体生存能力的不足,进而实现"实质平等"。形式平等,即法律面前的平等和机会平等,已经得到了人类的共同认可。② 而在实质平等观念方面,罗尔斯与德沃金是两位突出的代表人物。罗尔斯的正义原则包括两个部分:"第一个原则:每个人对所有人所拥有的最广泛的基本自由体系相容的类似自由体系都有一种平等的权利。第二个原则:社会和经济的不平等应当这样安排,使它们(1)被合理地期望适合于每一个人的利益。(2)依系于地位和职位向所有的人开放。即差别原则和机会均等原则。"③ 德沃金区分了两类平等权利。第一类是受到平等对待的权利,它要求平等地分配某些机会或义务。例如,每个公民在民主制度中都享有平等的选举权,且每个公民仅拥有一个投票权。第二类权利是作为平等的个体而受到对待的权利,这一权利强调每个人都应受到同等的尊重和关心,关注的是人本身的平等,而不仅仅是某些机会或义务的平等分配。④ 从这两种观点我们可以看出,为了实现实质的平等,应当从个人的实际情况出发,实现有差别的对待,并致力

---

① 刘茂林主编:《宪法教程》,法律出版社1999年版,第35页。
② 李常青、冯小琴:《少数人权利及其保护的平等性》,《现代法学》2001年第5期。
③ [美]约翰·罗尔斯:《正义论》,何怀宏、何包钢、廖申白译,中国社会科学出版社1988年版,第7页。
④ [美]罗纳德·德沃金:《认真对待权利》,信春鹰、吴玉章译,生活·读书·新知三联书店2008年版,第299—300页。

于实现人本身的平等,而非仅限于机会的平等。在社会救助权的价值中,为社会弱者提供物质帮助只能确保他们在生存机会上的平等;而唯有通过提升社会弱者的生存能力,我们才能逐步迈向人本身的平等。因此,从平等理论的角度来看,"实质平等"是一个充满争议且不断发展变化的理论问题。作为社会救助权的终极目标,促进人的发展将是一条需要不断探索的漫漫长路。这也正是社会救助权价值研究的任务和意义所在。

第三章　社会救助权构造论

　　一种权利必然包含以下要素：首先是权利的被授予者或者拥有者；其次是权利行使的对象；再次是权利所允许的行为或自制；最后是权利所约束的人。"在四个要素中，第一个和最后一个要素都是人。前者即权利的享有者，一般称为权利的内在主体，后者即受他人权利约束的人，一般称为权利辐射主体。第二个要素是权利的客体，它可以是物或者法律视为物的东西。第三个要素是行为。"① 这些权利的构成要素，实际上也是法律关系的基本要素。因为"权利是一种法律关系"，所以权利的结构实际上就是法律关系的结构。② 卡尔·拉伦茨认为，法律关系的要素涵盖单个权利和权能、预期取得、法律义务、拘束、负担、权限等。③ 一般而言，法律关系的要素是指构成民事法律关系所必需的要素和必要条件，主要包括主体、客体和内容。④ 从法哲学的角度看，法律关系的要素更为抽象和复杂，可以被视为广义的法律关系结构；而相较之下，具体部门法下的法律关系的要素则更为具体和明确，

---

① Thomas Erskine Holland, *The Elements of Jurisprudence*, London: Oxford University Press, 1917, p. 91.

② "权利"是一个关系概念，就同"父亲"是一个关系概念一样，无相关法律负担的权利正如无儿子之父亲一样，是不可以成立的。参见张军《权利的结构》，硕士学位论文，对外经济贸易大学，2004年，第2页。

③ ［德］卡尔·拉伦茨：《德国民法通论（上）》，王晓晔等译，法律出版社2004年版，第263—271页。

④ 余能斌、马俊驹主编：《现代民法学》，武汉大学出版社1995年版，第53页。

通常由人（主体）、物（客体）、行为（内容）这三个基本要素构成，因此可称之为狭义的法律关系结构。显然，从社会法的视角来看，社会救助权的内部构造属于狭义的法律关系结构。

第一节 社会救助权的主体

一 社会救助权的一般主体

主体，作为权利研究的核心议题，其确定对于权利和人权的界定至关重要。"'主体'一语，来自西文 Subject，Subject 有'丢在下面'及'置于下面作基础'的意思，与实体（Substance，站立于下）意义相近，在本体论意义上，指作为'基础的'、'负荷的'、'携有的'实在存在物。"从法律关系的角度来看，主体就是任何关系的承担者，法律关系的主体即为法律关系的承担者。[①] 社会救助权的主体就是社会救助法律关系的承担者，包括社会救助权的内在主体和辐射主体，即社会救助权的享有者和相应义务的承担者。因此，社会救助权的一般主体涵盖了普通的权利主体和义务主体。

（一）社会救助权的一般权利主体

从应然和实然两个维度来考察，社会救助权的一般权利主体具有不同的范围。应然视角基于理想化的理论框架，强调社会救助权作为基本人权和宪法权利的属性；而实然视角则着眼于现实条件，特别是各国经济社会环境对社会救助权作为社会保障权或社会权属性的影响。

从应然角度看，社会救助权的一般权利主体应为全体公民或社会成员。这是因为作为基本人权和宪法基本权利的社会救助权具有普遍适用性，适用于所有生理意义上的人，不论其社会地位、财富状况如何。人的主体资格的确立，使得每个人都具备了享有任何权

---

① 刘岸：《私法上的法律关系概念》，硕士学位论文，中国政法大学，2004年。

利的能力。"主体资格的承认是权利产生的前提性要件，因为它意味着主体从此具有了权利能力，从而权利也才能真正能够在法律上存在。"① "每个人都具有权利能力，因为他在本质上是一个伦理意义上的人。"② 只要一个人具备伦理意义，他便拥有权利能力，进而应当成为基本人权的主体，同时，也自然应当成为社会救助权的权利主体。作为基本人权或宪法基本权的社会救助权，具有普遍适用性的基本特征，它适用于国际人权公约或一国宪法所涵盖的所有生理意义上的人。

从实然的角度来看，社会救助权的一般权利主体主要聚焦于那些基本生存无法得到保障的社会贫弱者。实然视角揭示了各国社会救助权实现所面临的经济社会条件，因此，在社会权的背景下，各国的社会救助权的一般权利主体往往被限定在一个特定的范围内。"以生存权为首的各种社会权的权利主体，是指生活中的贫困者和失业者等，是存在于现实中的个别的、具体的人，即带有具体性、个别性这样属性的'个人'。"③ 学者贝丝·戈德布拉特（Beth Goldblatt）和桑德拉·利本堡（Sandra Liebenberg）认为，社会救助权的权利主体主要指的是那些无法维持自己及其抚养的人基本生活需求的群体。具体而言，他们指的是那些在法律上被认定为无法通过其必要收入确保基本生存需要的人，不论他们是因为残疾、年老还是失业。④

应然与实然层面在社会救助权的一般权利主体上存在差异，这主要源于不同的研究视角。作为基本人权或宪法性权利的社会救助权，

---

① 彭诚信：《主体性与私权制度研究——以财产、契约的历史考察为基础》，中国人民大学出版社2005年版，第114页。
② [德] 卡尔·拉伦茨：《德国民法通论》（上），王晓晔等译，法律出版社2004年版，第120页。
③ [日] 大须贺明：《生存权论》，林浩译，法律出版社2001年版，第16页。
④ Beth Goldblatt and Sandra and Liebenberg, "Giving Money to Children: The States Constitutional Obligations to Provide Child Support Grants to Child Headed Households", *African Journal on Human Rights*, Vol. 20, 2004, p. 158.

其权利主体理论上应为全体公民或社会成员；而在社会法视角下的社会保障权，社会救助权的权利主体则聚焦于那些确实需要救助的社会弱者。然而，从更宽泛的角度来看，这两种视角下的社会救助权的一般权利主体在某种意义上是相通的：全体公民或社会成员在面临不同生存困境时，都有可能转变为需要救助的社会弱者。因此，我们不能仅从局限的视角去审视实然层面的社会救助权权利主体。随着社会救助权作为发展权的价值逐渐被认识和各国社会经济发展水平的提升，实然层面的社会救助权权利主体范围也将逐步扩大。社会救助权的权利主体是一个受客观经济社会条件制约的具体历史范畴。至于什么人或组织能够成为社会救助法律关系的主体，这通常由一国的法律规定或确认，而"这种规定或确认是由该国的社会制度即由其经济结构或政治结构决定的"①。

（二）社会救助权的一般义务主体

与社会救助权的一般权利主体范围相匹配，社会救助权的一般义务主体同样具有应然与实然两个层面的主体范围。从应然视角来看，社会救助权的一般义务主体涵盖了除权利主体外的所有不特定的自然人、法人及其他组织。这体现了社会救助权作为基本人权和宪法性权利所享有的广泛性与充分性保障。尽管社会救助权的一般义务主体与权利主体之间存在某种对应关系，但两者并非完全一一对应。在应然层面上，社会救助权的一般权利主体仅限于自然人，法人和其他组织并不享有此项权利。然而，社会救助权的一般义务主体则包括自然人、法人及其他组织。这三者在不同的社会历史时期和条件下各自扮演着不同的角色。在当前社会背景下，国家作为社会救助权的义务主体发挥着至关重要的作用，它是实然层面社会救助权的重要义务承担者。国家通过制定和实施相关法律政策，确保社会救助权的实现，并对未能履行义务的主体进行必要的监管和干预。

---

① 张文显：《法哲学范畴研究》，中国政法大学出版社2001年版，第102页。

从实然角度出发，社会救助权的一般义务主体主要包括具有天然职责保障公民或社会成员基本生存的国家和社会。这两者在社会法层面上扮演着履行社会职责的主要角色。随着社会救助中"国家"因素的逐渐减弱和"社会"因素的日益增强，由公民或社会成员组成的社会组织体在社会救助权实现过程中将发挥越来越重要的作用。从这个角度看，社会救助权的一般义务主体构成了一个开放的系统。随着时间的推移，公民或社会成员的社会救助责任将逐渐得以确立，自然人和社会组织体也将逐渐成为社会互助机制不可或缺的重要参与者。

二　社会救助权特殊权利主体的类型化分析

社会救助权的特殊权利主体是对一般权利主体的具体化。作为实然层面的社会救助权一般权利主体，即那些难以维持基本生存的社会贫弱者，是一个相对抽象和原则的范畴。因此，在社会救助权构造形成的过程中，我们有必要对一般权利主体进行进一步明确。从社会救助制度构成的角度来看，社会救助的对象主要包括因各种原因导致生活陷入困境的群体，其中贫困群体是主要的受助对象。通常，我们会根据属性和群体特征对贫困群体进行分类，以确定社会救助的具体对象。① 从分析社会救助权结构的角度来看，社会救助权的特殊权利主体应当是那些在经济上绝对贫弱的公民或社会成员。"贫弱"一词涵盖了人们在经济、生理、心理、自由、文化等多个方面所表现出的弱势状态。② 根据贫弱程度的不同，我们可以将其分为绝对贫弱和相对贫

---

① 社会援助的对象，可参照年龄分为老年人、未成年人，按照收入状况确定最低收入人员、低收入人员及家庭，按照职业状况确定失业人员，按照健康状况确定残疾人，按照家庭及生活状况确定单亲家庭、"五保"人员、"三无"人员、流浪乞讨人员等，还可以按照地域将贫困人群确定为城镇与农村两类等。参见谭兵《香港、澳门、内地的社会援助比较研究》，北京大学出版社2009年版，第35—36页。

② 以"贫弱"为标准，将法律援助受援对象区分为两大类，第一类是因经济绝对"贫弱"需要法律援助的人，这是法律援助的一般对象；第二类是因生理、心理、自由、文化等相对"贫弱"而需要法律援助的人，这是法律援助的特殊对象。参见蒋月、冯祥武《论我国法律援助的特殊对象》，《法治研究》2010年第10期。

弱。经济上的绝对贫弱意味着个体的基本生存都难以保障，而其他方面的相对贫弱则体现了人的发展不充分。在当前的社会实践中，经济上绝对贫弱的公民或社会成员是社会救助权的典型权利主体，而相对贫弱的人成为权利主体则更多是社会救助权的价值追求。因此，贫困是公民或社会成员享受社会救助的主要原因，"社会救助权主要体现为穷人的权利，社会救助对象主要应当是穷人群体。"[①] 以经济上绝对贫弱的期限为标准，社会救助权的特殊权利主体可以进一步划分为长期贫弱者和短期贫弱者。这种划分方式不仅有助于我们更清晰地界定社会救助权特殊权利主体的范围，还能反映出特殊权利主体内部动态变化的特点：长期贫弱者与短期贫弱者之间可能随着时间和条件的变化而相互转化，同时他们也有可能逐渐摆脱贫弱的处境。

（一）长期贫弱者

一般而言，长期贫弱者是指那些处于较长时期且贫困状态相对稳定的个体或家庭，短期内无摆脱贫困的明显出路。这类人群需要经过家计调查，以确认其是否具备作为社会救助权利主体的资格。家计调查是确立长期贫弱者权利主体资格的关键环节，它主要依据当地的贫困线标准，对申请救助者的资产、收入以及家庭人口状况进行全面而细致的调查，从而准确判断其是否符合社会救助的条件。[②]

一旦通过家计调查，长期贫弱者便正式获得权利主体资格，并在较长一段时期内保持这一资格，如半年、一年甚至多年。劳动作为人的生命维系的基本前提和保障，其重要性不言而喻。而劳动能力则是人的基本生存技能，缺失或丧失劳动能力往往意味着基本生存能力的

[①] 曹明睿：《社会救助法律制度研究——西南政法大学法学系列》，厦门大学出版社2005年版，第229页。

[②] "家计调查是使社会救助津贴可以真正用于贫困人口的主要机制。"转引自曹明睿《社会救助法律制度研究——西南政法大学法学系列》，厦门大学出版社2005年版，第240页。

严重不足，这也是长期贫弱者产生的主要原因之一。根据劳动能力缺失或丧失的不同原因，并结合社会救助的兜底性特征，① 长期贫弱者主要包括以下三项。

第一，因年龄因素导致的劳动能力缺失或丧失，主要见于无依无靠且无生活来源的老年人和未成年人，特别是那些未参加社会保险又无子女的老人和孤儿。年龄因素作为每位公民或社会成员都可能面临的客观条件，随着年龄增长，劳动能力会经历产生、发展、衰退直至消亡的自然过程。年龄是老年人和未成年人成为贫弱者的自然原因，而家庭保障或其他自主性的社会保障方式等社会因素原本应弥补他们劳动能力的不足。然而，当这些社会因素也一并缺失时，老年人和未成年人才会真正陷入贫弱境地，成为社会救助权的主体，接受兜底性和被动性的社会救助。②

第二，因健康因素导致的劳动能力缺失或丧失的公民或社会成员，主要指的是残疾人。残疾人是指在心理、生理、人体结构上存在某种组织、功能丧失或不正常，导致全部或部分丧失以正常方式从事某种活动能力的人。③ 然而，并非所有这样的家庭都能确保残疾人的基本生活。对于那些家庭无法保障且没有其他生活来源的残疾人，他们无疑是长期贫弱者，应作为社会救助权的当然主体。以美国为例，对于年满18岁但不超过65岁的永久全残者（the Permanently and Totally Disabled），只要他们没有领取其他救助或从事犯罪行为，国家会提供现金

---

① 社会救助的兜底性，也即最后的保障。社会救助并不排斥家庭保障或其他社会保障方式，而是在这些保障方式无法发挥作用时起到补充作用。当个人既没有家庭保障，也没有其他社会保障，如未参加社会保险时，社会救助才会被适用。这样的贫弱者才有权享有社会救助。

② 社会救助的被动性主要是相对于社会保险的主动性而言的。社会保险是劳动者主动选择的生存权保障方式，在可预测的范围内，通过事先的缴费来达成事后生活保障的目的；而社会救助并不依靠公民或社会成员自身事前或事后的力量进行生活保障，而是依赖于国家和社会力量的介入，并且通常发生在个人遭遇不可预测的境况之下。

③ 吴崇其主编：《卫生法学》，法律出版社2005年版，第428页。

给付以满足其生活需求。① 此外，因健康因素导致的劳动能力丧失还包括那些长期患有法律规定的大病，无法通过自身或家庭能力得到救治的贫弱者。

第三，由于劳动能力实现的条件受到社会政策等因素的阻碍，导致劳动能力无法实现，这种情况特指下岗人员。下岗是我国国有企业改革背景下的特有经济现象，它导致了一定数量的长期贫弱者的出现。对于中老年下岗人员而言，他们的劳动能力正处于衰退甚至消亡的阶段，难以获得新的就业机会，从而失去了生活的经济来源，进而沦为长期的贫弱者。这类贫弱主体完全是在社会政策等社会因素的影响下产生的，因此，必须通过法律和社会机制赋予其社会救助权来进行相应的补偿。

以劳动能力缺失或丧失的不同原因为标准，结合年龄、健康、实现条件等因素的考量，社会救助权的特殊主体中的长期贫弱者可以划分为以下几类：处于贫弱地位的老年人、未成年人、残疾人、长期患大病者以及下岗人员等。例如，失依儿童、老年人以及身心残障者等贫弱群体在美国法和日本法上均被确定为长期救助的对象。② 根据我国社会救助的实际情况，以城乡差异为依据，我国长期贫弱者可以划分为农村的"五保"户对象和城镇的下岗工人。

(二) 短期贫弱者

短期贫弱者是与长期贫弱者相对而言的，其贫困状态的范围相对较小，通常是由于短期的、临时的各种原因导致贫困困扰，甚至无法维持基本生活的公民或社会成员。他们的贫困状态明显且易于判断，因此通常不需要进行家庭经济状况调查。一般而言，短期贫弱者享受

---

① 任俊琳：《弱者的权利——下岗失业人员权益保障之法律研究》，法律出版社2009年版，第4页。

② 具体来说，美国法社会救助的长期对象是失依儿童、老年人、永久全残者、盲人等；日本法社会救助的长期对象是老人、儿童和伤残病者等。参见任俊琳《弱者的权利——下岗失业人员权益保障之法律研究》，法律出版社2009年版，第4页。

社会救助待遇的时间也是短暂的,有时甚至是即时完成的。根据短期贫弱者的人数以及他们之间的联系紧密程度,可以进一步将短期贫弱者划分为个体性短期贫弱者和群体性短期贫弱者。通常而言,个体性短期贫弱者由于各自不同的致贫原因而表现出个性化的特征,而群体性短期贫弱者则因为相同的致贫原因而集结成一个群体。

1. 个体性短期贫弱者

个体性短期贫弱者是指公民或社会成员个体因各自不同的原因陷入生存困境的人群。根据导致贫困的具体原因,个体性短期贫弱者可以进一步细化为以下几类:生活无着的流浪乞讨人员、因遭受意外伤害导致生活陷入困境者以及因罹患重病、失业或其他原因无法工作而陷入生活困境的人员。

其一,生活无着的流浪乞讨人员实际上涵盖了生活无着的流浪者与乞讨者。在美国社会中,流浪者常被称作无家可归者。[1] 根据霍华德·简博·卡格(Howard Jabob Karge)等人的定义,无家可归者指的是那些因无住房或住房条件拥挤而被迫居住在街道、公园、交通枢纽、废弃建筑、车辆及露营地等地方的人,也包括那些夜晚临时寄居在应急住所(由政府或私人提供)或因住房紧张而与亲友共居的人。[2] 而在我国,依据《城市生活无着的流浪乞讨人员救助管理办法实施细则》的规定,流浪乞讨人员指的是那些因自身无法解决食宿问题,无亲友可投靠,且未享受城市最低生活保障或农村"五保"供养,而在城市中以流浪乞讨为生的个体。鉴于中美两国对生活无着的流浪乞讨人员的定义范围以及各自社会条件下社会问题产生与发展程度的差异,欧美国家的社会福利体系使得生活无着的乞讨者相对较少,而流浪者数量较多,因此其救助政

---

[1] 关于美国无家可归者大军的构成情况,美国《哈泼斯》杂志曾有文章分析指出,其中有失业者、残疾人、精神病人、酗酒者、吸毒者、退伍军人、单身母亲、退休金不够支付房租的老年人、离家出走的儿童、新来乍到的外国移民,等等。参见李青《试论当代美国社会的无家可归者问题》,《杭州师范学院学报》(人文社会科学版)2001年第1期。

[2] 梁茂春:《美国的"无家可归"问题与政府的救助政策浅析》,《暨南学报》(人文科学与社会科学版)2004年第6期。

策更侧重于流浪者的管理与援助,特别是解决其住房问题。而在我国特定的社会历史背景下,生活无着的乞讨者仍占相当数量,因此解决乞讨者的饮食问题成为救助工作的重点。"从流浪乞讨管制所反映的价值取向上看,西方国家的终极目标是个人自由的保护,中国则是以社会秩序为重的社会稳定。"① 因此,与欧美以流浪者救助为中心的策略相比,我国过于偏重于乞讨者的救助,这种策略显得较为局限。实际上,乞讨只是流浪的一种表现形式,以流浪者为核心概念来理解和界定生活无着的流浪乞讨者,有助于构建更为完善的救助主体体系,② 从而使其更好地成为适格的社会救助权的权利主体。

其二,遭受意外伤害导致生活陷入困境者指的是那些因突发的、非本意的、非疾病的外部事件而受到身体伤害,进而陷入生活困境的公民或社会成员。简而言之,他们是意外事故的受害者,典型的例子如刑事被害人。全球范围内,刑事案件的数量在一定程度上呈上升趋势,这不仅对社会稳定构成威胁,给刑事被害人的人身和财产带来严重损失,还因刑事被害人无法获得足够的赔偿而加剧了社会矛盾,甚至导致他们陷入生存困境。自 20 世纪 60 年代起,全球已有三十多个国家和地区建立了较为完善的刑事被害人国家补偿制度,这一制度也受到了国际社会的广泛关注。③ 尽管我国尚未建立刑事被害人补偿制度,但刑事被害人救助已引起了理论界的广泛关注,并在实践中进入了制度试点阶段。在境外,刑事被害人补偿制度的补偿对象通常分为直接被害人和间接被害人两类。前者指的是直接受到犯罪行为侵害的

---

① 杨雅华:《从中西文化的差异与融合看流浪乞讨的规制》,《福建师范大学学报》(哲学社会科学版) 2007 年第 6 期。

② 流浪乞讨人员的主体建设主要通过:尊重流浪乞讨人员的生存发展权利、参与发展自我的过程、增强其生活能力并获得发展空间、给予其必要的资源配置等途径实现。参见陈微《当代中国流浪乞讨人员社会救助路径分析》,《浙江社会科学》2006 年第 6 期。

③ 欧洲理事会于 1983 年通过了《欧洲暴力犯罪被害人补偿公约》。联合国大会 1985 年 11 月 29 日第 40/34 号决议通过了《为罪行和滥用权力行为受害者取得公理的基本原则宣言》,要求联合国成员国为不能获得赔偿的刑事被害人提供经济上的补偿。参见陈彬、李昌林《论建立刑事被害人救助制度》,《政法论坛》2008 年第 4 期。

人，而后者则主要指直接受害人的亲属。从我国当前刑事被害人救助试点的情况来看，大多数地区将救助对象界定为被害人及其近亲属。① 由此可见，我国刑事被害人救助制度建设相对滞后，目前仅停留在政策层面，因此刑事被害人的社会救助权缺乏法律保障，受救助的刑事被害人的主体资格也不明确。出于同样的原因，我国遭受意外伤害导致生活陷入困境者的救助在缺乏法律框架的情况下显得空洞无力，难以真正为他们带来帮助。因此，在境外许多国家已将受意外伤害导致生活陷入困境者的救助纳入法律保障体系的情况下，我国建立相关救助机制已刻不容缓，这是加强遭受意外伤害导致生活陷入困境者主体建设的基础。

其三，因罹患重病、失业或其他原因无法工作导致生活陷入困境者与长期贫弱者的主要区别在于：前者是劳动能力的暂时性缺失，而后者则是劳动能力的长期缺失或丧失。与遭受意外伤害导致生活陷入困境者相比，两者的主要区别在于致贫原因的内因与外因不同。前者主要是由于自身原因，如疾病或失业，导致暂时无法工作进而陷入生活困境；而后者则是由于外部的意外伤害导致生活陷入困顿。因此，个体性短期贫弱者的最后一种类型主要包括那些因罹患重病、失业等内部原因导致的短期内劳动能力缺失，进而生活陷入困境的公民或社会成员。由于这种内因性的致贫，对这类贫弱者的主体性建设提出了更高要求：必须提高他们的自身发展能力，如加强再就业能力的培训等，才能帮助他们摆脱短期贫弱状态。

个体性短期贫弱者往往以个体化形式存在，难以有效集结共同意见和主张，其权利诉求容易被忽视，从而导致其生存权和发展权难以得到有效保障。② 鉴于此，个体性短期贫弱者具有广泛性和复杂性的特

---

① 陈彬、李昌林、薛竑、高峰：《刑事被害人救济制度研究》，法律出版社2009年版，第68—76页。
② 曹明睿：《社会救助法律制度研究——西南政法大学法学系列》，厦门大学出版社2005年版，第232页。

点。因此，只有依据不同的致贫原因进行有效甄别，并针对不同个体性短期贫弱者的特点，充分发挥他们的主体优势，才能更有效地保障他们的权益。

2. 群体性短期贫弱者

群体性短期贫弱者主要指因各种自然灾害或社会灾害而陷入贫弱境地的公民或社会成员，通常简称为灾民。"灾民，亦称受灾者，是指遭受自然灾害而造成损失或生产生活困难的人。人们因灾成为灾民，在物毁人亡或物未毁但人伤亡的情况下，就产生一种不同于一般身份、民事身份、刑事身份和行政身份等新的身份，即受救助身份。"[①] 灾民的群体性不仅体现在因同一自然灾害而遭受财产和人身损害的人数众多，还体现在由灾民组成的社会系统遭受严重破坏的灾区范围广泛。[②] 尽管多数学者认同灾区是灾害救助的主要对象，[③] 但我们必须明确，社会救助的对象与社会救助权的权利主体并非总是一一对应。即使灾区是救助的对象，也不能直接推断灾区就是社会救助权的权利主体。灾区作为自然灾害造成的特定受灾区域，并不具备法律上"人"的资格，因此不能作为社会救助权的权利主体。然而，灾区社会系统重建的需求可以通过灾民的权利诉求来表达。也就是说，灾民不仅可以要求补偿人身与财产损害，还可以请求与基本生活密切相关的灾区社会系统的重建。从全球范围来看，政府对灾民的灾害保障给付已不再是单纯的公共慈善事业，而是灾民应当享有的基本权利。灾民不是被动接受

---

① 王建平：《减轻自然灾害的法律问题研究》，法律出版社2008年版，第236—254页。
② 灾区即受灾区域，作为自然灾害的救助对象，是指遭受各种自然灾害袭击并造成财产损失和人身伤亡的地区。参见蒋月《社会保障法——厦门大学法学院经济法学系列》，厦门大学出版社2004年版，第84页。对灾区社会的救助是对灾民救助顺利进行的保障和前提。没有对灾区社会的救助也不可能全面实施灾害救助的目标。对灾区救助的主要内容是社会功能恢复、社会组织的重构、社会机制的整合、公共设施的恢复、社会控制力量的加强、社会生活的有序化等。参见林莉红、孔繁华《社会救助法研究》，法律出版社2008年版，第344页。
③ 参见孙绍骋《中国救灾制度研究》，商务印书馆2004年版，第130页；林莉红、孔繁华《社会救助法研究》，法律出版社2008年版，第344页；蒋月《社会保障法》，厦门大学出版社2004年版，第84页。

救助的对象,而是拥有要求权的权利人。① 作为群体性短期贫弱者的代表,灾民的受救助身份和权利主体资格已得到普遍认可。

"按照损害程度的不同,灾民有轻灾民、重灾民和特重灾民之分。灾民中,有的是因灾造成的伤病员,有的是因灾造成的无住房、无衣被、无口粮、无耕地、无生产工具或生产资料的人口,有的因灾导致减产减收三成以上的人员等。特重灾区的受灾人员和其他类型灾区中的重灾户,是自然灾害救助的基本对象。"② 显然,并非所有灾民都归属于群体性短期贫弱者的范畴。受灾程度的差异决定了灾民所受损失的不同程度。基于各国经济社会发展的不同水平,对于群体性贫弱者的认定外延也会有所区别。根据我国当前的实际情况,特重灾区的受灾人员以及其他类型灾区中的重灾户,应被视为社会救助权的基本权利主体。而对于轻灾民,其受救助的权利资格则需根据灾害是否影响其基本生活为标准进行审查。

三 社会救助权的特殊义务主体

社会救助的义务主体主要包括国家和社会。国家和社会对社会成员提供生存救助是其法定责任。当社会成员需要社会救助而政府未能提供、救助不足或救助不及时时,这应被视为政府的失职。这种失职可能导致社会救助机构承担相应的法律责任。③ 相较于广泛的社会救助权一般义务主体,国家和社会作为社会救助权的特殊义务主体或社会救助的责任主体,得到了多数学者的认可。从弱势群体权利保障视角来看,"当基本的平等保护实现后,对于弱势群体,在倾斜保护的原则下,还需进一步寻找切实可行的保护方法。从保护主体而言,主要有宏观层次的国家保障、中观层次的团体保障以及微观层次的自我保护

---

① 时正新主编:《中国社会救助体系研究》,中国社会科学出版社 2002 年版,第 84 页。
② 蒋月:《社会保障法》,厦门大学出版社 2004 年版,第 84 页。
③ 杨思斌:《社会救助权的法律定位及其实现》,《社会科学辑刊》2008 年第 1 期。

社会救助权的构成及实现研究

三种途径。"① 简言之,第一种保障的主体为国家,而后两种保障的主体则为社会。国家保障作为宏观层次应当起到底线控制的作用,这是一种有限度的保障,旨在防止严重的物质匮乏,确保每个人能维持生计的最低需求。② 实际上,多数观点认为国家是社会救助权的法定义务主体或社会救助的法定责任主体,而社会作为社会救助权的义务主体正处于形成和确立阶段。然而,关于国家和社会作为社会救助权的义务主体或责任主体的主体资格,尚未得到充分探讨,这导致国家和社会的义务主体或责任主体资格在根本上受到质疑。

(一)社会救助权的典型义务主体:国家抑或政府

社会救助的国家责任阶段是社会救助历史发展的必经阶段。如前所述,我国社会救助的发展正处于国家责任阶段,因此,社会救助的国家责任得到了我国多数学者的认同。然而,也有观点认为社会救助是政府责任。③ 那么,社会救助的国家责任可以与政府责任等同吗?从国家或政府的政治哲学角度来看,英国思想家洛克认为:"当每个人和其他人同意建立一个由一个政府统辖的国家的时候,他使自己对这个社会的每一成员负有服从大多数的决定和取决于大多数的义务。"④ 也就是说,国家是基于社会成员的"契约"而建立的"政治社会",而政府则是这一"政治社会"得以建立并运作的必要条件,其目标在于实现国家的各项职能。在马克思的历史著作中,国家被视为一种制度,更具体地说,是"国家机关的制度系统",其结构极为复杂。国家由高级(统治)部分和次级部分构成,其中高级部分,用马克思的话来说,

---

① 韩桂君、覃有土:《略论对弱势群体的法律保护》,《法学评论》2004 年第 1 期。
② [英]弗里德里希·奥古斯特·冯·哈耶克:《通往奴役之路》,王明毅等译,中国社会科学出版社 1997 年版,第 117 页。
③ 参见郑军、彭欢《中西方社会救助制度中政府责任差异的比较分析——基于制度文化的视角》,《经济问题探索》2010 年第 2 期;杨昆《社会救助制度中的政府责任及其合理定位》,《重庆社会科学》2005 年第 12 期。
④ [英]约翰·洛克:《政府论》(下篇),叶启芳、瞿菊农译,商务印书馆 1964 年版,第 60 页。

是掌握了"行政管理权"的"决定性岗位",而次级部分则如我们所见,是那些"没有管理权"的组成部分。① 在马克思的理论中,国家的制度体系是由掌握"行政管理权"的政府、"没有管理权"的社会组织以及其他社会成员共同构成的。其中,政府作为国家制度体系中最关键、最核心的部分,发挥着至关重要的作用。因此,社会救助的国家责任与政府责任不能混为一谈,"国家责任"实际上是一个更为宽泛的概念,它涵盖了政府责任。然而,这两者之间又存在着紧密的联系,因为社会救助的国家义务或责任最终是由政府来履行的。社会救助的国家责任要求政府在以下三个方面有所作为:首先,政府需要建立一整套完善的社会救助制度,并制定和修订相关的法律、法规,为社会救助提供坚实的制度保障;其次,在救助经费的筹措上,政府应承担起主要责任,确保将救助经费纳入政府财政预算,保障救助资金的稳定来源;最后,在救助事务的管理上,政府需要全面负责,包括行政管理、业务管理和监督等多个方面,确保社会救助工作的顺利进行。② 尽管以"国家责任"来概括社会救助的责任形式更为精确,但政府确实是社会救助国家责任的主要执行者。

那么,基于社会救助的国家责任和政府责任的相互关系,我们能否断定国家是社会救助权的当然义务主体呢,还是将政府视为更合适的义务主体?从国际法的宏观角度来看,国家作为国际法的基本主体,负有保障国际公约项下国民基本人权的义务。例如,《经济、社会和文化权利国际公约》明确规定,公约缔约国应承认人人有权为他自己和家庭获得相当的生活水准,包括足够的食物、衣着和住房。因此,从这一层面来说,国家无疑是社会救助权的应然义务主体。然而,从国内法的微观视角出发,社会救助责任的承担和社会救助权保障的实践

---

① [美]史丹利·阿若诺威兹、彼得·布拉提斯编著:《逝去的范式:反思国家理论》,李中译,吉林人民出版社2008年版,第61—64页。

② 林莉红、孔繁华:《社会救助法研究》,法律出版社2008年版,第74页。

要求社会救助权的义务主体必须是具体、明确、实体化的组织或机构。而国家作为社会救助的责任承担者，虽然是一个重要的概念，但在实际操作中却显得较为抽象。我们难以找到一个实体化的社会救助责任承担者来代表国家。从这个意义上讲，国家在社会救助权的义务主体角色中，呈现出一种虚化的状态。因此，国家作为社会救助责任承担者和社会救助权的义务主体的虚化问题，在社会救助实践中日益显现。实际上，解决这一问题就是将抽象的社会救助权义务主体具体化的过程。也就是说，社会救助的国家责任最终需要落实到具体的社会救助权的义务主体上，例如政府和社会实体等。由此可见，国家作为社会救助权义务主体的虚化问题，反映了将义务主体实体化和明确化的实践需求。确定具体的、实体化的社会救助权义务主体，是解决社会救助权义务主体虚化问题的关键，也是调节社会救助权义务主体内部相互关系的前提问题。

　　由于政府是社会救助责任的直接执行者，因此，在社会救助权义务主体中，"国家角色"可以具体化为政府。这样的具体化有助于明确责任主体，提高社会救助工作的效率和效果。"政府在社会救助承担主要责任是政府职责的应有之义，是保障公民社会救助权的必然要求。这就意味着政府从大到制度建设、小到具体救助保障与服务措施等方面都应肩负起自己的责任。政府主导就是政府要负主要责任。"[①] 从当前社会救助的发展现状来看，虽然西方发达国家的社会救助已经进入了社会救助权的发展阶段，而我国的社会救助尚处于国家责任阶段，但国家依然是承担社会救助责任的主要主体。因此，在现阶段，国家可以视为社会救助权的主要形式义务主体。然而，国家作为主要义务

---

　　① 政府在社会救助中的地位举足轻重，作为社会救助的主要责任人，其承担的责任是一种法定责任，而非道德责任。明确社会救助的政府责任，有助于政府更好地行使对社会救助的管理权，进而使作为国家权力执行者的各级政府，在依法设立社会救助机构、保障社会救助资金等方面的职责得以清晰界定。参见杨思斌《论社会救助法中的国家责任原则》，《山东社会科学》2001年第1期。

主体的虚化问题需要通过政府角色来补充,即国家的社会救助责任由政府来承担和执行,政府实际上成为社会救助权的实质义务主体。更进一步来说,政府行政系统中的社会救助机构是最典型的社会救助权义务主体。这些机构在政府的领导下,负责具体执行社会救助政策,确保社会救助权得到有效保障。

(二) 社会救助权的重要义务主体:社会抑或社会组织体

从社会救助制度价值和社会救助发展趋势来看,"社会"在社会救助发展过程中扮演着举足轻重的角色,且这一作用呈现出不断增强的趋势。由于"社会"的概念极其丰富,人们对其理解各异,有的将其泛化为"一般群体",有的笼统地指"人世间",还有的用于描述家庭生活和国家社会以外的"共同生活"。① 正如法国社会学家艾德加·莫兰所指出的,不能仅从单一角度定义社会("工业社会""资本主义社会""社会主义社会")。② 因此,不同视角下的"社会"具有不同的内涵。

在本文中,我们所说的"社会"并非地域意义上的"地域社会",而是从主体角度出发的"群体社会",即社会组织体。我国学者郑贤君教授将"社会"理解为非国家行为体,它不同于根据国家宪法和法律设立的政府机构,而是由民间和社会力量按照特定程序组织起来,履行特定职能的组织。这种非国家组织体是私人领域的再社会化和再政治化,既与传统国家机构相区别,也与单纯的个人有明显不同,它代表着一种介于国家和社会之间的组织机构。③ 换言之,非国家组织体是"社会"的实体化和具体化。在社会救助权的重要义务主体中,社会组

---

① [日] 青井和夫:《社会学原理》,刘振英译,华夏出版社2002年版,第100页。
② [法] 艾德加·莫兰:《社会学思考》,阎素伟译,上海人民出版社2001年版,第71页。
③ 由于非国家行为体财政上的自筹性与自主性,它不仅能够有效节省国家财政,而且能够弥补政府在公共职能方面的空缺。作为公民有效参与政治和社会的一种形式,非国家行为体在当今全球范围内,无论是国内还是国际的各种社会政治事务,包括社会权保护中,都已成为一种不容小觑的力量。参见郑贤君《非国家行为体与社会权——兼议社会基本权的国家保护义务》,《浙江学刊》2009年第1期。

织体扮演着举足轻重的角色。

非国家组织体的快速发展及其功能的不断增强,正是国际政治和法律发展历史潮流的体现。二战以后,随着国家中心主义责任的局限、乏力以及副作用的显现,"市民社会与公共机构之间的界面的主张开始在国际范围内得到确认。"① 这意味着"社会权利和福利保障的承担者不再局限于一国内部,也不再是政府,而是社会运动和非政府组织,即超越国界的市民社会的成员。"② 非国家组织体作为社会权的义务主体,在公民或社会成员的社会权设立和实现方面发挥着举足轻重的作用。

"社会"或非国家组织体涵盖了公共机构(即第三部门,它们既是社会组织,又是带有公共性质的非营利性机构)、私营企业、家庭、教会、私人慈善机构、社区等多元主体。③ 这些主体从社会权保障的角度构成了社会权的社会主体。④ 社会救助权作为社会权利体系中的一项典型权利,其社会义务主体自然包含在上述非国家组织体的范畴内。在社会的层面上,社会救助权的公益性特征决定了其义务主体应主要是公益性的公共机构、教会和慈善机构等。其中,公益性公共机构的义务主体资格通常由其设立章程所明确。而教会和慈善机构目前所承担的社会救助义务更多停留在道德层面,若要将这些道德义务上升为法律义务,还需通过相应的立法程序加以确认。值得注意的是,社会成

---

① [法]米海依尔·戴尔玛斯-马蒂:《世界法的三个挑战》,罗结珍、郑爱青、赵海峰译,法律出版社2001年版,第148页。
② [德]乌·贝克、哈贝马斯等:《全球化与政治》,王学东、柴方国译,中央编译出版社2000年版,第84页。
③ 郑贤君:《非国家行为体与社会权——兼议社会基本权的国家保护义务》,《浙江学刊》2009年第1期。
④ 社会权具体包括工作权、享受公正和良好的工作条件权、组织和参加工会权、社会保障权(涵盖社会保险及家庭、母亲、儿童和少年受广泛保护和协助的权利)、获得相当的生活水准权、享有达到最高体质和心理健康标准的权利、人人享有的受教育权、参与文化活动以及享受科学进步及其应用所产生的利益等各种经济、社会、文化权利。参见郑贤君《全球化对公民社会权保障趋势的影响——国家中心责任向非国家行为体过渡的社会权保障》,《首都师范大学学报》(社会科学版)2002年第2期。

员个体并不直接成为社会层面社会救助权的义务主体。根据各国现行法律规定，公民和社会成员个体并不承担直接的社会救助责任。他们通常需要通过参与非国家组织体，如捐赠款物给教会或慈善组织，间接履行社会救助义务。这些组织在接收到捐赠后，会按照其宗旨和规定来履行社会救助的职责。因此，随着非国家组织体的不断发展和功能增强，社会组织体在社会救助权义务主体中的地位将越发重要。与国家作为义务主体可能存在的虚化问题相比，非国家组织体或社会组织体作为具体的、实体化的社会救助权义务主体，更能有效地承担和履行社会救助职责。

第二节 社会救助权的客体

权利客体是一个充满争议且复杂的理论问题。从我国关于权利客体的理论研究和实践需求来看，民商法领域对权利客体问题进行了较为深入的探讨。例如，《中国大百科全书·法学卷》对民事法律关系的客体，即权利的客体，进行了如下论述："民事主体的权利、义务共同指向的事物（对象）。通常指物（财产）、行为和精神财富。物是指民事主体支配、能满足人们需要的物质财富。它是民事法律关系的常见的客体，如所有权法律关系的客体就是物。行为指人的活动以及活动的结果。债的法律关系中以行为作为客体（或称以债务人的给付为标的）。"[①] 然而，在社会法领域，权利客体问题尚未得到足够的重视。随着社会救助权的产生及其逐渐为理论界所认可，社会救助权的客体将在法理学和民法学的权利客体理论基础上不断明晰化。事实上，社会救助理论的发展已经隐含着社会救助权客体的产生与复杂化。因此，我们有必要深入研究和探讨社会救助权的客体，以更好地

[①] 姜椿芳总编：《中国大百科全书（法学）》，中国大百科全书出版社1984年版，第417页。

理解和保障这一重要权利。

一 社会救助权客体的理论争议

（一）关于客体的理论争议

客体（object）通常指的是在特定语境中，与主体相对应的存在物，并非泛指任何被认知或需求的事物。在法律语境中，客体特指那些独立存在且能够被法律关系主体作用的对象。"某一法律关系的客体，恰恰是该法律关系的主动方的权力所施及的'什么东西'。权利的运作方面，亦即利益的满足，要求某一财物受制于权利人的权力，这一财物是权力的投射点，它服从于法律关系，是积极主体的权力和支配，是这一关系的客体。"① 遵循"权利是一种法律关系"的逻辑，我们可以推导出法律关系的客体与权利的客体在本质上是相同的。这一观点在我国当前的民法学界得到了广泛认同，许多学者都认为法律关系的客体就是权利的客体，其中梁慧星先生是这一观点的代表人物。② 同样地，笔者也是基于这一逻辑来构建社会救助权的理论框架，认为社会救助权是与社会救助相关的法律关系的核心。

无论是在大陆法系还是英美法系，权利客体问题都是一个复杂且充满争议的话题。③ 以大陆法系的理论界为例，关于权利的客体存在多种不同的观点，这些观点至今仍未形成共识。概括起来，至少有以下几种主要观点。

第一，单纯物说。该观点坚持"在任何情况下，权利的客体都是物"。其代表人物是意大利学者卡尔波尼（Carboni）。④

---

① ［葡］Carlos Alberto Da Mota Pinto：《民法总论》，林炳辉等译，澳门：法律翻译办公室、澳门大学法学院1999年版，第180页。
② 梁慧星：《民法总论》，法律出版社1995年版，第50页。
③ 方新军：《权利客体论——历史和逻辑的双重视角》，中国政法大学出版社2012年版，第1页。
④ 方新军：《权利客体论——历史和逻辑的双重视角》，中国政法大学出版社2012年版，第82页。

第二，单纯行为说。此观点主张"无论是物权还是债权，它们的客体均为行为，且这一观点适用于所有情况"。其代表人物是意大利学者费拉拉（Ferrara）。①

第三，利益本体说。我国台湾地区的王伯琦先生是该观点的代表人物，他提出："予以为权利之内质，原属一种特定利益，此特定利益之本体，谓之权利之客体。"②

第四，权利主体之支配对象说。该观点指出："所谓权利之客体者，乃权利人依其权利所得支配之有形或无形社会利益之本体。"③

第五，权利指向对象说。这一观点的典型表述为："民事法律关系的客体是指民事权利和民事义务所指向的事物。"④

第六，权利内容之对象说。我国台湾地区的李宜琛先生是采纳这一观点的学者之一，他认为："权利标的（内容）之成立，必须有一定之对象，是即所谓权利之客体。"⑤

第七，权利客体的顺位说。拉伦茨认为，权利客体具有双重意义。首先，它指的是支配权或利用权的标的，这种狭义上的权利客体被称为第一顺位的权利客体；其次，它也可以指权利主体通过法律行为可以处分的标的（包括权利和法律关系），这被称为第二顺位的权利客体。⑥

关于权利客体的各种学说，主流观点是将权利客体视为权利主体可支配的对象，即作为权利所包含的利益的载体。⑦法律关系的具体客

---

① 方新军：《权利客体论——历史和逻辑的双重视角》，中国政法大学出版社 2012 年版，第 83 页。
② 王伯琦：《民法总则》（第八版），（台北）编译馆 1986 年版，第 103 页。
③ 刘春堂：《判解民法总则》（修订四版），（台北）三民书局 1993 年版，第 75 页。
④ 《法学研究》编辑部编著：《新中国民法学研究综述》，中国社会科学出版社 1990 年版，第 60 页。
⑤ 李宜琛：《民法总则》，（台北）编译馆 1977 年版，第 176 页。
⑥ ［德］卡尔·拉伦茨：《德国民法通论》（上），王晓晔等译，法律出版社 2004 年版，第 377—378 页。
⑦ 刘岸：《私权客体的逻辑分析》，载郑永流主编《法哲学与法社会学论丛（六）》，中国政法大学出版社 2003 年版，第 92 页。

体种类繁多，若加以抽象化，可概括为以下七类：（1）国家权力；（2）人身、人格；（3）行为，包括作为和不作为；（4）法人；（5）物；（6）精神产品，如知识产品和艺术作品；（7）信息。这七类客体可进一步提炼为"利益"或"利益载体"等更为普遍的概念。[①] 从横向对比的视角来看，权利客体作为权利主体支配对象利益的载体的观点得到了更多学者的认可。这一观点之所以受到广泛认同，原因在于"利益"或"利益载体"具有高度的抽象性和丰富的外延。换句话说，不同权利的客体所体现的权利"利益载体"是各不相同的，这使得该观点能够涵盖和解释多种权利客体的情况。

（二）关于社会救助权客体的理论争议

权利的实质在于使权利人获得法律上的利益，这种利益需要依附于特定的载体。社会救助权主体通过"社会救助"的行为获得基本生活保障利益。基于此，社会救助权客体即为社会救助行为。正是通过这一利益载体——社会救助行为，社会救助权人的生存和发展利益才能得到保障。尽管社会救助行为可以被视为社会救助权主体支配利益的载体，然而，学者们在社会救助行为的具体方式和内容方面持有迥异的观点。

首先，政策性的物质救助说。这一观点认为，社会救助权客体是具有物质性的利益，主要包括物质（如货币、实物、能够充抵货币或换取实物的权证）、利用货币或实物可获得的利益、特定服务以及含有或能获取物质利益的机会等。[②] 从这一角度来看，社会救助权的客体与物质帮助权的客体——物质利益存在较大的重合。[③] 政策性的物质救助主要是政府通过某种制度安排，从物质和经济层面对弱势群体进行救助，这是一种带有政府行为性质的、刚性的被动救助，具有临时性、慈善性、外在性和消极性的特征。

[①] 张文显：《法学基本范畴研究》，中国政法大学出版社1993年版，第175—179页。

[②] 李志明：《城乡社会救助制度研究：权利界定、目标设计与政策建议》，《河南社会科学》2009年第6期。

[③] 林莉红、孔繁华：《社会救助法研究》，法律出版社2008年版，第60页。

第二，权利性的精神救助说。权利性的精神救助，即伦理救助，是相对于社会救助中的政策性物质救助而言的一个概念。它指的是运用伦理的手段和方式，对社会弱势群体在心理、生理、物质以及精神等方面给予道德关怀和帮助。这种救助旨在提高救助对象的自主、自立能力，并培养他们的自尊、自强的伦理精神，最终帮助弱势群体摆脱弱势地位。然而，伦理救助的缺失导致社会救助的"主—客"体之间无法形成"主体间性"的理解，难以搭建起平等沟通、和谐共存的桥梁，也无法激发出将心比心的人性尊严。这种缺失只会加重弱势群体的自卑感与社会疏离感。[①] 当前，社会救助的伦理问题已经引发了我国学界的广泛关注。洪大用先生提出了社会救助中"消极救助"与"积极救助"的概念，并将充满伦理人情的社会救助定义为"积极救助"。他认为，这种充分尊重救助对象人性尊严的救助方式，代表着"社会救助的积极取向"。通过这一定义，洪大用先生强调了社会救助中人文关怀的重要性，并呼吁社会各界关注并积极推动这一积极取向的发展。[②] 吴成钢等人也认为，这种具备伦理关怀的救助"是一种成本最小，且能对人产生长远有效和深刻影响的精神支持，是有效解决弱势群体自我发展问题的动力源泉和软件工程，是当前研究和解决弱势群体问题和实现社会和谐的另一个突破口"。[③] 也就是说，社会救助并非一般的道德要求，而是政治道德的要求；福利并非仅仅是慈善救济的人道关怀，还是人人应当享有的经济与社会权利。

第三，根本性的能力救助说。主张此观点者认为，消除贫困是社会救助的根本目标。仅仅保障救助对象的生存，这种做法只能维持现状，而无法打破贫穷的循环。只有将社会救助的目标从克服收入贫困

---

① 梁德友、李俊奎：《论弱势群体的伦理救助》，《河南师范大学学报》（哲学社会科学版）2008 年第 1 期。

② 洪大用：《完善社会救助，构建和谐社会——2005 年社会救助实践与研究的新进展》，《东岳论丛》2006 年第 3 期。

③ 吴成钢、金明华：《弱势群体的伦理生态问题及其对策》，《深圳大学学报》（人文社会科学版）2006 年第 4 期。

提升至消除能力贫困，实现救助与发展的相结合，提升救助对象的社会参与能力，协助他们自立自强，最终才能消除社会排斥，实现社会整合。① 阿马蒂亚·森的能力理论认为，真正的机会平等只有通过能力的平等才能实现。能力是一种"自由的概念"，它代表了一种真正的机会。该理论的核心在于"学者必须考察个人在实现自我价值功能方面的实际能力，因为能力不足才是导致贫困的根源"。② 从解决贫困问题的根本途径的角度来看，能力救助不仅能使弱势群体自主地脱离贫困，而且可以促使其就业、社会融合等能力得到良性发展。

关于社会救助权客体的学说争议，大多数学者认同政策性的物质救助作为社会救助权的客体。然而，对于精神救助和能力救助是否也可以成为社会救助权的客体，不同的经济社会条件下，不同学者持有不同的主张。物质救助作为社会救助的原始内容和行为形式，一直是社会救助的主要行为方式。随着国家在社会救助中责任的普遍确立，政策性的物质救助得到了各国法律和政策的认可，成为社会救助权的当然客体。在具体的社会历史条件下，结合社会救助的发展状况，精神救助和能力救助作为社会救助权客体在不同的国家背景下得到了不同程度的认可。进入社会救助的权利阶段或新权利阶段的发达国家，普遍将社会救助定位为尊重人的尊严的精神救助，甚至有些国家还把提高就业能力作为社会救助的辅助性措施。这意味着能力救助逐渐在一些国家中确立，并且其范围呈现扩展趋势。

二 我国社会救助权客体的确立与发展

（一）我国社会救助权客体的确立

虽然从我国社会救助事业发展的总体状况来看，我国的社会救助

---

① 谭兵：《社会救助的理念与功效——关于香港综援制度与内地低保制度的思考》，《广东社会科学》2005 年第 3 期。

② Martha C. Nussbaum and Amartya K. Sen, eds., *The Quality of Life*, Oxford: Clarendon Press, 1993, pp. 30 – 50.

尚处于国家责任阶段；但在社会救助权利化发展的国际趋势推动下，以及我国权利理论的深入和社会救助权的现实需求背景下，我国已经具备了社会救助权产生与发展的经济与社会条件。社会救助权理论逐渐受到我国理论界的关注，并在立法上得以确立。

1982年《中华人民共和国宪法》第四十五条第一款规定："中华人民共和国公民在年老、疾病或者丧失劳动能力的情况下，有从国家和社会获得物质帮助的权利。"1999年《城市居民最低生活保障条例》第二条第一款规定："持有非农业户口的城市居民，凡共同生活的家庭成员人均收入低于当地城市居民最低生活保障标准的，均有从当地人民政府获得基本生活物质帮助的权利。"2006年《农村五保供养工作条例》第二条规定："本条例所称农村五保供养，是指依照本条例规定，在吃、穿、住、医、葬方面给予村民的生活照顾和物质帮助。"从我国实然法层面来看，社会救助权在我国既有宪法上的宣示性规定，也在行政法规中得到了落实和细化。因此，从宪法中公民获得物质帮助的权利到行政法规中城市居民或"五保"对象有权获得的生活照顾和物质帮助，可以解读出我国社会救助权的客体主要是政策性的物质救助。

从社会救助理论和实践发展的宏观层面来看，政策性物质救助是我国社会救助的主要方式。然而，从具体的社会救助项目的微观层面考察，我国社会救助方式仍存在单一物质性的缺陷。无论是最低生活保障制度还是临时性或专项性救助，其形式多局限于货币补偿，而社区救助及政府"送温暖工程"等活动也大多以物质性救助为主。因此，当前我国社会救助确实存在单一物质性缺陷。[①] 由此可以看出，我国社会救助权客体仅限于物质救助的确立，这不仅制约了我国社会救助事业向更高阶段的发展，也阻碍了社会救助权在促进人的全面发

---

① 周沛、陈静：《新型社会救助体系研究》，《南京大学学报》（哲学·人文科学·社会科学版）2010年第4期。

展这一终极价值上的实现。

(二) 我国社会救助权客体的发展

从社会进步、经济社会协调发展及构建和谐社会的目标来看，新的社会救助制度的完善是我国当前具体国情发展的必然结果，也是合乎逻辑、合乎情理的必然要求。① 在社会转型时期，社会问题和社会矛盾日益凸显的背景下，我国当前社会救助制度的改革显得尤为迫切。新的社会救助制度要求社会救助权客体必须从单一的物质救助向多元化救助发展，逐步建立起以物质救助为基础、以精神救助和能力救助为核心的综合救助体系。为了实现社会救助权客体的多元化，我们至少需要从以下两方面着手。

首先，我们需要树立以"助"为主的社会救助理念。我国现行的社会救助理念主要侧重于为需要救助者提供物质帮助，以保障其基本生活需求。然而，现代先进的社会救助理念更强调"救是救一时之急，助是助奋起自立"。② 这意味着，我国社会救助理念目前仍停留在"救"的层面，尚未上升到"助"的高度。单纯的物质救助并不能从根本上解决贫困问题，更无法提升被救助者自身的能力。因此，我们必须转变社会救助的基本理念，以"助"为主，在保障被救助者基本生活的同时，更加注重"人的发展"，推动我国社会救助从"生存型救助"向"发展型救助"转变。③

其次，我们需要在物质救助的基础上推动精神救助的发展，进而通过能力救助来从根本上解决弱势群体的贫困问题。单纯的物质救助只能短期内保障贫弱者的基本生活，但长此以往，他们可能会产生对物质救助的依赖，这并不利于贫困问题的有效解决。在满足贫弱者基

---

① 王思斌：《转型中的中国社会救助制度之发展》，《文史哲》2007年第1期。
② 王思斌：《转型中的中国社会救助制度之发展》，《文史哲》2007年第1期。
③ 发展型救助是一种较高层次的福利目标追求，其原则和目标在于通过提升全民生活水准来增进人类福利，确保社会正义及公平分配国家财富，同时增强人们的能力，以便他们能够更好地参与健康、教育和社会发展的各项活动。参见周沛、陈静《新型社会救助体系研究》，《南京大学学报》（哲学·人文科学·社会科学版）2010年第4期。

本物质需求的同时，我们还需关注他们精神层面的需求。通过精神救助，可以帮助贫弱者有尊严地生活，并以积极的心态主动申请和享受物质救助和精神救助，从而实现物质救助和精神救助的良性互动。然而，物质救助和精神救助主要依赖外在的力量，即物质援助来消除贫弱者的基本生存困扰，具有短效性。要想长效地消除贫弱者的贫困，根本途径在于能力救助。这需要我们提升贫弱者内在的抵御贫困的能力，使他们能够自主地、从根本上摆脱贫困。因此，物质救助、精神救助和能力救助共同构成了一个层层递进的社会救助权客体体系。只有建立如此完整的救助体系，才能充分展现社会救助在缓解贫困方面的权利与制度价值。从已进入我国立法程序的社会救助法来看，精神救助和能力救助将逐渐在我国得到确立。2008年《中华人民共和国社会救助法（征求意见稿）》第五条规定，中华人民共和国公民依照本法享有申请和获得社会救助的权利。第八条进一步指出："县级人民政府劳动行政等有关部门应当为享受最低生活保障和专项救助待遇家庭中有劳动能力的成员提供就业指导、技能培训等服务，并通过职业介绍、扶持从事个体经营、安排公益性岗位、办理劳务输出等方式促进其就业。"

从我国当前的经济社会发展水平和社会救助实践来看，我国已经具备了通过物质救助保障贫弱者基本生存所需的经济社会条件。同时，一些法规中也已经确立了权利性的精神救助，这标志着我国社会救助权的客体已经涵盖了物质救助和部分精神救助层面，但目前主要还是以短期性消除贫困为目标。然而，要真正实现贫困问题的长效解决，我们还需要在能力救助方面做出更多努力。因此，在我国一些物质救助和精神救助发展较为成熟的地区，应当积极开展能力救助的试点工作。在经济社会条件允许的情况下，这些成功的试点经验可以逐步向全国推广，并最终以法律的形式确定下来，从而推动我国社会救助事业向更高层次发展。

第三节　社会救助权的内容

在发达国家或新兴工业化国家中，社会救助通常是以生活救助为主体，同时兼顾其他专项救助的综合型社会救助体系。① 与此相类似，我国传统的社会救助制度也逐渐发展成一个以最低生活保障、农村"五保"供养为核心，辅以医疗救助、住房救助、教育救助等专项救助，并以临时救助、社会帮扶为补充的覆盖城乡的新型社会救助体系。② 从社会救助的内容到社会救助权的内容，有观点从社会救助权宪法规范的高度出发，认为从字面意义上看，我国社会救助权的内容可称为物质帮助权，具体包括最低生活保障权、专项救助权、应急救助权、社会互助权等。③ 而另有学者则从社会救助权的内部构成角度进行分析，认为社会救助权即物质帮助权，其权利内容主要由请求权、受益权、处分权以及救济权等程序性权利构成。④ 这些观点从不同的角度揭示了社会救助权的丰富内涵和多元结构，有助于我们更全面、深入地理解这一权利。

本研究将以我国社会救助体系的具体内容为依据，深入探析社会救助权的内容。"现代社会救助权利体系应该是一个包含生活救助、灾害救助、医疗救助、失业救助、住房救助、教育救助、法律救助等内容的丰富复杂的体系并且随着社会经济的发展而日益丰富。"⑤ 基于此，结合我国社会救助的发展现状，社会救助权的内容应由更具体的权利构成。根据不同的权利属性进行分类排序，社会救助权可进一步划分

---

① 郑功成：《中国社会保障改革与发展战略——理念、目标与行动方案》，人民出版社2008年版，第237页。
② 刘喜堂：《建国60年来我国社会救助发展历程与制度变迁》，《华中师范大学学报》（人文社会科学版）2010年第4期。
③ 何平：《公民社会救助权研究》，北京大学出版社2016年版，第61页。
④ 林莉红、孔繁华：《社会救助法研究》，法律出版社2008年版，第60—61页。
⑤ 杨思斌：《社会救助权的法律定位及其实现》，《社会科学辑刊》2008年第1期。

为最低生活保障权、医疗救助权、住房救助权、灾害救助权、教育救助权、失业救助权、法律援助权等。这些权利共同构成了我国社会救助权的基本框架，为弱势群体提供了全方位的保障。

一　最低生活保障权

最低生活保障权是现代国家中通过立法保障的基本公民权利之一。当公民难以维持最低生活水平时，应由国家和社会依照法定的程序和标准，向其提供必要的物质援助，以确保其最低生活需求得到满足。① 最低生活保障权是典型的以物质救助为单一客体的社会权利，在我国社会救助制度中占据着基础性和核心性的地位。鉴于物质救助在社会救助中的奠基性作用，最低生活保障权在我国社会救助权内容中既是基础权利又是核心权利。它主要满足贫弱者的最低生存需求，普遍被各国确立为基础性社会救助权。② 然而，在一些发达国家，最低生活保障权或生活救助权的核心地位逐渐被以精神救助或能力救助为主要内容的社会救助权取代。因此，我国最低生活保障权的核心地位在一定程度上反映了我国社会救助权利理论和实践的滞后性，未来仍有待进一步完善和发展。

（一）最低生活保障权的法律确认

在国际法层面，最低生活保障权体现为适当生活水准权，其内涵与我国的最低生活保障权是相契合的。③ "每个人都应该能够在不受耻辱和没有不合理的障碍的条件下与其他人进行一般的日常交流。每个人都能够在不损害其人格尊严的条件下满足其基本需要。不得使任何人生活在

---

① 刘士平：《"低保"立法中的权利意识缺失分析》，《广东社会科学》2005年第5期。
② 作为社会保障制度的一环，最低生活保障制度旨在保障那些无法维持最低生活标准的人。该制度规定，这些人有权要求国家给予必要的保护，而国家则必须履行这一保护义务。这一制度不仅明确了接受保护者的权利，也明确了国家及公共团体的责任，同时规定了接受保护者应承担的义务。参见韩君玲《日本最低生活保障法研究》，商务印书馆2007年版，第100—101页。
③ 王伟奇：《最低生活保障制度的实践》，法律出版社2008年版，第32页。

只能通过降低自己的人格或丧失自由的方式，如通过乞讨、卖淫或被奴役，来满足自己的需要的条件之下。"① 这一权利得到了联合国系列法律文件的明确倡导和规定，如《世界人权宣言》第 25 条、《经济、社会和文化权利国际公约》第 11 条以及《儿童权利公约》第 27 条等，均对免予饥饿的"适当生活水准权"进行了详尽阐述。在西方世界，适当生活水准权经历了从被忽视到被确立为基本人权的转变。不仅在国际法上，适当生活水准权应具有基本人权的效力，在各国内部法律体系中，它也应当作为具体权利具有强制执行力。公民的最低生活保障权（生存权）应具备"强制性"，即应被视为具有"具体请求权"的法律性质，而非仅作为"纲领性规定"而缺乏实际的司法适用性。② 换言之，在确立适当生活水准权或最低生活保障权作为基本人权的同时，更为关键的是如何在各国的法律体系中具体落实和保障这一权利。

在我国国内法体系中，1999 年建立的城镇居民最低生活保障制度，无疑是我国社会救助体系建设的一座重要里程碑，同时也是社会保障制度改革取得实质性进展与突破的重要标志。这一制度的确立，实际上赋予了城镇居民在遭遇生活困境时向政府申请并获得救助的权利，从而保障了国民的基本生活保障权益。③ 2007 年，国务院发布的《关于在全国建立农村最低生活保障制度的通知》，明确要求将符合条件的农村贫困人口全部纳入保障范围，旨在稳定、持久、有效地解决全国农村贫困人口的温饱问题。这一举措使得我国最低生活保障制度在城乡二元体制下逐步建立起来，并普遍实行有区别的城乡居民最低生活

---

① 刘海年主编《〈经济、社会和文化权利国际公约〉研究——中国挪威经社文权利国际公约研讨会文集》，中国法制出版社 2000 年版，第 206 页。
② 对公民个人而言，最低生活保障权实际上指向的是贫困人口的生命权和最低限度的人格尊严权的保障，而不应仅仅被视为一种福利特权。对于国家和社会来说，这既是一项政治义务、道德义务，也是一项法律义务。参见王伟奇《最低生活保障权的性质及其保障模式》，《时代法学》2008 年第 2 期。
③ 郑功成：《中国社会保障改革与发展战略——理念、目标与行动方案》，人民出版社 2008 年版，第 236 页。

保障制度。自此，我国城乡居民的最低生活保障权在法律规范上得到了确认。2022年10月，随着《民政部中央农村工作领导小组办公室 财政部 国家乡村振兴局关于进一步做好最低生活保障等社会救助兜底保障工作的通知》的出台，最低生活保障被进一步确认为社会救助兜底保障的重要组成部分。这一政策的出台，旨在确保困难群众的基本生活底线得到有力保障。

(二) 我国最低生活保障权的发展

最低生活保障权在国际人权法和各国社会保障法上拥有不同的称谓、内容和效力，这反映了各国生活救助的发展水平。"适当生活水准"是一个抽象且待于解释的生活救助目标，在我国当前主要被解读为"最低生活保障"。我国最低生活保障权的发展总体处于较低水平，展望未来，其发展需要确立短期目标和长期目标。

从短期目标来看，我国应当在城乡居民最低生活保障权平等保护的理念指引下，努力建立城乡一体化的最低生活保障制度。尽管我国城乡居民的最低生活保障权在法律规范上得到了保障，但当前城乡居民最低生活保障的二元化规定与权利平等的本质属性并不相符。因此，在我国当前各地区经济社会发展不平衡以及城乡居民户籍制度存在的背景下，随着最低生活保障权的不断完善与发展，以及城乡居民最低生活保障权平等保护观念的日益增强，我国城乡居民最低生活保障将朝着一体化的方向发展。这一趋势意味着我们将努力消除城乡之间的差异，确保城乡居民在最低生活保障方面享有同等的权利和待遇。具体而言，应当在统一的法律、法规或规章中，对城乡居民的最低生活保障进行统筹规定，确保国家对城乡居民的最低生活承担同等的保障义务，即向那些无法满足自身或家庭基本生活需求的城乡居民提供最低生活保障。①

---

① 林莉红、汪燕：《最低生活保障权平等保护简论——城乡居民最低生活保障制度一体化》，《河南省政法管理干部学院学报》2009年第5期。

从长远目标来看，我国最低生活保障权应逐步向生活救助权转变。这一转变是基于"适当生活水准权"与我国社会救助实践相结合的必然结果，它与社会救助的发展水平以及特定的经济社会发展水平相适应。当前，最低生活保障权的经济保障功能与我国经济社会的快速发展存在一定程度的不匹配，这一现象的具体原因和表现将在后续关于社会救助权实现的章节中详细讨论。随着我国经济社会的持续进步，生活救助应更加关注满足城乡居民的基本生活需求，最低生活保障权终将逐步为更为全面和深入的生活救助权所取代。

二 医疗救助权

医疗救助权关涉贫困群体的基本健康权保障，"贫困人口的医疗救助符合公平的原则。学界认为健康权的公平是公平权利的基本内容，对贫困人口实施医疗救助的目的是保障公民的健康权利。"[①] 更确切地说，医疗救助权旨在促进贫困群体实现医疗资源享有权、治疗权、紧急医疗救助救治权和医疗知情同意权等基本医疗权。[②] 医疗救助权不仅是保障贫困群体基本健康的前提条件，也是其物质基础。值得注意的是，医疗救助的对象或医疗救助权的权利主体并非全体公民，而是那些达到一定贫困程度的弱势群体，例如最低生活保障对象。[③] 实际上，仅依靠根据贫弱群体收入确定的最低生活保障，往往无法全面保障其基本生活，特别是在面临特殊医疗情况时。因此，医疗救助作为一种补充手段，可以有效解决这部分人群在特殊医疗情境下的基本贫困问题。从这个角度看，医疗救助权在保障贫弱群体基本生活方面，起到了对最低生活保障权的辅助性作用。

---

① 张国平：《我国贫困人口医疗救助研究综述》，《宁夏社会科学》2007年第1期。
② 林志强：《健康权研究》，中国法制出版社2010年版，第178—185页。
③ 《国务院办公厅转发民政部等部门关于建立城市医疗救助制度试点工作意见的通知》明确规定，医疗救助对象主要包括以下三类人员：一是城市居民最低生活保障对象中未参加城镇职工基本医疗保险的人员；二是虽已参加城镇职工基本医疗保险，但个人医疗负担仍然较重的人员；三是其他特殊困难的群众。

《世界人权宣言》第 25 条明确规定,人人有权享受为维持他本人及其家庭健康和福利所需的生活水准,这包括疾病医疗的保障。联合国 1978 年的《阿拉木图宣言》也进一步提出,每个国家都应致力于实现"人人享有卫生保健"的宏伟目标。"从政府职责来看,医疗救助是人权保障的重要内容。贫困公民在患病时应获得医疗救助是公民的基本权利,它属基本生存权范畴。"① 无论是从国际人权法的视角,还是基于国家理论,医疗救助权都应当被视为一项基本人权。在我国,这一权利主要通过医疗救助制度来体现。"作为一项社会政策的城乡弱势群体医疗救助制度,实质上就是对包括医疗资源、社会群体地位及其权力资源等在内的各种经济社会资源进行重新配置,以降低贫困群体的疾病风险,减轻他们的疾病医疗费用负担,保障社会相对公正,促进社会融合,减少社会排斥。"② 尽管医疗救助制度在我国贫困群体的医疗资源分配中发挥着至关重要的作用,但从医疗救助制度的完善到医疗救助权的正式确立,再到医疗救助权的独立地位,并最终在实践中发展成为一项基本人权,这仍然是一个漫长而复杂的历史过程。我国医疗救助权的独立与发展,需要社会各界的共同努力和持续推动。

三 住房救助权

"就现代社会来看,有适当的住房是一个人的基本需要,也是一种基本人权,它关系到一个人的生存问题。"③ 住房救助,也称为廉租住房,是指政府针对收入较低且住房困难的家庭,提供住房租金补贴或以低价配租房屋的制度。该制度的初衷在于确保低收入家庭能够拥有稳定的住所。起初,住房救助作为最低生活保障的辅助措施,但

---

① 时正新:《中国的医疗救助及其发展对策》,《国际医药卫生导报》2002 年第 11 期。
② 高和荣:《论建立健全我国城乡弱势群体医疗救助制度》,《中国社会科学院研究生院学报》2007 年第 1 期。
③ 冯宗容:《房改攻坚:住房保障制度的构建》,《四川大学学报》(哲学社会科学版) 2001 年第 3 期。

随着最低生活保障制度的日益完善，住房救助已逐渐发展成一项独立的专项救助制度。① 与医疗救助权相似，住房救助的对象或住房救助权的权利主体主要聚焦于那些收入较低且住房困难的公民或社会成员。救助方式以提供房租补贴或廉租住房等实质性的物质援助为主。同样，住房救助权也起到了最低生活保障权的辅助性作用，补充了以收入水平为标准的最低生活保障在保障贫弱群体基本住房需求方面的功能不足。

住房救助权源于公民的住宅基本权。当公民的住宅基本权因收入低下等贫困原因而无法实现时，国家和社会应通过物质帮助的方式协助其实现这一权利。住宅基本权在《世界人权宣言》《经济、社会和文化权利公约》等国际人权公约中有明确的规定。1981年4月在伦敦召开的"城市住宅问题国际研讨会"上通过的"住宅人权宣言"明确指出，拥有一个环境良好、适宜居住的住所是每一位居民的基本人权。② 从我国的人权理论和宪政实践来看，住房不仅是公民生存权的重要组成部分，更是个人生存和发展的必要物质基础。满足和实现生存权是我国今后一个特定历史阶段的基本宪政目标。③ 实际上，人权法和宪法层面的公民住宅基本权在我国社会法上具体体现为对贫弱者的住房救助权。因此，住房救助权既是人权法上的基本人权，也是宪法上的社会基本权利。通过实施住房救助权，我们能够更有效地保障公民的住宅基本权，促进社会的公平与和谐。

四 灾害救助权

灾害与人类社会如影随形，作为社会救助的关键组成部分，灾害

---

① 林莉红、孔繁华：《社会救助法研究》，法律出版社2008年版，第278—279页。

② 住房是人类赖以生存和发展的必不可少的物质条件之一，而住宅权更是人类的一项基本人权。参见符启林、罗晋京《对我国廉租住房立法的建议》，《甘肃社会科学》2008年第2期。

③ 刘茂林、范电勤：《论我国城镇住房保障制度的发展与完善——以基本权利为视角》，《宁波大学学报》（人文科学版）2008年第6期。

救助是人类社会最为古老的一种保障形式，其历史在社会救助的众多内容中最为悠久。灾害救助制度旨在确保陷入困境的灾民能够获得衣、食、住、医疗等基本生活保障，从而摆脱生存危机，并促使灾区社会尽快恢复正常秩序。从全球视野来看，灾害救助制度的确立标志着政府对灾民的灾害保障给付从单纯的"公共慈善事业"转变为灾民应当享有的基本权利。灾民不再是被动接受施舍的对象，而是拥有要求权的权利人。[①] 因此，灾害救助权是指那些因遭受自然灾害或社会灾害而陷入困境的公民或社会成员，有权要求国家或社会为其提供衣、食、住、医疗等基本物质救助及相关精神救助。

从灾害救助权的主体角度来看，权利主体主要是那些遭受自然灾害或社会灾害的公民或社会成员，即我们通常所说的灾民；而义务主体则是承担灾害救助责任的国家和社会组织体。灾害救助，简称救灾，广义上理解，"救灾是指灾害发生过程中和发生以后，对灾区和灾民的救助。主要包括紧急救援、安置灾民、安排灾民生活，帮助灾区修复生命线工程，恢复生产，重建家园等。"[②] 而狭义上的救灾则特指针对灾民生活和生产中的困难进行的救助活动。[③] 在权利视角下，灾害救助应限定于狭义的救灾范畴。如前文所述，灾区本身无法成为灾害救助的权利主体，因此，灾害救助权的研究主要聚焦于狭义的灾害救助。与灾害救助权的权利主体相对应，义务主体主要包括国家灾害救助机构，在我国，这主要是指民政部门。此外，社会组织体在灾害救助过程中也发挥着越来越重要的作用。公民或社会成员的个体捐赠通过互助互济的机制融入这些社会组织体中，成为社会捐赠的一部分。"互助互济活动已由原来的亲友、邻里之间的非制度性的、自发的互帮互助发展到区域内的团结协作以及跨区域、跨部门的对口支援，推动了灾

---

① 时正新主编：《中国社会救助体系研究》，中国社会科学出版社2002年版，第73—84页。
② 孙绍骋：《中国救灾制度研究》，商务印书馆2004年版，第130页。
③ 如救助基本口粮、提供居住房屋、现金救助、药品救助、部分生产资料救助等。参见蒋月《社会保障法——厦门大学法学院经济法学系列》，厦门大学出版社2004年版，第83页。

害救助的社会化的进程。"① 甚至，这种互助互济活动已经发展为国际人道主义的救灾援助，国际组织、国际友人等通过提供物资、技术及现金等援助，成为具有互助互济性质的社会组织体的重要组成部分。鉴于灾害与社会发展的共时性、灾害救助的历时性最长，以及灾害救助权义务主体的广泛性，灾害救助权无疑是社会化程度最高的社会救助权之一。它体现了社会在应对灾害时的团结与互助精神，也是保障灾民基本生活权益的重要手段。

从灾害救助权客体的角度来看，该权利的客体应当涵盖综合的物质救助、必要的精神救助以及适当的能力救助。鉴于灾害给灾民带来的损害是多方面的，甚至是毁灭性的，因此灾民需要全方位的灾害救助才能摆脱生活困境。在物质救助方面，根据国际人道主义组织制定的《人道主义宪政与赈灾救助标准》，我们至少应从以下五个方面着手保障灾民的权利：卫生及供水救助、营养救助、食品救助、居所救助以及医疗救助。② 这些救助内容涵盖了衣、食、住、医疗等方面，旨在为灾民提供基本生活的物质保障。在精神救助方面，尽管我国已经开展了一定的物质救助工作，但对灾民的心理干预却长期被忽视。仅仅在物质层面给予救助，而忽视灾民内心的恐惧和创伤，这样的救助制度是不够完善的。③ 实际上，精神救助不仅应包括对灾民进行精神抚慰和心理救助，更重要的是在物质救助过程中尊重他们的人性尊严。这需要在立法和实践中明确确立灾民的灾害救助权，确保他们在面对灾难时能够得到全面的支持和关怀。在能力救助方面，为了帮助灾民最终摆脱贫困并增强他们抵御灾害的能力，我们应当在适当的时机和条件下扶助灾民发展生产，使他们能够通过自力更生实现自救。生产自救是灾害救助中一种长效且根本的救助方式。对于我国来说，虽然灾

---

① 曹明睿：《社会救助法律制度研究——西南政法大学法学系列》，厦门大学出版社2005年版，第189页。
② 李步云主编：《人权法学》，高等教育出版社2005年版，第290页。
③ 林莉红、孔繁华：《社会救助法研究》，法律出版社2008年版，第365—366页。

害的精神救助体系尚待完善,但灾害的能力救助无疑是灾害救助权客体发展的重要方向。

从灾害救助权内容的角度来看,灾害救助权涵盖了灾害的物质救助权、灾害的精神救助权和灾害的能力救助权等多个方面。此外,灾害救助权还包括一系列程序性权利,如灾害救助的请求权、受益权、处分权以及救济权等。这些权利共同构成了灾害救助权内容的丰富体系。值得注意的是,灾害救助权内容是一个开放的体系,随着实践和认识的深化,其内涵将不断拓展。在我国灾害救助实践中,灾民知情权的重要性逐渐凸显出来。根据《自然灾害救助条例》第二十六条的规定,自然灾害救助款物的管理机关和有关社会组织应主动公开接受的自然灾害救助款物和捐赠款物的相关情况,而灾区村民委员会和居民委员会则应当主动公布救助对象及其接受救助款物的数额和使用情况。这一规定旨在保障灾民的知情权,确保救助款物的透明使用。随着灾害救助实践的不断发展,灾民知情权与灾害救助权之间的关系将愈加紧密。未来,更多与灾害救助相关的权利将被纳入灾害救助权的范畴,进一步丰富和完善灾害救助权的内容。这将有助于更好地保障灾民的权益,提升灾害救助工作的效果和水平。

五 教育救助权

鉴于受教育权已被普遍确立为各国宪法上的公民基本权利,教育救助权作为为贫弱者受教育权的实现提供物质和精神条件的权利,理当也是宪法上的基本权利。教育救助是指国家或社会团体、个人为保障适龄人口获得接受教育的机会,从物质和资金上对贫困地区和贫困学生在不同阶段所提供的援助。[①] 教育救助权的核心在于保障适龄的贫弱群体受教育的权利,这一权利的实现不仅能够为他们剪断"贫穷脐

---

① 时正新主编:《中国社会救助体系研究》,中国社会科学出版社2002年版,第134—135页。

带",还能通过良好教育赋予他们"新生"。"接受良好教育是防止弱势群体贫困代际传递最重要的途径,重视弱势群体子女的教育问题是完善和构建国民教育体系的重要内容,也是实现教育公平和社会公正的本质要求。"[1] 从教育救助权在解决贫困问题中的作用机制来看,通过教育使贫弱群体的子女获得比其父母辈更强的生存和生活能力,从而提高他们自身抵御贫困的能力。从这个意义上讲,教育救助权的实现是消除贫弱群体贫困的根本途径之一。尽管教育对于贫弱群体而言具有长远的脱贫功能,但从短期来看,接受教育并不能直接带来物质收入。然而,从长期来看,随着教育的深入,他们的御贫能力将不断增强。因此,教育救助权赋予贫弱群体的不仅仅是知识和技能,更是一种间接的能力救助,这种救助将为他们未来的生活和发展奠定坚实的基础。

教育救助权的实现不仅要防止弱势群体子女因贫困而无法入学、失学或辍学,从而在形式上保障他们的受教育权;更应确保他们在入学条件、升学考试、接受优质教育等方面得到公正对待,从而在实质上保障他们的受教育权。换言之,"教育弱势群体不仅需要物质方面的保障,而且有心理、情感和精神方面的需求。"[2] 这些心理和精神上的需求主要体现在对教育公正的渴望上

从对比的视角来看,教育救助权与最低生活保障权、医疗救助权、住房救助权等生活救助型权利有所不同。后者主要侧重于物质救助,而教育救助权则是一种注重贫弱群体能力培养的综合型救助权利。换言之,教育救助权不仅包含为贫弱群体提供受教育所需物质条件的物质救助,还包括确保他们获得公正教育机会的精神救助,以及

---

[1] 孙中民、孙少柳:《弱势群体子女教育救助:从道德诉求到制度补偿》,《经济研究导刊》2008年第9期。

[2] 为此,要加强教育弱势群体的心理健康教育,营造关心、爱护和救助教育弱势群体的良好社会氛围,不歧视和漠视教育弱势群体。参见贾汇亮、黄威《教育弱势群体救助:制度安排与保障体系》,《中国教育学刊》2006年第4期。

通过教育使他们摆脱贫困的间接能力救助。这种综合性的救助方式旨在全面提升贫弱群体的能力，为他们创造一个更加公平的教育环境。

六 失业救助权

失业救助权作为社会救助权与就业权趋同与融合的桥梁，其重要性在于它同时被纳入基本社会保障权和基本劳动权的范畴。从劳动权的角度来看，失业救助权构成了失业保障制度的核心内容。"现代各国的失业保障，在制度设计和实施中，已经不局限、不满足于传统（以发放保险金或救济款物为手段）的失业救济功能，通过增设的就业激励和就业扶助措施，日益趋向于与就业服务制度相融合，增加其促进就业的功能。"① 从社会救助制度的发展角度看，随着西方"福利国家"弊端的逐渐显现，各国通过改革将社会救助与失业救助相结合。这一变化表明，受助者不再仅仅是同情的对象或单纯的权利享受者，政府开始认识到他们也有促进社会经济发展的责任。因此，改革的目的在于激励失业者不再过度依赖社会救助，而是积极重返劳动力市场，更好地融入社会。② 失业救助权是在西方较为发达的社会救助制度背景下产生的，即在其他社会救助项目能够较好地保障受助者基本生活的前提下，应运而生的一种带有义务性质的社会救助权。这意味着每个具备工作能力的受助者都有责任进入劳动力市场。因此，失业救助权的产生与发展具有划时代的意义。它不仅改变了受助者仅享有权利而不承担义务的局面，还为社会救助权注入了义务的元素，从而恢复了

---

① 李运华先生认为，将失业保障权纳入就业权，作为积极就业权的一种权利内容，在理论逻辑上是合理的，在法制史和现实法律实践上也是有充分根据的。参见李运华《就业权研究》，中国社会科学出版社 2009 年版，第 150—151 页。林嘉教授也认为，劳动就业权应当包括失业保障权。参见林嘉、杨飞《论和谐社会与劳动就业权的法律保障》，《法学家》2005 年第 5 期。

② 例如，20 世纪 90 年代以后，德国政府开始逐步认识到改革社会救助制度的必要性，这种必要性通过相关政策话语的转变得到了鲜明体现。具体而言，政策话语从原来强调再分配和权利，转变为强调社会融合以及权利和义务的平衡。参见张浩淼《政策话语转变与社会救助改革：德国的经验与启示》，《德国研究》2009 年第 3 期。

社会救助权的本来面貌。

从制度发展的时间顺序上来看，社会救助法上失业救助权的产生与发展应当是借鉴了劳动法上失业保障权的理论与实践，其根本原因在于就业的基本人权属性与失业的负面效应共同作用的结果。《世界人权宣言》第23条明确规定，人人享有工作的权利、自由选择职业的权利、享受公正和合适的工作条件的权利，以及免予失业的保障。《经济、社会和文化权利国际公约》第6条进一步指出："一、本公约缔约各国承认工作权，包括人人应有机会凭其自由选择和接受的工作来谋生的权利，并将采取适当步骤来保障这一权利。二、本公约缔约各国为充分实现这一权利而采取的步骤包括技术的和职业的指导和训练，以及在保障个人基本政治和经济自由的条件下达到稳定的经济、社会和文化的发展和充分的生产就业的计划、政策和技术。"[①] "如果说雇佣劳动是对人性尊严的疏离和悖反的话，失业则堪称是对人性尊严的摧残和毁灭。因为失业意味着人作为'赚钱机器'这样一种工具价值也要被否定了。"[②] 从某种意义上讲，失业是对人的存在价值的直接否定。

因此，就业权对人的重要性以及失业对人的摧毁性，决定了政府和社会应当积极实施失业救助，特别是针对那些经济困难的贫弱群体。这些群体通常是其他社会救助服务的受助者，他们提高就业能力或重新就业，对于提升物质收入或摆脱贫困具有直接而显著的作用。对于那些因经济困难而无法就业的公民或社会成员，他们有权要求国家和社会提供失业或再就业补贴、免费的就业信息或就业培训等就业服务。同时，接受其他社会救助服务的受助者也有义务积极进入劳动力市场

---

① 工作权条款是《经济、社会和文化权利国际公约》起草过程中争议很大的条款之一。参与起草的各国代表对《世界人权宣言》的相应规定产生了争论，最后达成了妥协，同意规定"承认工作权"，强调国家促进充分就业的义务，但不得危及政治和经济自由。参见［瑞］格德门德尔·阿尔弗雷德松、［挪］阿斯布佐恩·艾德编《世界人权宣言——努力实现的共同标准》，中国人权研究会组织译，四川人民出版社1999年版，第505页。

② 李运华：《就业权研究》，中国社会科学出版社2009年版，第57页。

寻找工作。失业救助权，与教育救助权相似，是一项综合性的社会救助权，侧重于能力救助。特别值得一提的是，失业救助权是目前社会救助权中唯一涵括了相应义务的权利。

然而，失业救助权产生的划时代意义在我国尚未充分体现。具体来说，失业救助权所要求的受助者进入劳动力市场的义务在我国尚未明确确立。目前我国的社会救助水平相对较低，尚未出现西方国家的"社会救助依赖"现象。我国的社会救助措施主要旨在维持受助者所在地区的最低生活水平，而大多数贫弱者通过参加劳动或就业，都能够获得更高的生活水准。因此，通过就业服务帮助失业者就业更多的是出于他们的主观意愿，而非强制性的义务。在我国当前的社会救助发展水平下，对于受助者而言，进入劳动力市场更多被视为一种权利而非义务。但随着我国社会救助事业的不断发展和救助水平的提高，失业救助权将逐渐杜绝"懒人权利"的出现，其在社会救助权体系中的价值和重要性也将日益凸显。

七 法律援助权

现代法律援助制度中的法律援助是国家应尽的义务，同时也是公民享有的法定权利。[①] 法律援助不仅是一项公民权利，更是公民的基本权利。为了确保这一权利在理论上得到认同、在宪法和其他法律规范中得到确认，并在实践中得到实现，我们需要将公民获得法律援助的权利具体化。

被誉为"国际人权公约"的1966年《公民权利和政治权利国际公约》第14条第3款（丁）项明确规定："出席受审并亲自替自己辩护或经由他自己所选择的法律援助进行辩护；如果他没有法律援助，要通知他享有这种权利；在司法利益有此需要的案件中，为他指定法律

---

① 崔向前：《法律援助权的生成动力之研究——纪念〈中华人民共和国法律援助条例〉实施五周年》，《河南公安高等专科学校学报》2009年第2期。

援助,而在他没有足够能力偿付法律援助的案件中,不要他自己付费。"此外,1969年《美洲人权公约》第8条第2款也规定,若被告不亲自为自己辩护或在法定时间内未聘请律师,他有获得国家指派律师协助的不可剥夺的权利,且费用应依照国内法律规定由个人承担或由国家负担。这两个公约的规定恰好印证了法律援助性质的逻辑演变:从一般的公民权利上升为公民的基本权利。《公民权利和政治权利国际公约》明确指出获得法律援助是公民的基本权利,而《美洲人权公约》则进一步强调获得律师帮助(法律援助)是公民不可剥夺的权利。因此,法律援助权与社会救助权的其他权利一样,有着直接的国际人权法依据。但与其他社会救助权不同的是,法律援助权是诉权的保障权,它是社会救助权中唯一的程序性权利。鉴于此,我们有必要对法律援助权的构成进行更深入的解析。

(一)法律援助权的主体

在法律援助权的法律关系中,存在两个主体:一方是享受法律援助的权利主体,即公民;另一方则是承担提供法律援助义务的主体,即国家。这直接体现了研究法律援助性质的"公民"视角与"国家"视角的交汇。从表面上看,我们坚持的"公民"视角下的法律援助性质——公民基本权利,似乎与多数学者从"国家"视角出发所界定的法律援助性质——国家责任相悖。[①] 然而,实质上并非如此。将获得法律援助定性为公民基本权利,并不违背《法律援助条例》中关于法律援助作为政府责任的规定,也不与大多数学者的国家责任定性相冲突。

相反,由于研究视角的不同,我们得出了不同的法律援助定性:

---

① 2003年《法律援助条例》颁布后,大部分学者主张法律援助的性质是国家责任或政府责任。参见贺海仁《法律援助:政府责任与律师义务》,《环球法律评论》2005年第6期;林莉红、黄启辉《民间法律援助与政府法律援助之关系研究》,《环球法律评论》2005年第6期;彭锡华《法律援助的国家责任——从国际人权法的视角考察》,《法学评论》2006年第3期;王俊民、孔庆余《反思与超越:论法律援助之政府责任》,《政治与法律》2006年第6期。

公民基本权利与国家责任实际上是有机统一的理论整体。公民基本权利是国家责任在宪法意义上的根源或依据,而国家责任则是法律援助权这一公民基本权利在社会实践中得以实现的基本保障。因此,我们应当全面认识法律援助权的主体,任何一方主体的缺失都将影响法律援助权在现实生活中的实现。

(二) 法律援助权的客体

法律援助权的客体主要涉及贫弱群体生存问题的诉讼利益,具体可细分为直接客体与间接客体。直接客体是指贫弱公民的诉讼利益。这里需明确的是,法律援助权并非公民享有的直接关于生存问题的实体权利,而是旨在保障贫弱公民在生存权受到侵害时,能够平等地参与诉讼程序,从而获取相应的诉讼利益的程序性权利。间接客体则聚焦于贫弱公民的生存利益。通过确保贫弱公民在诉讼过程中获得诉讼利益,间接地保障其获得刑事辩护、最低生活保障金以及救济金等基本生存权益。从实证角度观察,法律援助在保障受援者诉讼利益方面的功能已得到广泛认可,并在《法律援助条例》中有明确规定。因此,法律援助权的直接客体——贫弱公民的诉讼利益,获得了普遍的认同。然而,值得注意的是,尽管法律援助以贫弱公民的生存利益为本的理念至关重要,但这一理念在学者和法律援助实务者中并未得到充分的重视。因此,法律援助权的间接客体——贫弱公民的生存利益,往往受到质疑。这也正是鲜有学者从公民基本权利的高度深入探究法律援助性质的原因,导致对法律援助权的讨论显得不够充分和深入。

(三) 法律援助权的内容

简而言之,法律援助权涵盖了刑事、民事和行政法律援助权。鉴于法律援助权作为典型的公民基本权利,我们需要清晰地界定其在公民基本权利分类中的位置。公民基本权利主要可分为三类:自由权、政治权利以及社会权利,亦可称之为公民权、政治权利和社会权利。① 在公民基本权利分类的基础上，美国学者迪塞里奇·比尔（Deatherage Bill）提出，法律援助是公民应当享有的政治权利和社会权利。正如公民享有言论自由的权利，他们同样享有在刑事诉讼中获得辩护的权利。因此，法律援助不仅是公民的政治权利，但其实现依赖于一个理论前提：需要法律援助的被告人应当获得相应服务，而提供服务的律师应得到经济补偿。这解释了为何法律援助也是一项社会权利，整个社会都应承担提供法律援助服务的责任。② 这是对刑事法律援助权内容的概括，即以社会权利的实现为前提的政治权利。而具体化的刑事法律援助权应包括获得无偿律师服务的权利、获得无偿律师辩护的权利以及获得公正刑事裁决的权利等。从我国刑事法律援助的实践来看，与犯罪嫌疑人、被告人相比，刑事被害人获得法律援助的比例极低，这与刑事被害人的实际数量极不相符。目前，不仅我国立法在赋予刑事被害人法律援助权方面还有待完善，而且实践中刑事被害人的法律援助权也远未得到充分实现。③

受迪塞里奇·比尔（Deatherage Bill）学者观点的启发，民事法律援助权和行政法律援助权的内容可以概括为以政治权利为基础的社会权利。与美国的法律援助运行机制不同，我国的法律援助服务并非完全依赖社会律师，相反，很大部分的法律援助案件是由国家设立的法律援助机构中的公职律师负责处理的。这些公职律师无须额外经济补偿，而是领取国家支付的固定薪酬。目前，我国对于参与法律援助的社会律师的经济补偿主要由国家财政承担，这显示出我国法律援助是以政府为主导的发展模式。因此，具体来说，民事法律援助权和行政法律援助权的内容不仅体现在国家支付律师薪酬上，更在于国家推动

---

① 采用该分类标准的国际人权文件有两个：《公民权利和政治权利国际公约》和《经济、社会、文化国际公约》。参见［英］安东尼·吉登斯《民族——国家与暴力》，胡宗泽、赵力涛译，生活·读书·新知三联书店1998年版，第250页。

② Bill, Deatherage, "Uncompensated Appointed Counsel System: A Constitutional and Social Transgression", *Kentucky Law Journal*, Vol. 60, 1972, p. 723.

③ 高贞：《论刑事被害人法律援助权及其实现》，《法学》2008年第11期。

法律援助事业的发展。这包括公民请求国家发展法律援助事业的权利，获得无偿代理服务的权利，以及获得公正民事和行政裁决的权利等。

综合考察社会救助权的内容，我们可以发现它构成一个开放且不断发展的体系。这一体系正逐步从单纯的物质救助向物质、精神与能力救助的综合模式转变。同时，救助重点也在从以生活救助权为主逐渐转向以能力救助权为主。在权利属性上，社会救助权正由单一的实体性权利向实体性与程序性权利相结合的方向发展。其中，最低生活保障权在我国占据了核心地位，而医疗救助权和住房救助权作为辅助性权利，正逐渐走向独立化。此外，灾害救助权在特定情境下发挥着综合救助的作用，而教育救助权和失业救助权则在一般情境下提供综合救助，三者均涵盖了物质、精神与能力救助的多个方面。最后，法律援助权作为程序性权利，与上述六种权利相互补充，共同构成了我国社会救助权的完整体系。

第四章 社会救助权实现——社会救助权运行的现实形态

"权利的本质与意义不在于法律文本上的客观宣告,而在于权利的主观行使与实现。权利理论的重点应当关注权利的运行实践与实现的机制,关注权利的价值与目的。"[①] 前文关于社会救助权的历史溯源、界定、价值论和构造论,构成了理论层面上社会救助权成立的主要内容。而社会救助权的实现,则是其在实际运行中的现实形态。本研究的结构安排,从理论上的社会救助权到实践中的社会救助权,恰好与权利的存在形态相吻合。社会救助权的理论基础及其作为基本人权和宪法基本权利的属性,证实了社会救助权作为应然权利的存在形态。社会救助权的现实基础及其在国际人权公约和各国法律中的确认,则是社会救助权作为法定权利的具体体现。而社会救助权如何成为现实权利所需的基础性条件,以及在实现过程中遇到的困难与突破,则是社会救助权实现的基本问题。

郑功成先生认为,社会救助权的实现,是国家与社会面向由贫困人口与不幸者组成的社会脆弱群体提供款物接济和扶助的一种生活保障措施。这种保障通常被明确规定为政府的当然责任或义务,采取的是非供款制与无偿援助的方式。其目标是帮助社会脆弱群体摆脱生存

---

① 范进学:《权利政治论——一种宪政民主理论的阐释》,山东人民出版社2003年版,第13页。

危机，从而维护社会秩序的稳定。① 显然，社会救助权的实现不仅关乎公民或社会成员的基本生存保障，而且在纾解贫困问题和建设社会稳定方面也发挥着重要作用。

第一节　社会救助权实现的基础性条件

一　社会救助权实现的经济社会条件

"权利永远不能超出社会的经济结构以及由经济结构所制约的社会文化发展。"② 权利的实现不仅受到社会经济结构及其所决定的社会文化发展的制约，同时也能促进经济社会的发展，两者互为影响，相辅相成。然而，经济社会条件对于权利实现的制约作用尤为显著，因此，它们构成了社会救助权实现的基础性要件和决定性要素。

（一）社会救助权实现的经济条件

对于社会救助权而言，稳定的经济支持是其实现的物质基础与重要保障。"任何社会救助制度的有效运行都必须有相对稳定的经济支持。社会救助制度作为现代国家的一项社会福利制度必须有来自政府的，或政府可以直接动员的物质——经济资源。"③ 一旦缺乏了社会救助权的经济基础，其核心内容——物质救助权便难以实现，而基于物质救助的精神救助和能力救助，其效果也会因物质条件的不足而大打折扣。在这种情境下，社会救助权的实现便只能停留在口号层面，难以落到实处。因此，经济支撑或物质保障无疑是社会救助权实现的基石。另外，社会救助权在实现社会经济发展中也扮演着重要基础性角色。④ 它的实现不仅能够

---

① 郑功成：《社会保障学——理念、制度、实践与思辨》，商务印书馆2020年版，第13页。
② 《马克思恩格斯选集》（第三卷），人民出版社1972年版，第12页。
③ 王思斌：《转型中的中国社会救助制度之发展》，《文史哲》2007年第1期。
④ 社会救助不仅能够通过调整国民经济运行中的结构比例和流量，确保贫困人群获得最基本的收入，还能利用互济机制来调节收入差距，使大多数贫困者维持一定的购买力和消费水平。这样既能保障社会的基本消费，稳定市场需求，又能起到刺激生产、活跃社会经济的作用。参见何平《公民社会救助权研究》，北京大学出版社2015年版，第52页。

促进贫弱者劳动力的再生产,提升其消费能力,进而推动社会经济的发展。从表面上看,社会经济的发展与社会救助权的实现似乎是相互独立、相互依存的两个方面;但实际上,只有当社会经济发展到一定程度,为社会救助权的实现提供必要的物质条件时,社会救助权才能较为充分地实现,从而反过来在一定程度上推动社会经济的进一步发展。综上所述,社会经济的发展和社会救助权的实现之间存在一种循环往复的关系,但这一循环的起点应当是能够满足社会救助权实现基本需求的社会经济发展水平。

从微观层面来看,即从市民社会的视角出发,公民或社会成员的社会救助权能否实现,主要取决于他们的社会经济地位。对此,我们应从两方面理解贫弱者的社会经济地位。一方面,仅当公民或社会成员的社会经济地位较低,基本生活难以为继时,他们才具备申请社会救助的资格。理论上,所有公民或社会成员都应享有社会救助权,但现实中,只有符合法律明文规定的贫弱条件的个体,才能实际获得救助。另一方面,从权利实现的基本原理出发,一个较为平等的社会经济环境有利于公民基本权利的落实。对于作为基本人权的社会救助权而言,良好的社会经济条件有助于贫弱者更好地享有和行使这一权利。一个人的公民权利能否得到切实保障,与其社会经济地位紧密相连,而社会经济地位的不平等往往源于私有财产积累的先天差异。因此,若无国家公共权力的介入以调整贫富差距,自由的理想便难以实现。① 无论是维持基本生存还是追求自由,社会经济地位特别是私有财产的占有都起着至关重要的作用。正如杰尔根·哈贝马斯所指出的,要确保一系列公民权利能被所有公民平等地行使,必须首先保障公民"生活条件的基本权利"。② 换言之,基本生活条件是权利实现的前提,而

---

① 王焱等编:《自由主义与当代世界》,生活·读书·新知三联书店2000年版,第14页。
② Jürgen Habermas, *Between Facts and Norms: Contributions to a Discourse Theory of Law and Democracy*, Mass: The MIT Press, 1996, pp. 122–123.

社会救助权正是旨在保障贫弱者的基本生活。从这个意义上说，社会救助权的发展与实现受到特定社会经济条件的制约。同时，社会救助权以提高贫弱者的社会经济地位为目标，其实现条件即公民或社会成员的贫弱社会经济地位。因此，社会救助权的实现在客观上确实以公民或社会成员较低的社会经济地位为基础，但在主观上，我们又期望通过社会救助提高贫弱者的社会经济地位。这两者之间看似矛盾，实则相辅相成。随着经济的发展和社会经济条件的改善，法律对于"贫弱者"的认定标准也会相应提高，贫弱者实现社会救助权的能力也会随之增强。

因此，无论是从国家责任的宏观视野出发，还是从公民权利的微观视角来看，经济资源或社会经济条件都对社会救助权的实现起着制约作用。具体而言，社会救助权实现所需的经济条件可根据各国经济发展水平和社会救助发展状况划分为几个层次：首先是满足公民或社会成员最低生活保障的基本经济物质条件；其次是确保公民或社会成员有尊严地生存的经济物质水准；最后是改善受助者生存能力所需的经济物质条件等。显然，这几种情况并非相互排斥，而是逐步递进的关系。要确定社会救助权实现的确切经济条件，必须深入探究社会救助权实现与贫困之间的内在联系。不同的贫困认定标准将对社会救助权实现的经济条件产生深远影响，这一问题将在后文进一步探讨。

（二）社会救助权实现的社会条件

任何权利的实现都依托于特定的社会环境，并受到特定社会条件的制约。应然权利和法定权利向现实权利转化的过程，不仅需要经济条件的物质支撑，而且需要社会条件的人文支持。社会资本理论与权利实现的社会条件之间存在着紧密的契合关系。从社会资本的角度剖析权利实现的条件，是社会资本理论与权利理论共同发展的领域交叉结果，也体现了权利实现理论向纵深发展的趋向：在复杂的社会关系中探寻影响权利实现的因素。

自法国学者皮埃尔·布迪厄在20世纪70年代首次提出社会资本

的概念以来，英国学者肯尼斯·纽顿对社会资本的内涵和特征进行了全面阐述。他认为，首先，社会资本主要是公民的，由一系列与互惠、合作和信任有关的态度和价值观构成，其关键在于促进人们之间的合作，信任、理解、同情等主观世界观的特征；其次，社会资本的这些特征体现在将朋友、家庭、社区工作以及公私生活联系起来的人格网络中；最后，社会资本是社会结构和社会关系中的一种特性，有助于推动社会行动和实现行动目标。① "根据社会资本以上的种种特点，我们可以知道它作为一种社会性交换资源对一部分人群来说能起到一定的'增权'的作用，从而有助于他们利用这种嵌入性的社会网络使他们可以利用一些他们本来不拥有的社会资源，最后达到维护权利的目的。"② 简言之，社会资本即为社会网络或社会资源，为权利的实现奠定了坚实的人文基础。

　　社会救助权作为以社会正义为核心的社会保障权，其实现尤为依赖于丰富的社会资本。首先，社会救助权的实现在主观层面需要强烈的社会心理认同。"一项权利的生成与存在需具备两个核心要件：一是权利主体必须提出权利的要求与主张；二是这种主张必须得到社会的认同。"③ 然而，社会救助权作为调节贫富差距的重要工具，其实现往往受到既得利益群体等力量的阻碍，从而产生较大的社会障碍。这些障碍的消除过程，实际上就是社会资本的逐步积累过程。从理论上讲，全体公民或社会成员都应享有社会救助权，而实际上，强势群体并不具备实现社会救助权的资格。但值得注意的是，强势群体因经济地位

---

　　① 杨雪冬、李惠斌主编：《社会资本与社会发展》，社会科学文献出版社2000年版，第379—380页。

　　② 社会资本是一种以非正式形式表现出来的资源，其产生和聚集可能源于财富、权力或声望。它深深地镶嵌在我们的社会结构中，能够沟通人情，连接资源相异、权力不等的个体。通过长期的互惠和面子机制，社会资本实现了在缺乏正式规范约束下的社会性交换。参见邵华《社会资本的作用与权利救济的实现》，《学术界》2006年第4期。

　　③ 李拥军、郑智航：《从斗争到合作：权利实现的理念更新与方式转换》，《社会科学》2008年第10期。

下降等原因可能转化为弱势群体，这为社会资本的积累提供了基础。在相互合作、信任和理解的社会意识引导下，弱势群体与强势群体通过朋友关系、家庭交流、社区工作等纽带形成紧密的社会网络，进而形成对社会救助权趋于一致的社会心理认同。其次，社会救助权的实现在客观层面需要社会组织或团体力量的支持。"基于孤立的个人物力对抗外界侵害的考虑，因而个人即组织形成以坚定的团体以此作为保护自己的屏障，独立的个人之所以集结起来组成社会团体是因为他们具有共同利益或共同目标的驱动。社会团体能够更好地将其成员的利益整合形成系统的愿望、要求，并进而达到利益代表机制。"[①] 在社会网络或社会资源的形成和发展过程中，社会弱势群体和强势群体在共同利益的驱动下，将逐渐融合并整合成社会组织或社会团体。这些组织的产生不仅与社会救助权"社会性"不断增强的趋势相契合，而且为社会救助权实现途径的多样化提供了坚实的组织保障。

如果将社会救助权的实现置于复杂的社会关系之中进行考察，我们可以发现社会救助权实现所需的社会条件或社会资本至少包括两个方面：一是弱势群体与强势群体形成趋同的社会认同；二是弱势群体与强势群体共同组成的社会组织提供的保障。此前，我们主要是从公民或社会成员的视角来探讨社会救助权实现的社会条件，重点关注了社会关系的主要构成要素，却忽略了国家或政府在社会资本形成过程中的关键角色。因此，下文将着重以国家或政府参与社会资本积累的重要手段——社会政策为核心，进一步深入论述社会救助权实现的社会条件。

二 社会救助权实现与社会政策

贫困问题普遍被各国纳入社会政策的讨论范畴，社会救助权实现与贫困问题的关系也将进一步扩展为社会救助权实现与社会政策

---

① 董保华等：《社会法原论》，中国政法大学出版社2001年版，第271页。

的联系。尽管贫困是社会救助权实现中典型的经济现象，社会政策是国家或政府参与社会资本分配的重要手段，构成社会救助权实现的重要社会条件；然而鉴于经济条件与社会条件的相互影响，社会救助权的实现不但要以克服贫困为目标，而且应当与社会政策的实施共同发展。

（一）社会救助是社会政策的基本内容

根据21世纪以来关于社会政策的研究成果，我们可以得出以下结论："社会政策是从资源分配发展到社会关系（地位及权力）的分配，而这些分配影响着社会部门（家庭、学校、社会福利、教育、社区等）与经济部门（市场）之间的关系。"① 这里的资源分配主要是指物质资源的分配，而社会关系的分配则涉及社会资源或社会资本的积累和分配，两者之间存在着承继和发展的关系。关于政府与经济之间的关系，古典经济学家和马克思主义这两种观点都强调了社会政策对经济政策的依赖性，甚至认为社会政策在某种程度上是从经济政策中派生出来的。② 然而，尽管社会政策与经济资源分配具有紧密的联系，但社会政策本身独立于经济政策，具有其独特的内涵和内容。

自社会政策作为一个概念出现以来，它一直与克服贫困、增进福利紧密相连。③ 一直以来，"什么是社会政策"这一问题并未得到一个普遍公认的回答。"尽管不同的学者对什么是社会政策有不同的界定，但同时他们又都承认社会政策是与公民福利有关的国家或政府的政策。"④ 近代以来，生产方式和社会结构的巨大变化不仅增强了国家社会政策的重要性，也赋予了社会政策更为重要、更为神圣的使命，即

---

① 张敏杰主编：《中国的第二次革命——西方学者看中国》，商务印书馆2001年版，第283页。
② [英]迈克尔·希尔：《理解社会政策》，刘升华译，商务印书馆2003年版，第17页。
③ 李清伟：《论社会政策与公民权利的实现》，《政治与法律》2008年第3期。
④ 社会政策研究正在趋向于关注多元化的社会供给和多元化的社会需求。不仅仅是关注对公民的收入维持、经济保障，而且越来越关注社会公平、社会整合、社会合作，以及避免社会排斥。参见杨伟民《社会政策与公民权利》，《江苏社会科学》2002年第3期。

实现福利、克服贫困和谋求发展。① 因此，无论是从学者们对社会政策内涵的剖析出发，还是从社会政策外延的发展角度考察，社会救助都是社会政策的基本内容。理由如下：首先，社会福利的需求是社会政策产生的根本驱动力，因此，社会福利作为社会政策的当然内容，受到了学者们的普遍认同。如果从狭义上理解社会福利，它是指保障公民或社会成员最低生活水准的福利，即社会救助；如果从广义上理解社会福利，社会救助也依然是最基本的公民福利。其次，社会政策与贫困问题相伴而生，克服贫困已成为社会政策的重要使命。社会救助通过为贫弱者提供物质救助和其他社会服务，有效纾解贫困，实际上成为社会政策中克服贫困的重要机制。最后，社会政策的神圣使命是谋求人和社会的共同发展。社会救助或社会救助权在满足贫弱群体生存的基本物质需求的基础上，进一步提高他们的生存能力和脱贫能力，以促进人的能动发展。人的能动发展是社会发展的前提与基础，因此，社会救助的终极目标可以完全融入社会政策的神圣使命中。

概言之，社会政策实际上是国家或政府发挥主导作用，进行社会资本的积累和分配的方式。它的内容广泛，涵盖社会福利等多个方面；其意义深远，包括实现福利、克服贫困、谋求人与社会的共同发展等价值。社会救助作为社会政策的基本因子，其产生与实现有利于社会政策的实施和相关政策目标的实现。社会救助权的实现是特定社会政策目标实现的具体体现；反之，社会政策的实施和目标的实现，也将为社会救助权的实现提供更为有利的社会条件。

（二）社会救助权实现是社会保护政策实施的基本要求

"社会保护"译自英文的"social protection"，用以概括各种形式的国家干预政策，这些政策旨在保护个人免受市场不测带来的种种伤害。其内涵涵盖了"福利国家"和"社会政策"两个概念的内容，同时又

---

① 李艳霞：《浅析中国社会政策的价值选择与伦理定位——以公民权利为视角》，《伦理学研究》2007年第4期。

比这两个概念单独使用时更为广泛。由于社会保障带有过强的社会保险色彩,自20世纪90年代以来,许多国际组织和学者更倾向于使用"社会保护"的概念。在世界银行、亚洲开发银行(ADB)、国际劳工组织(ILO)和经济合作与发展组织(OECD)等国际机构的推动下,社会保护的政策框架在不断完善的过程中逐渐获得了越来越多国家和政府以及学术机构的认同。尽管不同的国际组织对社会保护框架的表述和内容有所不同,例如经合组织国家的社会保护框架侧重积极的社会政策,世界银行强调风险管理,而国际劳工组织则突出社会投资等,但社会保险、社会救助以及对劳动力市场的干预却是所有框架中都包括的内容。[①] 社会保护政策在国际视域下不断得到认可和运用,社会救助在社会保护框架下日益关注受助者个人的发展。

从当前社会保护政策的目标来看,社会救助权的实现是实施社会保障政策的初级目标。一般而言,积极的社会保护政策框架以社会成员的发展为关注焦点,其政策目标在于改变个人发展的条件,而非仅仅修补这些条件所造成的后果。因此,社会政策逐渐从反应和补偿型的模式转变为发展型的模式。[②] 由此可见,积极社会保护政策的实施以个人的发展为中心,在社会公正理念的指导下,通过提供或改善个人发展的条件,促进人的能动发展。社会成员发展为中心的利益出发点和个人能动发展的政策目标,决定了社会保护政策的实施本质上就是社会成员个人权利的实现,特别是为社会成员的发展提供基本物质条件、以个人的能动发展为终极目标的社会救助权的实现。社会救助权的初步实现只是为社会保护政策的实施奠定了基本的物质基础,而社会救助权的充分实现则有赖于社会保护框架下社会成员的能动发展。

---

① 徐月宾、刘凤芹、张秀兰:《中国农村反贫困政策的反思——从社会救助向社会保护转变》,《中国社会科学》2007年第3期。

② 积极的社会政策不仅以满足人一生不同阶段的需求为目标,而且更关注通过人力资本投资使个人的潜力得到最大的开发,最终成为一个能够自我满足需求的社会成员。转引自徐月宾、刘凤芹、张秀兰《中国农村反贫困政策的反思——从社会救助向社会保护转变》,《中国社会科学》2007年第3期。

第二节 我国社会救助权实现的障碍

对具体部门法的权利研究，如果仅停留在抽象和空洞的理论探讨层面，是不足以支撑实践发展的。因此，这种研究必须与我国的特定社会现实情况紧密结合，以期能为相关法律制度的发展提供有价值的理论参考。社会救助权的实然状态，即其在现实中的实现情况，是整个社会救助权理论的核心价值所在。因此，我们应当深入结合我国的实际情况，探寻我国社会救助权实现过程中存在的问题。从思想层面的抽象角度来看，我国社会救助权利观尚未得到广泛普及；从现实层面的具体角度来分析，我国社会救助权实现的基础性条件准备不足，法律保障体系也存在不完善之处。这些因素共同构成了我国社会救助权实现的障碍，需要我们深入研究和解决。

一 社会救助权利观尚未普及

权利观是对权利性质、产生及发展的基本认识。从历史发展的脉络来看，权利观念经历了三代变迁。第一代权利观着重于传统的生存权、自由权（traditional liberties）和公民权（privileges of citizens），诸如宗教宽容、免受专制逮捕、自由言论、自由选举等权利。第二代权利观则聚焦于社会经济权利，如私人财产权、受教育权，以及居住、健康、选择职业等权利。而第三代权利观则指向社团（communities）和群体，涵盖了少数民族语言权、民族自治权、维护整体环境和经济发展权等。[1] 社会救助权利观作为第二代和第三代权利观的融合体现，

---

[1] 马克思主义权利观认为，人的权利从来都是历史的、具体的，而非天赋的、抽象的，它取决于这个社会的物质和文化结构。权利永远不能超越社会的经济结构以及由经济结构所制约的社会的文化发展。马克思主义还认为，人类自由不断发展，最终实现道德完善和精神解放具有超越性。参见奚洁人主编《科学发展观百科辞典》，上海辞书出版社2007年版，第59—60页。

不仅体现了典型的社会经济权利属性，更指向了特定的群体，尤其是贫弱群体。这一权利观对社会救助权的形成、演进及实现具有深远影响。

在我国，尽管宪法已初步确立社会救助权，并在《社会救助法（征求意见稿）》中有所体现，但从实际情况来看，社会救助权利观在我国尚未得到广泛普及。从理论研究的层面来看，虽然社会救助权利观在学者们的理论探讨中时有提及，但并未形成广泛的共识。而在社会救助的实践操作中，这种权利观的普及更是不到位，特别是在贫弱群体和政府机构中的普及力度明显不足。这种普及不足的现象，无疑成为我国社会救助权实现的重大障碍。具体表现为，作为权利主体的贫弱群体缺乏足够的主体性意识，而作为义务主体的政府社会救助机构则服务意识不强。这些思想层面的障碍，是我们在推动社会救助权实现过程中必须重视和克服的"人的因素"。

（一）我国贫弱群体的主体性意识不足

权利人的培养是权利观生成的主体性前提。① 权利主体的塑造是权利观形成与普及的主体要素，一旦权利主体的主体性意识欠缺，权利观的普及必将受影响，进而阻碍权利的实现。在法学领域，权利意识是一个复杂的认知过程、态度和反应的综合体现。② 它反映了人们对实现权利方式的选择，从认知到操作再到自觉规约，这个过程展示了个体对其权利的深刻思考和全面理解。具体来说，公民的权利意识从认知与理解和实践层面可分为三个方面：第一个层面，公民对法律框架赋予他们的权利的认知和理解，这强调了对这些权利内在价值的认识。这种认知超越了简单的认识，要求对这些权利的社会、伦理和哲学基础有深刻理解。第二个层面，权利意识在实际操作中变得更为实际，

---

① 在法律上保护权利主体的利益，维护主体的权利是法律的基本价值体现。参见尹奎杰：《论权利观生成的基本前提》，《北方法学》2009 年第 4 期。

② 姜涌：《公民的主体意识》，《山东大学学报》（哲学社会科学版）2003 年第 3 期。

第四章 社会救助权实现——社会救助权运行的现实形态

公民需要学习如何有效行使和捍卫这些权利。这一层面超越了理论理解，要求在官僚结构、法律程序和社会动态中具备实际操作能力，以确保这些权利得到切实实现和保护。第三个层面，也是最终的层面，要求公民将个体认识提升到更高的层次，在法律规范的框架内自觉地整合对权利行使的行为。这一层面不仅要求遵守法律法规，还要求对伦理考量进行内在承诺。

社会救助系统和相关权利作为社会结构的一部分，其诞生和发展直接受当前社会经济环境的影响。我们必须认识到，权利并非无中生有，而是依赖于特定的社会环境和条件。在法学领域，对权利意识的讨论尤为重要。社会救助制度的功效和功能性取决于人民对其在这一结构内的权利和责任的深刻理解。个体不仅需要对其权利有抽象的认识，还需要能够在法律框架内策略性地行使和保护这些权利。物质条件与意识的交汇成为关注的焦点，特别是在社会救助范畴内对权利意识的细致考量。意识根植于个体生活的现实，强调了权利意识的动态本质。重要的是，不是法律领域决定生活轨迹，而是法律生活本身描绘了法律意识的范围。这突显了法律构建与人类经验之间的复杂关系，即权利反映了当前法律和社会环境。[①] 在探讨社会救助制度以及社会救助权时，我们必须认识到这不仅是制度，更是社会的反映。它展现了社会的复杂性及法学在其中的作用。社会救助制度的发展与社会经济紧密相连，其规范和权益设计直接受时代和社会需求影响。权利不应仅被视为法律文本中的概念，而应置于更广泛的社会和文化语境中考察。权利的涌现是社会变迁和需求的产物，是法学与社会互动的结果。

如上文所述，社会救助权通常在三种不同的语境中使用，即基本人权意义上的社会救助权、宪法基本权利意义上的社会救助权以及社会救助法具体权利意义上的社会救助权。基本人权意义上的社会救助权，是基于人之为人的尊严这一"类"属性而设立的，它旨在满足人

---

① 《马克思恩格斯选集》（第一卷），人民出版社1972年版，第72—73页。

的生存和发展的基本需求；宪法基本权利意义上的社会救助权，是对基本人权的社会救助权的宪法层面的确认，它依据的是人作为公民的品格这一"抽象人"属性，即基于"公民"资格的基本要素而设立；而社会救助法的具体权利意义上的社会救助权，则是对基本人权的社会救助权在社会保障法层面的进一步确认，同时也是对公民基本权利的社会救助权的具体化，它主要依据的是人作为社会人的品性这一"具体人"属性，即基于"社会人"构成社会群体的物质性因素而设立。简而言之，这三种不同的人像形成了三种不同的语境基础。① 第三种人像下的社会救助权与社会现实生活结合得最为紧密，该人像在我国主要表现为贫弱群体，即我国当前社会救助权的权利主体。

所谓人的主体性，是指人作为主体在改造客体的对象性活动中所展现出来的本性、本质特征。具体表现为自我意识性、自觉性、创造性和自主性。② 贫弱群体的主体性具体表现为他们的积极性、主动性和创造性，这些特性的发挥是贫弱群体实现基本生存和自我发展的基本条件。在法学范畴和法律制度中，权利是对人的主体性最直接的体现，尤其是那些旨在保障人的基本生存和发展的权利。换言之，社会救助权的实现不仅是对人的主体性的直接印证，更是对人的社会存在的基本维持，它符合人的主体性的基本要求。

遗憾的是，处于多层次且复杂背景的社会结构中的公民，对其固有的社会救助权认知存在不足。社会救助系统旨在纠正市场竞争带来的不平等，促进社会中各种社会力量和谐共处。这一系统不仅展现了人类内在的美德，也凸显了国家对公民的重大责任，以及行政权力和公民对社会公平与实质平等的共同追求。在当代国际社会背景下，社会救助作为公民固有权利的国际认可，反映了全球价值观的演变。在

---

① 依据相同的原理，三种不同语境下的社会保障权人像也是对人的主体性在不同程度上的确认。参见韩荣和、关今华《新农村建设背景下的农民社会保障权》，《东南学术》2010年第4期。

② 武步云：《人本法学的哲学探究》，法律出版社2008年版，第223页。

第四章 社会救助权实现——社会救助权运行的现实形态

中国几千年的历史轨迹中,臣民思想一直占据主导地位,统治者的仁慈被视为社会救助的典范。然而,社会救助作为维护基本生存权的重要屏障,其关键作用在中国社会错综复杂的现实中却鲜少得到广泛认知和接受。有些人虽然表面上承认社会救助是贫困人群的内在权利,但在深层次上却存在着对贫困者的歧视,轻易地将贫困归咎于个人原因,如懒惰或智力不足等。① 这种表面上的接受与潜在的偏见之间的分歧,在社会大众的心理中表现得尤为明显,使得关于国家和政府在向贫困人群提供社会救助方面所承担责任的讨论变得更为复杂。尽管有人同情贫困者,但这种同情并未转化为对国家提供社会救助的坚定信念。在中国社会,贫困者往往不被视为社会救助权的正当受益者。根深蒂固的意识形态观念对当代法治结构产生了影响。

我国弱势群体的主体性在社会救助制度中的缺失主要表现为:社会救助权的权利主体范围过窄,以及弱势群体接受社会救助服务的内容不够全面。首先,我国社会救助权的权利主体未能充分覆盖所有具有社会救助需求的贫弱群体,这阻碍了权利主体形成具有统一群体意识的社会群体。从应然角度来看,结合我国宪法对物质帮助权的规定,社会救助权的权利主体理应是全体公民或社会成员。然而,从社会救助权实现的角度来看,权利主体主要局限于无劳动能力、无生活来源和无依无靠的"三无"人员,以及部分特定的救助对象。由于我国社会救助标准设置较低,且随着我国经济体制改革和产业结构调整的深入,大量富余人员和失业人员涌现,部分农村贫困人口也被排除在社会救助制度之外。换言之,我国社会救助制度对"夹心阶层"的救助存在明显不足。② 特别是那些刚刚超出社会救助标准的边缘户,如果未

---

① 武步云:《人本法学的哲学探究》,法律出版社2008年版,第224页。
② 通俗地说,"夹心阶层"是指收入处于最高与最低收入者之间的庞大群体,"夹心阶层"内部由于收入的差距又可以分为若干个等级,低级的略高于最低收入者,高级的逐步过渡到高收入者。"夹心阶层"的实际生活水平可能低于享受社会救助的贫困家庭。参见林莉红、孔繁华《社会救助法研究》,法律出版社2008年版,第188—189页。

被纳入贫弱群体的救助范围，他们的生存状况将极为困难，甚至可能比低保户更为艰难。在更具体的社会救助制度中，如最低生活保障制度，由于政府财政能力有限或缺乏长期的贫困跟踪调查等原因，导致的"漏保"现象在一定范围内仍然比较普遍。[①] 其次，贫弱群体接受的社会救助服务不全面，导致社会救助权的价值无法实现全面体现，贫弱群体的自主性和创造性的发挥仍缺乏必要的前提性条件。我国社会救助权的内容主要侧重于物质救助，而在精神救助和能力救助方面存在显著不足，这与我国政府在社会救助服务方面的意识薄弱有着直接关联。对于权利的理解与实践，我们需深入探究其合法性和可行性。合法性和可行性的协调关系强调了在权利主张中需明智行事的重要性，这是法律框架的核心要求。权利主张的高级形式已从被动认知权利转变为积极的权利倡导。这一原则性立场不仅要求个体认同权利，更鼓励他们主动维护合法或应得的权利。这凸显了个体的主动性，促使他们有意识地、积极主动地参与权利的维护，从而巩固权利的认可和保障。权利倡导的重要一环在于个体在面对合法权利受到侵害时，应具备在法律途径中做出明智选择的能力和意识。这强调了个体在法律规范内保护和捍卫权利不仅是允许的，而且是必要的。因此，有效进行权利倡导的关键在于培养高度的权利意识，特别是强调培养寻求权利侵害救济的法律途径的意识。[②] 权利的根基，在于我们每个人时刻捍卫其尊严与利益的决心。[③] 这一观点深刻揭示了权利不仅仅是抽象的概念，更是需要我们时刻保持警觉，积极争取的力量所在。它强调了权利的动态属性，敦促我们每一个人随时准备为自己的权利发声。然而，在中国社会，许多权利的受益者和更广泛的公众对法律法规的了解有限，法律意识明显不足。这种不足导致了对社会救助权利基本原则的

---

① 何平：《公民社会救助权研究》，北京大学出版社2016年版，第68页。
② 辛世俊：《公民权利意识研究》，郑州大学出版社2006年版，第102页。
③ [德]鲁道夫·冯·耶林：《为权利而斗争》，郑永流译，法律出版社2007年版，第7页。

第四章 社会救助权实现——社会救助权运行的现实形态

缺乏了解，进而阻碍了对权利的清晰认知和使用。贫困群体，作为处于社会边缘的群体，其所面临的挑战，不仅在于表达权利的途径匮乏，更在于政府对其需求的系统性忽视。① 贫困者由于生存条件恶劣，往往缺乏政治意识，生存斗争往往超越了政治参与对于他们生存的重要性，导致该群体对政治话语的疏离和影响力的缺失。这种疏离并非仅仅是个人冷漠的表现，更多的是政府系统性疏忽的必然结果。政府在政策制定中，明显倾向于城市，将公共投资主要集中在城市，这反映出对城市的优先考量，却忽视了农村和贫困社区所面临的独特挑战。这种以城市为中心的政策倾向，不仅加大了城乡差距，更阻碍了农村地区建立健全的社会救助基础设施。② 在现实生活中，由于贫困人口的教育水平普遍较低，他们在理解和运用复杂的社会救助系统和政策时面临着重重困难。教育的缺乏导致他们理解和吸收与权利相关的信息的能力减弱，从而削弱了他们对自己权利的认识。这使得那些最需要帮助的人反而最不具备有效主张其权利的能力。此外，贫困群体在社会参与能力方面也存在明显的不足，使他们在社会救助方面的更广泛讨论中处于边缘位置。社会参与的核心概念对他们来说陌生而遥远，难以融入主导权利和福利的社会法律框架。这种社会脱节进一步加剧了他们的脆弱性，使他们在集体意识的边缘徘徊，无法充分理解他们在更广泛社会背景中的权利的重要性。综上所述，贫困群体受限于有限的教育资源、社会脱节和法律素养的不足，被困在一种无助的状态之中。

这些元素间错综复杂的相互作用，导致了贫困者对他们权利的薄弱认识，使得社会救助被异化为一种抽象概念，而非一项切实可行的权利。为改变这一现状，我们必须采取多层次、多维度的策略。首先，实施有针对性的教育倡议至关重要，旨在夯实贫困社区的教育基础，

---

① 林毅夫：《解决农村贫困问题需要有新的战略思路——评世界银行新的"惠及贫困人口的农村发展战略"》，《北京大学学报》（哲学社会科学版）2002年第5期。

② 林毅夫：《解决农村贫困问题需要有新的战略思路——评世界银行新的"惠及贫困人口的农村发展战略"》，《北京大学学报》（哲学社会科学版）2002年第5期。

并将法律素养融入教育体系之中。这种跨学科的教育方法，将教育与法律意识相融合，为个体提供在法律框架内理解、表达和捍卫其权利所必需的知识和技能，具有不可替代的重要性。其次，政府机构应调整政策导向，摒弃以城市为中心的偏见，实现资源更公平的分配。这要求我们深入理解和应对贫困社区所面临的独特挑战，认识到社会救助不应采取"一刀切"的方式。通过促进农村和城市地区均衡发展的环境，政府可以缩小现有差距，构建更加包容的社会援助体系。此外，倡导活动和社区外展计划在提升贫困群体的权利意识方面发挥着举足轻重的作用。这些倡议不仅要传递社会救助权利和法律救济的信息，更要在社区中培育权利意识和赋权感。让个体认识到自己有权主张和捍卫权利，是打破无助循环的关键所在。同时，教育和宣传的作用亦不容忽视。通过广泛宣传，我们可以提高公众对权利的认识，强调权利的普遍性和不可侵犯性。这有助于消除法盲现象，增强社会对权利的普遍认知。政府和非政府组织应共同制定和推广相关教育课程，提升公众对权利和法律的理解。在政策层面，全面改革是确保社会援助政策公正性和平衡性的关键。政府应加大对农村地区的投资力度，改善基础设施，提高农民生活水平。建立公正的资源分配机制，确保农村地区能够充分享受社会援助政策的红利。这需要我们在政策制定中更加关注农村地区的需求，避免城市中心主义的偏见。最后，加强社区建设和组织也是提升贫困群体权利意识的重要途径。社区组织应成为连接个体与权利的桥梁，帮助他们更好地理解和行使自己的权利。通过组织群众参与社会事务的活动，培养他们的社会责任感和参与感，从而提升整个社区的权利意识。此外，建立健全的法律援助体系对于促进公民法律权利意识觉醒具有重大意义。为贫困群体提供法律咨询、法律援助服务，帮助他们更好地理解和行使自己的权利，是弥补他们在法律知识和法律援助方面不足的重要举措。

（二）我国政府的社会救助服务意识不强

国家或政府是我国社会救助权的典型义务主体，其社会救助权观通过国家所承担的社会救助责任来体现，即社会救助服务意识。然而，我国政府的社会救助服务意识并不强。传统人道主义理念影响下的社会救助，长期以来以施舍和仁慈为特色。尽管近年来中国经历了法律的发展与法治建设，陆续颁布了涉及低保、无家可归和乞讨者帮扶以及医疗救助等多方面的法律框架，标志着社会救助正逐步走向制度化和规范化，但在实际应用中，从慈善模式向权利本位模式的全面转变仍面临诸多挑战。一些政府官员仍将社会救助视为维护社会稳定的战略工具，缺乏对公民权利的深刻认识。这种观念导致在工作态度、方法和程序等方面普遍忽视受助者的权利，违背了现代救助的基本原则和目标。具体而言，我国政府的社会救助服务意识不强主要表现在两个方面：一是社会救助服务内容不全面，缺乏以政府为主导的全方位、多层次的服务体系；二是社会救助权利观不完整，未能将社会救助视为公民基本权利的体现。社会救助政策在执行过程中受到历史传统慈善范式的影响，概念惯性依旧存在。一些利益相关者倾向于将社会救助视为对弱者的慷慨之举，而非基于个体基本权利的待遇。尽管在法律层面取得了进步，但社会救助普遍仍被视为维护社会稳定的"安全网"，而非个体权利的保障。这种功利主义观点与人道主义的演变态势相悖，后者强调援助不仅是维护社会稳定的手段，更是个体在更广泛社会框架内权利的体现。管理态度、程序方法和指导社会救助计划实施的政策中均体现出这种认知上的不协调。受助者权利的被忽视是官僚主义思维的产物，主导观点往往将社会救助视为社会稳定机制，忽视了个体权利在社会政治背景中的复杂性。因此，对有需要的人权的制度性忽视实际上是对过时家长主义伦理观念的延续，这严重制约了现代救助范式的发展。在中国，社会救助的演进虽在立法上有所突破，但仍受到慈善范式认知二元性的束缚。历史信仰体系和官僚惯性的双重影响，阻碍了权利本位思维在社会救助计划中的融入。为了解决这个问题，全面的重新校准势在必行。这不仅需要法律层面的修订和完善，更需要一种深刻的范式转变，以在社会救助范畴内确认并优先考虑个体权利。这种重新校准不仅是法律上的要求，更是社会文化进步的体现，它预示着从家长主义伦理观念向当代范式的转变，其中社会救助被明确视为个体权利在正义和仁慈社会结构中的体现。①

第一，通过高于法律规定的道德标准来评判和选择受助者，确定其受助资格，这些表面上合理的评价标准，虽然意在促进社会救助资源的公平分配，但往往导致一系列基于道德和社会价值观的排斥。这种排斥往往打着道义和社会价值观的旗号进行。然而，在这种看似高尚的外表之下，这种被认为是合理的排斥，实际上是一种隐蔽机制，用以剔除那些被认为不符合社会理想或触及道德底线的个体。这种基于道德和社会价值观的排斥，虽然得到社会一部分人的支持，但却凸显了潜在的冲突，即表面推崇的价值观与现代公民权利基本原则之间的冲突。这种看似合理的排斥，同时也是一种权力手段，剥夺了贫困社区享受社会救助的合法权利。②道德观念的介入，给看似公正的资源分配过程蒙上了阴影，使社会救助这一本应充满善意的事业，在实际操作中变成了对所谓"不值得救助"个体的排斥。基于善意初衷的救助框架中，不公正的排斥现象在某些社会群体中尤为突出。这种父权主义的思想深深地渗透在官僚作风之中，不仅塑造了程序方法论，还指导了全局政策的制定，影响了社会救助计划的实施。受父权主义思维的影响，低收入支持系统中纳入了许多旨在维护社会稳定的善意措施。然而，这些惩罚性措施表面上打着正义的旗号，旨在防止社会救助的滥用，但实际上却将贫困个体及其家庭置于严苛的监管之下，严重侵犯了他们享有社会救助的合法权益。这种惩罚性体系以道德之名成为一种压制工具，专门针对那些被社会标准视为道德有缺陷的个体。在某些地区，父权主义思想更是深深地植根于规范社会救助受益人行为的准则之中。这些准则表面上看起来是为了加强社会价值观而制定

---

① 杨思斌：《中国社会救助立法研究》，中国工人出版社2009年版，第200页。
② 杨思斌：《中国社会救助立法研究》，中国工人出版社2009年版，第262页。

的善意措施，但实际上却侵犯了个人自主权的神圣领域，强加了父权主义的行为规范，进一步侵犯了受益者的个体权利。这些看似合理的准则，实际上创造了一种限制性的环境，抑制了受益者自主决策的能力，使原本出于善意的社会救助措施陷入了父权主义的桎梏之中。

第二，社会救助制度在运行过程中，行政权力过度膨胀，导致受助者想要获得救助必须满足诸多法外条件。这一现象在社会救助政策中呈现出多层次的复杂性，包括详尽的家庭调查、信息公开要求，以及特定且烦琐的资格限制。这些看似有利于提高分配效率和效果的措施，实则给社会救助体系的长期发展带来了不利因素。比如，各地的低收入家庭认定实施办法和农村居民最低生活保障办法，都详细规定了认定低收入家庭所使用的标准，以及行政机关在何种情况下有权拒绝提供最低生活保障。这些标准不仅限于经济门槛，还涉及一些非基本生存物品的拥有情况，比如选择自费上名校或选择高额收费的专业。这些具体的资格标准增加了复杂性，将生活方式的选择和经济状况都纳入了资格决定的考量之中。此外，社会成员想要获得最低生活保障还需满足一系列严苛的标准，包括家庭提供支持的能力、生活水平以及家庭状况的核实等。资格标准中引入了劳动伦理的维度，规定了在法定就业年龄范围内，具有正常劳动能力但无正当理由拒绝工作的人不得获得农村最低生活保障救助。同时，对于拒不改正赌博、吸毒等违法行为的人也被排除在外，这反映了权利评估中存在的道义倾向。在决定资格的过程中，经济标准、生活方式选择和道德判断之间的复杂相互作用揭示了这些政策的复杂性和经常性矛盾。虽然对私家车和豪华住房等物品的限制在经济层面上看似合理，旨在防止社会救助资源的不当使用，但将生活方式选择（如教育偏好）纳入考量，却使社会救助分配的客观过程引入了主观性和道义判断。[①] 效率与公平、客观与主观、经济谨慎与人权之间的张力突显了制定和实施社会救助政策

[①] 杨思斌：《中国社会救助立法研究》，中国工人出版社2009年版，第262页。

时固有的复杂性。社会学者在探讨这些细微差别时，必须批判性地评估这些条件对边缘化社区的影响，确保追求效率的同时，不损害社会救助框架所依赖的公正和人权基本原则。

第三，从贫弱群体的视角来看，我国政府提供的社会救助服务似乎展现出一定的片面性，主要侧重于物质救助方面。具体来说，物质救助涵盖了经济援助、食品救济以及住房支持等多个层面，这无疑为贫弱群体提供了一定的援助。然而，这仅仅是社会救助责任中的一小部分。在现代社会中，人们对精神健康和个体能力的需求日益凸显，但我国的社会救助政策在这些方面却显得重视不足。从精神救助的维度看，社会救助应关注个体的心理健康，提供必要的心理咨询与支持。然而，在我国的社会救助体系中，对心理健康支持的投入相对匮乏，导致贫弱群体在面临精神困扰时缺乏及时有效的援助。在能力救助方面，社会救助应当致力于提升个体的技能和能力，帮助他们更好地融入社会。但现实中，这方面的培训与支持并不充分，使得贫弱群体在提升自身竞争力和适应社会变革时面临重重困难。与物质救助相比，精神救助和能力救助在覆盖范围或实际执行效果上均显得不足。这反映出我国政府在社会救助责任方面存在一定的局限性。社会救助不应仅限于物质层面的援助，更应关注个体的精神需求和能力发展。然而，在我国的社会救助体系中，物质救助仍然占据主导地位，精神救助和能力救助的发展相对滞后。这种不全面性的原因多种多样。首先，资金分配上存在一定的偏向性，更多资源流向了物质救助，而忽视了其他方面的需求。其次，社会救助政策的制定可能受到传统观念和思维方式的束缚，导致对精神救助和能力救助的认识相对滞后。这种局面带来的问题是显而易见的。贫弱群体仅依靠物质救助难以从根本上改善生活状况。精神救助和能力救助在我国政府执行社会救助政策时未能得到充分重视，导致社会救助服务未能上升到社会救助权利观的高度，进而未能有效填补贫弱群体在主体性方面的缺失。为了更全面地履行社会救助责任，我国政府需要加大对精神救助和能力救助的投入力度,确保社会救助政策能够真正惠及每一个需要帮助的个体。

第四,狭隘的社会救助权利观是导致"福利依赖"现象产生的重要因素。在我国社会救助体系中,一些学者认为,社会救助权体现了权利义务单项性的特点,即凡是符合社会救助条件的社会成员,都有权利申请社会救助。对于受益者而言,他们所享受的是单纯的权利或者利益,国家和社会为他们提供社会救助,并不要求救助对象支付一定的金钱或履行特定的义务。① 正因如此,社会救助权一度被视为无须附加任何义务的单纯权利。然而,在我国社会救助标准相对较低的背景下,这种权利观念助长了贫困群体的惰性,削弱了他们的主体性,进而逐渐导致"福利依赖"现象的产生。所谓"福利依赖",是指有劳动能力的社会成员长期依赖政府提供的福利来维持日常生活。这一现象若发展到一定程度,将成为一个影响社会公平和效率的社会问题,甚至可能危及经济与社会的健康发展。然而,正如社会学家所指出的,这种权利观念的狭隘性实际上是对社会救助理念的误读。社会救助并非简单地赋予权利,而应被理解为一种在特定条件下的互助机制。其目的在于帮助那些因特殊情况陷入困境的个体,而非仅仅提供一个无条件的救济途径。因此,受助者在接受帮助的同时,也有义务在其能力范围内为社会做出贡献,从而更好地融入社会并努力改善自身状况。对于社会救助权利观的批判性分析,应深入探究其实质,而非仅停留在表面的权利申请层面。在制定社会救助政策时,我们应更加强调互惠性,通过明确义务和责任,激发受助者的积极性,从而避免"福利依赖"的产生。

二 社会救助权实现的基础性条件准备不足

社会救助权实现的基础性条件,即上文所提及的经济社会条件,构成了我国社会救助权实现的物质基础和现实支撑,这是影响权利实现的客观要素。在实然层面中,我国社会救助权实现的经济和社会条

---

① 周昌祥:《防范"福利依赖"的思考》,《经济体制改革》2006年第6期。

件均显不足，这是当前亟待重视并着力解决的问题。

（一）我国社会救助权实现的经济条件匮乏

我国社会救助权实现的经济条件匮乏主要表现在社会救助标准偏低，这与我国当前的经济发展水平不相符。在当前我国参照贫困线来确定社会救助标准的背景下，贫困线的设定尤为重要。然而，我国所确立的贫困线主要属于生存型贫困线，随着我国经济的迅猛发展和物价的持续上涨，贫困线增速缓慢，可能导致部分贫困线上的居民难以维持基本生活。我国现行的贫困线标准过低，仅停留在生存线水平，并且其调整力度远远滞后于我国的经济发展速度。据中国国际扶贫中心公布的报告，在目前仍采用国内自定义贫困线的86个国家中，中国的贫困发生率最低。此外，中国还提前10年实现了《联合国2030年可持续发展议程》中设定的贫困问题解决目标。① 当今的中国是世界第二大经济体，2023年财政收入达到了21万多亿元。自1985年确定贫困线以来，虽然我国的GDP在38年间增长了1385倍，但贫困线标准却只增长了约8倍。② 贫困线标准发展的滞后在一定程度上成为提高社会救助标准的障碍。在社会救助实践中，我国的社会救助制度以保障公民或社会成员的基本生存为主要目标，因此，贫困线应当成为社会救助标准的重要参照。从中可以看出，相较于其他国家，我国贫困线标准已明显偏低，而社会救助标准在某些情况下甚至比贫困线还低，这与我国的社会经济发展水平更加不相适应。也就是说，贫困线标准低下容易导致绝对贫困的产生，而这样的社会救助标准显然是低级的，无法满足社会救助实践的需求。

以最低生活保障标准为例，通过比较最低生活保障的平均标准与城镇居民人均可支配收入，我们可以发现，我国城镇居民的最低生活

---

① 中国国际扶贫中心：《中国扶贫开发年鉴2021》，中国国际扶贫中心门户网站，https://yearbook.iprcc.org.cn/download/2021nj_ch/中国扶贫开发年鉴2021中文版.pdf，访问日期：2023年12月31日。

② 新华社：《2023年中国GDP同比增长5.2%》，中国政府网，https://www.gov.cn/lianbo/bumen/202401/content_6926564.htm，访问日期：2024年1月18日。

保障标准确实较低，这使得贫弱群体难以摆脱贫困的困境，甚至无法保障他们的基本生存。根据民政部和国家统计局发布的相关数据，2022年我国城市低保平均保障标准为752.3元/人·月，①只占当年城镇居民人均可支配收入（49283元/年）的15.3%。从研究的角度来看，享受这种水平的救助并没有改变救助对象的贫困地位。因为一般来说，社会人均收入30%以下的人口被视为贫困人口，甚至有人认为社会平均收入50%以下的人口也属于贫困人口范畴。② 实际上，最低生活保障标准与城镇居民人均可支配收入的对比是认定相对贫困的方法之一。以社会人均收入作为社会一般收入水平的衡量标准，低于这一水平的收入者即可被纳入相对贫困者的行列。更值得注意的是，当前我国最低生活保障标准仅占该水平的五分之一以下。从这个角度来看，我国社会救助标准在对比之下明显低于社会一般收入水平，进而无法满足一般社会成员的基本生活需求。

因此，无论是从绝对贫困的角度还是相对贫困的角度来看，我国社会救助标准都明显低于现实需求，且与我国当前的经济发展水平不相匹配。究其原因，社会救助标准偏低不仅与社会救助发展所处阶段密切相关，也与社会救助标准的制定方法息息相关。在实际的社会救助工作中，许多地方的社会救助标准制定并不科学，甚至显得较为随意。有些地方甚至是在原先特困户救济标准的基础上，简单参照当地生活水平和财政负担来制定，这种"以钱定人"的情况相当普遍。

贫困的消解，既是一项紧迫的经济任务，又涉及人权、尊严和社会融合等深层次的基本价值理念。从历史长河中的社会结构到当代福利国家的转型，我们目睹的不仅仅是经济的波澜壮阔，更是家庭、文

---

① 中华人民共和国民政部，《2022年民政事业发展统计公报》，中华人民共和国民政部门户网站，https://www.mca.gov.cn/n156/n2679/c1662004999979995221/attr/306352.pdf，访问日期：2024年2月5日。

② 整体上讲，目前社会救助只能给予救助对象很低水平的需求满足，甚至可以说，在一些地区还不能有效满足贫困居民的基本生活需求。参见洪大用《社会救助的目标与我国现阶段社会救助的评估》，《甘肃社会科学》2007年第4期。

化和政治模式的深刻嬗变。这些变革，既映射出经济结构的重塑，又凸显了社会价值观的演进。社会救助受助者瞄准机制的调整，绝非简单的应对现实挑战之举，它更是社会对于个体尊严、自由与公平承诺的具体落实。政治结构与社会救助实施之间的微妙关系，无疑为这一多层面的问题增添了额外的复杂性。一个健全的社会救助体系，急需一个全面而高效的瞄准机制，以确保其能在众多社会保障项目中独树一帜，成为修复社会排斥、促进个体重新融入社会生活的关键机制。而伴随这一过程的，是一系列深刻的目标价值——个体自由、尊严、社会融合与公平等，这些价值随着曾被隔离和排斥的个体重新融入社会而得以实现。社会救助的重要性，远不止于缓解贫困的表象，更在于深入解决因贫困而引发的社会排斥和隔离问题。① 在中国，社会救助权利的发展与经济结构、家庭模式的变迁紧密相连。从自给自足的农业社会到以小家庭为核心的市场经济，这一社会转型凸显了制度机制在保障个体生存权方面的关键作用。② 因此，我们必须深刻认识到，社会救助不仅是物质上的扶持，更是对个体尊严和社会融合的深度关切。从根本上而言，缺乏自由无异于奴役与死亡，这深刻揭示了自由、生存与自我表达之间密不可分的关系。社会救助权利的建立，远非仅仅保障公民的生存权那般简单，它更是对个体固有尊严的坚定捍卫，意味着我们已从过去那种带有武断色彩的慈善行为中挣脱出来。在现代中国，经济变革不仅映射出全球趋势，还需应对市场竞争带来的种种不平等。在社会救助制度不断完善的背景下，重新校准受助者确认机制的紧迫性日益凸显。这种重新校准势在必行，以适应不断变化的目标、制度框架、规模与层次对确认机制提出的新要求。然而，政府对简化管理与财政谨慎的偏好，往往会在社会救助的受助者确认机制内部造成错位，这无疑是我们在推进社会救助工作时必须正视和解决的

---

① 宫蒲光：《高度重视社会救助着力完善制度设计》，《中国民政》2020 年第 14 期。
② 宫蒲光：《高度重视社会救助着力完善制度设计》，《中国民政》2020 年第 14 期。

问题。① 虽然瞄准机制表面上旨在精准定位社会困境的真实案例,但在面对贫困人口内部不同状况的广泛情况时,它在实际运营中面临的挑战和困难被进一步放大。② 贫困人群的多层次性质使得简单的分类变得困难,因此需要一种细致入微、多层次的瞄准机制。在追求效率和财政审慎的过程中,政府通常会采用简化的贫困和识别标准作为衡量贫困的主要依据,以节省管理成本。然而,这种做法往往导致许多不符合政府标准的人难以被认定为贫困者。对简化管理的优先考虑,表面上是一种务实的做法,却往往导致潜在的不公和法律困境。政府与其公民之间在提供社会救助方面的社会契约,在受助者确认机制排除了许多有资格的个体的情况下,其履行受到了质疑和挑战。③ 社会救助系统的动态目标与受助者确认机制之间,需要寻求一种共生关系,确保在行政效率、法律遵守和社会包容性之间找到恰当的平衡点。值得注意的是,社会救助领域中救助标准的提升与受助者确定机制精准度不足之间的矛盾日益凸显。这一矛盾主要体现在社会救助范围的扩大、公众对社会救助服务质量要求的提升以及救助内容的不断丰富。因此,对受助者确认机制进行及时的调整与优化,已成为提升社会救助制度对贫困人口辨识准确性的关键所在。面对这一多维度的困境,我们迫切需要深入挖掘并寻找实际可行的解决方案,以确保社会救助制度能够更好地发挥其应有的作用,为真正需要帮助的人群提供及时、有效的援助。一方面,通过与社会经济发展和人均收入提升相匹配的社会救助标准,我们能确保更多贫困人口得到及时援助。然而,改革之路上需谨慎行事,因为标准的过度提升可能会将一些并非真正需要社会支持的个体纳入援助范围。④ 另一方面,整合家庭收入财产标准以及导

---

① 宫蒲光:《高度重视社会救助着力完善制度设计》,《中国民政》2020 年第 14 期。
② 张浩淼:《从反绝对贫困到反相对贫困:社会救助目标提升》,《山西大学学报》(哲学社会科学版) 2020 年第 5 期。
③ 张浩淼:《从反绝对贫困到反相对贫困:社会救助目标提升》,《山西大学学报》(哲学社会科学版) 2020 年第 5 期。
④ 宫蒲光:《高度重视社会救助着力完善制度设计》,《中国民政》2020 年第 14 期。

致家庭困境的多种因素，能够更精准地识别并援助各类贫困人口。但我们也应认识到，在定义社会救助标准时，贫困阈值和资格标准的固化蕴含着深刻的社会政治影响。随着政府努力简化行政流程，社会救助受助者确认机制面临歪曲和偏差的风险日益加剧。政府追求管理便捷与低成本，往往导致社会救助受助者确认机制简化，虽然表面上减少了官僚复杂性，但可能导致受助者确认机制的目标错位。在复杂的社会救助领域，不同瞄准方法的微妙考量成为追求最优结果的人们面临的难题。自创立以来，中国社会救助制度以其低门槛和单一方法为特点，但这一历史背景遗留的问题，使得我们迫切需要超越简化方法，寻求多层次复合瞄准机制。社会救助机制的构建和调整，是国家实现社会经济包容性和财政谨慎之间平衡的关键。

中国社会救助标准与其他国家的类似制度相比，展现出一个显著的特点，即福利水平相对较低。具体来说，在城市地区，最低生活标准仅相当于人均收入的约20%，而在农村地区则约为39%。[①] 这种偏低的救助标准引发了一系列问题。由于门槛较高，符合条件的受助人数量有限，导致我们无法精准救助那些真正急需帮助的人。此外，尽管有些家庭符合低保条件，但救助金额微薄，难以有效缓解他们日常生活中的种种困境。这种低水平的社会救助不仅凸显了社会经济差异，还暴露出政策目标与现行法律框架之间的深层矛盾。在调整社会救助标准时，政策制定者需审慎权衡社会经济包容性与财政稳健性。同时，制定社会救助项目资格标准涉及宪法和伦理等多个层面，必须在复杂的社会政治环境中深思熟虑。多年来，我国社会救助标准的一个显著特点在于对家庭经济状况的过度依赖，尤其在制定最低生活保障标准时体现得尤为明显。然而，

---

① 中华人民共和国民政部：《2020年民政事业发展统计公报》，中华人民共和国民政部门户网站，http://images3.mca.gov.cn/www2017/file/202109/1631265147970.pdf，访问日期：2024年1月2日；国家统计局：《中华人民共和国2020年国民经济和社会发展统计公报》，中国政府网，https://www.gov.cn/xinwen/2021-02/28/content_5589283.htm，访问日期：2024年1月2日。

第四章　社会救助权实现——社会救助权运行的现实形态

这种方式未能全面反映个人和家庭所面临的多重困境。尽管社会救助体系在不断发展，但其"单维度"的本质在初期并未得到根本改变。即便后来引入了更全面的体系，最低生活保障受助者的识别过程仍主要基于经济标准，侧重于家庭的经济状况。具体来说，家庭若想获得最低生活保障资格，必须符合这一经济标准。只有初步确认符合条件后，那些面临多重挑战的家庭才有资格申请针对特定困境的额外援助。这种单一经济标准的识别方式引发了广泛关注，涉及现行救助体系的效力和包容性问题。过度依赖经济标准可能导致识别过程产生偏差，从而忽略那些在经济层面之外面临实质性困难的家庭。因此，我们急需对当前的识别标准进行重新评估，并构建一个更为细致且多元的框架。这样的调整不仅对于增进我们对个人和家庭所面临的各种挑战的同理心和理解至关重要，也符合更广泛的社会目标，即提升社会的包容性，并改善那些正在努力克服社会经济逆境的人们的生活体验。另外，在中国法律体系的框架内，社会救助标准呈现出明显的扁平化结构，只有那些被认定为最低生活保障的专属受益者，才能享受到各种附加福利。这种现象在城市地区尤为突出，因此，很多人往往将最低生活保障的受益者直接等同于贫困个体。然而，这种看法是片面的，需要我们在未来的社会救助工作中加以修正和完善。[①] 重要的是，这种观念框架无形中忽略了那些未能享受最低生活保障的个体，将他们排除在贫困范畴之外。这种分歧突显了全面调整现有社会救助体系的紧迫性，旨在构建一个更具包容性和公平性的系统，能够灵活应对城乡贫困的多样性。

中国社会救助体系的构建根植于一系列基本原则。最低生活保障制度，其核心目标是为那些生活在基本生活线边缘的家庭提供紧急援助，因此其标准的设定一直紧扣"基本生活"需求，保持在相对较低的水平。该制度通过将家庭经济状况作为评估的主要依据，最初设定

---

① 解垩：《公共预算转移支付反贫困瞄准：以低保为例的 ROC 方法分析》，《统计研究》2019 年第 10 期。

了旨在满足最基本生活需求的较低标准。这种政策目标与制度设计的紧密对应，使得最低生活保障制度在实际操作中，通过综合考虑家庭经济状况来确定低保标准的具体机制。社会救助瞄准机制的合理性，在整个最低生活保障制度的法律框架中得到了充分体现。随着时间的推移，专项救助项目逐渐崭露头角，这些项目往往由非民政部门制定和管理。然而，在受助者的确认方面，这些部门面临着不小的挑战。由于资源和操作复杂性的限制，它们难以为每个专项救助项目量身打造独特的受助者确认机制。因此，这些部门往往不得不依赖于已有的低保对象确认机制，作为确定受助者的重要依据。① 2020 年颁布的《关于改革完善社会救助制度的意见》系统总结了中国社会救助的丰富经验，并倡导构建全面且分层次的社会救助法律框架。② 在新的法律结构中，专项救助的覆盖范围得以扩大，不再局限于低保对象，低保对象之外的困难群体同样可以申请。若申请者满足低收入或支出性贫困标准，他们将被划入低收入家庭范畴。这一变革标志着社会救助法律框架的转型，使得专项救助更加包容和灵活，更能适应不同个体的实际困境。成为低收入家庭的成员，并不意味着个体能自动获得救助，而是具备了申请特定困难情况下专项救助的资格。这种创新性的做法反映了社会救助法律框架正朝着更加包容和响应灵活的方向发展，认识到了不同家庭和个体所面临的多样化法律挑战。社会救助瞄准机制的核心目标是精准识别和援助陷入困境的家庭和个体。然而，在实际操作中，面对家庭和个人纷繁复杂的困难，社会救助制度难以对每个家庭进行详尽的法律分析和判断。因此，社会救助法律框架采用了一套标准化的法律标准，以统一衡量各种贫困状况。在这些法律指标中，

---

① 国务院：《城市居民最低生活保障条例》，国家法律法规数据库，https：//flk.npc.gov.cn/detail2.html? ZmY4MDgwODE2ZjNjYmIzYzAxNmY0MTA0ZThmYzExOWU，访问日期：2024 年 1 月 2 日。

② 新华社：《中共中央办公厅国务院办公厅印发〈关于改革完善社会救助制度的意见〉》，中国政府网，https：//www.gov.cn/gongbao/content/2020/content_5541375.htm? eqid = ffb0f5ec0000693d0000000364775cac，访问日期：2024 年 1 月 2 日。

家庭人均收入因其能够全面反映家庭贫困状况及其程度而备受重视。因此，各国社会救助瞄准机制普遍以家庭收入为核心法律指标。在中国城市最低生活保障制度中，人均家庭收入依然是关键的法律指标，用于评估家庭法律状况并确定救助资格。中国社会救助体系的复杂法律结构体现了法律的不断演进和改革，以及对更加公平、更具响应灵活性的法律框架的不懈追求。社会救助法律框架的传统法律基础已逐渐为多样化、包容和对贫困的多层次认识所替代。近期的法律变革是一个重要的转折点，正迈向一个能够深刻认识并解决生计边缘家庭所面临独特法律挑战的体系。随着中国法律发展的持续推进，其社会救助体系的演变不仅展示了法律的适应性，也体现了对扶贫工作中法律复杂性的深刻理解和精准把握。

目前，我国的最低生活保障制度备受瞩目，其制定涉及一套复杂的社会救助法律体系。该制度采用家庭人均收入和人均财产作为评价维度，构建了一个复杂的社会救助制度受助者确认机制，旨在识别那些收入或财产低于地方政府规定标准的家庭。这一机制通过综合考虑家庭人均收入和人均财产，力求精准瞄准因低收入导致的各类资产型贫困，从而更准确地鉴别贫困者。然而，仅依赖这一指标组合的瞄准机制仍存不足。在此法律体系中，地方政府对"支出导向的贫困"进行了深入研究。他们发现，有些家庭尽管未达到既定的收入和财产标准，却可能面临实际的生活困境。因此，政府开始探索其他途径，将这些家庭纳入最低生活保障制度的保障范围。通过提供新型的财政援助或福利，政府努力突破传统以低收入为唯一标准的贫困认定范式。不过，人们也意识到，单纯依赖家庭人均收入和人均财产标准可能会导致受助者资格确认的偏差。这些偏差主要源于这些标准难以全面反映各种支出导向的贫困情况。家庭的实际生活困难往往是由家庭收入、财产和基本支出之间的复杂关系共同决定的。为弥补这一不足，地方政府开始引入针对特定类型的专门援助，以更全面地应对多样化的贫困问题。①专门援助作为一种补充性机制，为那些已被系统纳入保障范围的家庭提供了额外的支持。然而，这种机制并不能将那些面临实际困境但可能无法满足规定收入和财产标准的家庭纳入制度之中。在评估每个家庭的具体情况时，由于法律体系的标准化性质，确实存在一些困难。这种标准化的评估框架往往难以对每个家庭的具体情况进行深入分析和细致裁决，这导致了法律体系的简化和泛化，难以全面覆盖贫困问题的多个层面。在社会救助法律体系的持续发展中，如何协调基于收入和财产标准的受助者确认机制与反映实际生活困难的需要，是法律体系面临的重要挑战。这既要求建立一个稳定且标准化的法律体系，以确保低收入家庭得到应有的救助；同时也需要灵活应对，使实际生活困难的评估机制与基于资产的贫困评估相辅相成。在中国对社会救助机制的探索过程中，法律体系正逐渐从单纯依赖基于资产的贫困范式，转向对实际生活困难更为全面和深入的理解。这种结合了资产评估和实际生活困难评估的受助者确认机制，有望构建一个更加公平、合理的社会救助制度框架，有效应对贫困问题的多个层面。

（二）我国社会救助权实现的社会条件准备不足

我国社会救助权实现的过程中，社会条件准备不足的问题凸显。这不仅体现在社会成员，特别是贫弱群体，对于社会救助权及其实现的社会认同感尚未充分形成，同时也表现在那些旨在促进社会救助权实现的社会组织或社会团体在保障力度上的不足。这种不足在一定程度上阻碍了社会救助权的顺利实现，影响了贫弱群体权益的有效保障。

首先，我国不断加强社会保障体系建设，为弱势群体提供基本生活保障，促进了社会的和谐稳定。然而，要实现社会救助权的全面认可和有效实施，仍需要进一步增强弱势群体的参与感和认同感。社会救助权，作为我国社会权利体系中的重要一环，在发展过程中凸显出

---

① 韩华为：《代理家计调查、农村低保瞄准精度和减贫效应——基于中国家庭金融调查的实证研究》，《社会保障评论》2021年第2期。

第四章 社会救助权实现——社会救助权运行的现实形态

贫弱群体在规则制定中的缺席问题。这种缺失并非孤例，而是与社会其他权利面临的状况类似，导致贫弱群体难以对社会救助权的设立与实现给予充分的认同与支持。若社会救助权的产生与实现无法在贫弱群体与强势群体间形成共识，其效果将大打折扣。具体而言，在我国现实中，社会救助权往往是由强势群体单方面制定规则而诞生的。贫弱群体，作为社会救助权的潜在受益者，却鲜有机会参与其创设过程。这意味着社会救助权主要是由部分社会成员制定，而弱势群体在规则制定中往往无法发声，无法对权利的内容和范围施加影响。这种单向性的规则制定方式导致社会救助权的产生缺乏全社会的共识，尤其是对贫弱群体的理解和关注不足。由于贫弱群体未能参与社会救助权的创设，他们在权利实现过程中的人性尊严难以得到充分尊重。社会救助权的初衷是为弱势群体提供必要的帮助，保障其基本权益。然而，若权利的产生和实现过程忽视了弱势群体的参与，权利内容和实施方式可能无法真正符合他们的需求。因此，贫弱群体在社会救助权的实现过程中往往失去其应有的主体性，无法在决策中发挥有效影响力。

其次，我国社会团体或社会组织在社会救助权的实现过程中，其应有的作用并未得到充分发挥。在整个人权框架中，社会救助权作为一项具有重大影响力的工具，旨在缓解经济弱势群体所面临的种种困境。这项权利，作为积极权利的一种，既依赖于权利持有者的积极参与，也需要与社会结构中其他实体间的动态互动。个体与社会实体之间的微妙互动，要求贫困个体的需求得到承认，并且社会应负起解决这些需求的责任。这种互动的实现，与社会结构和制度对于社会成员诉求的回应紧密相连。在这个背景下，社会支持成为影响社会救助权有效性的关键所在。社会支持作为基本支柱，涵盖了来自朋友、家人和更广泛社区的支持，共同推动社会经济权益的实现。然而，随着社会的现代化进程，社会支持动态也在发生变化，更加强调了确保贫困群体福祉所需的力量。在这一范式中，政府扮演着至关重要的角色，成为提供制度化社会救助的主要力量。然而，政府主导的社会支持计划在实际执行过程中仍面临诸多挑战。我国当前社会救助框架的不足之处和复杂性,凸显了需要在政策意图与实际执行之间寻找平衡、进行细致分析的必要性。根据社会排斥理论,贫困群体的个人权利往往更容易受到侵害。① 只有当贫困个体形成自己的团体,他们才能汇聚成一种集体力量,更有效地保护自身权益。然而,从我国社会团体或社会组织的发展现状来看,其形成机制尚不完善,且在社会转型过程中,大量旧的民间组织消失,导致非政府组织在社会保护中的作用被削弱。"由于社会组织的激烈改组,旧的民间组织被大量取缔,非政府组织在社会保护中的作用也大大削弱了。"② 因而,我国现有的社会团体或社会组织数量不足,在社会保护或社会救助实现过程中发挥的作用被弱化。实质上,社会救助权不仅包含个体对社会经济福利的追求,还体现在更广泛的社会治理领域对社会正义的维护和对贫困人口获得基本资源平等权利的保障上。

政府在救助领域的运作方式值得我们深入反思。目前的情况显示,政府在提供全面救助方面还存在诸多不足和缺陷。因此,非政府组织的积极参与变得尤为重要。政府在社会救助中的核心作用主要体现在构建正式制度框架和实施大规模的紧急救助计划。然而,在更复杂、更灵活的救助项目中,政府往往面临局限,这就需要与非政府组织进行紧密合作。③ 在社会救助制度及权益领域,非政府组织以其独特的身份,独立于政府和个人利益之外,追求着非营利的崇高目标。它们日渐崭露头角,成为社会治理与服务倡议中市民参与的关键桥梁。然而,在中国当前的语境下,非政府组织参与社会救助制度的模式却呈现出一种复杂的叙事。这种复杂性不仅体现在非政府组织自身的发展上,

---

① Bill Jordan, *A Theory of Poverty and Social Exclusion*, Cambridge: Polity Press, 1996, p. 5.

② 尚晓援:《中国社会保护体制改革研究》,中国劳动社会保障出版社 2007 年版,第 177 页。

③ 应松年:《非政府组织的若干法律问题》,《北京联合大学学报》(人文社会科学版) 2003 年第 1 期。

第四章 社会救助权实现——社会救助权运行的现实形态

也表现在它们与社会救助活动之间的交往过程中。由于缺乏统一的标准化框架，以及战略调整上的不足，这些组织时常面临运营上的种种挑战。地区之间的不平衡更是加剧了这一困境，由于资源分配和可及性的差异，非政府组织难以满足不同地区、不同人群的需求。此外，非政府组织在追求正规性与基层导向之间的平衡时，也面临着巨大的挑战。这种微妙的平衡，既是它们的优势所在，也是其发展的致命伤。如何在保持正规性的同时，又能紧密地联系基层，满足实际需求，这无疑是摆在非政府组织面前的一大难题。[1]尽管正规化赋予了非政府组织一种合法性的氛围，使其能够在社会上立足并获得信任，但基层导向则强调这些组织需要深入本地环境，与所服务社区的具体需求、地域特色以及个体差异紧密结合。这两种截然不同的追求之间，存在着一种微妙的紧张关系。同时，由于缺乏统一的标准和完善的法律法规，非政府组织在追求组织成熟和发展的道路上，时常面临种种挑战和困境。当我们把视线转向非政府组织在社会救助活动中的更广泛参与时，不难发现，一个制约其全面发挥运行与工作潜能的限制性规则框架逐渐浮现。这些规则或许出于种种考虑和需要，但却在一定程度上束缚了非政府组织的手脚，使其难以充分发挥其优势和作用。因此，如何在这一框架内寻找突破，为非政府组织创造更多的发展机会和空间，成为我们亟待思考和解决的问题。在中国的法律语境和架构之下，非政府组织往往发现自己陷入一系列系统性的制约和实际需求的困境之中，这使得它们所宣称的独立性难以得到实质性的支撑。制度与现实的双重压力与自治的理想愿景背道而驰，多种因素交织在一起，使得这些组织在事实上被推向了一种依赖地位。[2]这种依赖关系源于监管框架的束缚、资源分配的动态变化以及情境需求的复杂性，形成了一种

---

[1] 应松年：《非政府组织的若干法律问题》，《北京联合大学学报》（人文社会科学版）2003年第1期。

[2] 王素芳：《非营利组织参与社会保障的理论基础与实现路径》，《当代法学》2012年第3期。

结构性的障碍，导致非政府组织的关注点从贫困人群的权利实现转向与政府的交涉与协调。在实际操作中，这些组织往往更加关注与政府的互动，而非直接针对贫困人群的人道主义援助和权利保障。机构管理与实际应用之间的关系表明，对独立性的理想追求在现实中受到了社会政治生态系统对一致性和政府利益一致性的依赖性需求的制约。[①] 同时，非政府组织的服务能力也面临着诸多挑战，这种能力建立在它们能否在服务所在的社区内实现实质性变革和提升的基础上。然而，受限于资源、制度以及社会认知等多重因素，非政府组织在提升服务能力方面往往步履维艰。

自改革开放以来，中国社会在政治、经济和社会等多个领域都经历了深刻而复杂的变革。然而，计划经济时代的烙印和监管型治理结构的余威，仍在某种程度上阻碍着国家权力与多元化经济和社会利益之间的明确分离。在这一复杂的过渡时期，全能国家的文化遗产仍然如影随形，深刻地影响着社会利益的分配格局。国家权力与经济、社会利益之间多层面、动态的相互作用，构成了一种影响力的延续，微妙地影响着中国当代治理的方方面面。[②] 而在非政府组织这一领域，这种国家权力与社会利益之间的纠葛尤为明显。历史上，非政府组织被视为社会变革和倡导的重要力量。然而，在现实中，它们却往往陷入一种独特的依附状态，被社会政治结构束缚。这种依附的根源，可以追溯到长期的计划经济和监管治理范式的影响，对非政府组织所追求的自主性和独立性构成了巨大的挑战。随着社会的不断发展，国家与非政府组织之间的共生关系日益凸显。特别是在社会救助领域，非政府组织不仅依赖于政府，甚至直接由政府设立。这种融合使得自主与依附的界限变得模糊，对传统观念中非政府组织的独立性构成了挑战。

---

① 王素芳：《非营利组织参与社会保障的理论基础与实现路径》，《当代法学》2012年第3期。

② 马长山：《国家、市民社会与法治》，商务印书馆2002年版，第150—160页。

表面上，非政府组织被设想为社会政治领域中的自主行动者。然而，在实际操作中，它们却往往与政府的影响力紧密相连。尽管国家权力在表面上放弃了全能的角色，但其影响却悄然渗透到非政府组织的运营和管理之中，形成了一个贯穿这些表面上独立实体核心的局面。这种相互作用的影响不仅限于财务依赖的表面层面，更深入人员管理和非政府组织在社会救助领域的工作实质。此外，这种共生关系的复杂性也揭示了从社会经济结构中克服国家权力与多方利益纠缠的困难。尽管当代社会中不乏关于国家权力减弱的讨论，但公权力在社会资源分配中的微妙作用依然显著，进而影响着在社会救助领域运作的非政府组织的效能。理论上自治的公民社会理念与现实中不断演进的治理实践之间的张力，揭示出一个复杂的叙事：在这里，自主性的本质更多是一个协商构造的过程，而非一个明确的现实。

总之，在历史轨迹、制度传承和运营限制的交织下，非政府组织站在了潜力和限制的十字路口。这一关键时刻呼唤着全面的重新校准，不仅要在定量和定性方面，更要在其存在的核心理念上进行深刻变革。非政府组织需要走上一条自主的道路，以适应性、动态性为特点，执着于推动社会边缘人群全面实现社会救助权利。

三 社会救助权的相关法律体系不完善

社会救助权的实现，不仅需要贫弱群体和我国相关政府部门在主观上树立权利意识，同时客观上还需具备实现社会救助权所必需的经济社会条件。更为关键的是，要在主观条件和客观要件共同作用的基础上，构建起社会救助权的法律保障体系。获取权利的过程和机会应当公平，失去权利的过程及其救济途径同样需要确保公平与公正。构建完善的权利保障法律体系，不仅是摆脱权利贫困状态的关键举措，更是权利得以实现的最终保障。一般来说，权利的法律保障涵盖了立法、执法和司法三个层面。然而，我国社会救助权保障面临的一个突出问题在于社会救助权实现的前提性问题——即法定的社会救助权在我国尚未完全确立，相应的法律体系也尚未健全。

在我国宪法中，尽管《宪法》第四十五条关于物质帮助权的规定常被视作社会救助权的宪法依据，但实质上，物质帮助权应视为社会保障权的宪法性渊源，而社会救助权作为社会保障权的重要一环，由此推论，抽象的物质帮助权无疑也是社会救助权的宪法母权利。然而，随着社会保障理念和功能的不断演进，物质帮助权原有的抽象性已在社会救助权的确立与发展中得到深化与拓展。从权利主体来看，社会救助权的受益者并不仅限于年老、疾病或丧失劳动能力的公民，而是应广泛涵盖所有陷入生存困境或贫弱状态的公民；从权利客体来看，社会救助权的实施内容也不应仅限于物质层面的救助，还应涵盖精神救助和能力救助等多个层面。因此，我国现行宪法中关于物质帮助权的表述，其内涵与外延已与社会保障或社会救助的实践发展存在不相适应之处。此外，我国宪法对社会救助权的确认，目前仍主要停留在国家政策的层面，尚未将其提升至具有充分法律性质的宪法权利的高度。这既是我国社会救助权保障体系亟待完善之处，也是未来法治建设的重要方向。[①]

在我国社会救助的具体立法实践中，社会救助权分散于《城市居民最低生活保障条例》《农村五保户供养条例》《自然灾害救助条例》《城市生活无着的流浪乞讨人员救助管理办法》《法律援助条例》等一系列法律规范中。然而，这些规范多数仅停留在行政法规的层面，显示出我国社会救助立法存在层次不够高、法律效力较低、内容尚不全面等问题。更为关键的是，我国至今尚缺乏一部全面、系统、专门的社会救助法律，这无疑制约了社会救助体系的完善与发展。自 2007 年起，《社会救助法》便被纳入国务院、全国人大的立法规划之中。2008

[①] 我国《宪法修正案》第二十三条的宣示性规定属于社会保障的基本国策，其被认为是 2004 年修宪的一项重要内容，体现了科学发展观。参见何平《公民社会救助权研究》，北京大学出版社 2015 年版，第 62 页。

年，国务院法制办就社会救助法公开征求了意见。至2020年9月，民政部、财政部更是发布了《中华人民共和国社会救助法（草案征求意见稿）》（以下简称《征求意见稿》），并再次公开征求意见。但遗憾的是，截至目前，《社会救助法》仍未经过审核通过。暂且不论《社会救助法》最终能否被审核通过以及其生效的时间，仅就当前公布的《征求意见稿》而言，其内容显然未能满足权利本位范式的基本要求。该意见稿在内容编排和条文逻辑上更多地侧重于"国家和社会"的视角，而非以"公民或社会成员"申请和获得社会救助为核心行文逻辑。这使得第二条所确立的公民社会救助权在实际操作中显得形同虚设。此外，受国家视角的影响，社会救助权的保障与救济手段主要局限于行政监督、行政复议和行政诉讼，这样的救济手段显得单一且不够全面，与社会救助权的本质属性及其发展趋势不相符。

（一）社会救助权主体的资格审查严苛与城乡保障水平不均交织错杂

在当前的社会救助体系中，对权利主体的资格审查异常严格，这已然成为社会救助权益保障的一大难题。为了明晰谁能够享有社会救助的权益，我们首先需要深入剖析贫困这一复杂概念，并据此确定救助对象的资格。然而，在贫困的界定及其程度的评估上，我们面临着诸多挑战。因此，在探讨社会福利法学的复杂格局时，对贫困的精确分析以及严格的评估方法显得尤为关键。在我国现行的法学框架下，绝对贫困是判断个体是否应纳入社会救助范围的主要标准，这一标准往往通过最低生活保障来体现。虽然这一标准在衡量最低生存水平时具有一定的参考价值，但它也暴露出一些问题，如救助对象覆盖不全、应保未保等，从而影响了社会救助的整体效果。[①] 在审查最低生活保障体系的覆盖范围时，我们发现其实际作用有限。许多社会救助权的受助者只能在有限的范围内获得帮助，这反映出理想目标与现实需求之

---

① 董保华：《社会保障的法学观》，北京大学出版社2005年版，第8—20页。

间的巨大差距。此外，在现有的社会福利结构中，实现"应保尽保"的原则也面临诸多障碍。更值得关注的是，在其他社会救助领域，如医疗和教育支持，最低生活保障身份往往成为判断个体是否贫困的"金标准"。那些被纳入最低生活保障体系的人，在社会救助方面相对较为宽松，而那些未能享受最低生活保障的人，则在获取其他救助措施时面临重重困难。这种多重因素的交叉作用，导致了一个令人深思的现象：社会救助项目的受益者往往集中在某一特定人群。这种受益分配的不均衡，不仅加剧了社会的不公，也反映出我国社会救助法学领域的复杂性和矛盾性。① 为了实现"全覆盖"和"应保尽保"的目标，我们需要超越以绝对贫困为基础的现有规范范式，寻求更加包容和细致的法律框架。

权利主体的确定，在法律和行政框架中如同走钢丝，既错综复杂又充满变数，因此成为亟待深入审查和批判的焦点。这种复杂性在权利主体定义与社会救助体系广泛覆盖之间的内在联系中体现得尤为明显。其中，资格的界定成为揭示法律和行政结构内部缺陷的关键。反相对贫困理论提出，社会救助的发展应与技术进步和生产力提升同步，确保社会救助水平不断提高。与此相应，社会经济振兴的讨论中，社会救助覆盖范围的扩大成为必然趋势。然而，实证研究却揭示出城乡最低生活保障系统存在的保守主义倾向，其不愿扩大救助范围的态度与社会发展需求显得格格不入。由于法律层面未能接纳相对贫困概念，那些处于低收入支持边缘的群体被进一步边缘化，成为社会福祉领域的一大盲点。当我们审视最低生活保障系统完善与社会经济新复杂性之间的动态关系时，不难发现，最低生活保障与临时援助的增强反而让部分边缘贫困者生活更加艰难。尽管部分地区已尝试解决最低生活保障边缘群体的问题，但全国范围内统一的识别和救助标准仍付诸阙如。各地方法规和行政决策的差异，进一步加剧了社会救助领域的复

---

① 易小明：《论差异性正义与同一性正义》，《哲学研究》2006年第8期。

杂性。问题的根源在于政府治理的节俭哲学和基于经济预算的即兴决策方式，这导致一些应享受社会救助的贫困群体被排除在外。这种排除并非基于权利原则，而是受到财务和政策等外部因素的干扰。①

而在法规领域内针对城乡不同社会成员的相关描述术语的转变——从"农民工"到更具包容性和精确性的"农业转移人"的转变，不仅是对原有称谓可能带有的贬义的回应，更是城市化发展的必然要求。②对"农业转移人"的战略性接纳，标志着社会对他们看法的深刻变化，将他们视为城市的"常住人口"，与城市居民享有同等地位。伴随着这一观念上的更新，对将基本公共服务覆盖至全体城市居民的呼声越发强烈，这体现了决策层对中国发展脉络的深刻洞察。然而，这一庞大的"农业转移人"群体，在社会权益保障方面仍显脆弱。他们从乡村走入城市，其居住状态与社会救助机制之间的不匹配问题日益凸显。农业转移人所面临的复杂问题，主要集中在对基本生存权利的渴求上。尽管政府在此中扮演着举足轻重的角色，但在提供基本生活保障方面仍存在明显不足。现行的社会救助制度中，他们常因户籍问题而被排除在外，这极大地限制了他们获得城市救助的机会。③考虑到城市生活的风险与成本，相较于农村，农业转移人在城市中面临的挑战更为严峻。他们虽身处城市，却常受困于似乎忽视他们存在的城市规则。此外，就业援助的缺失也是他们面临的问题之一。在就业与失业的转换期，缺乏制度化的培训与支持，许多农业转移人只能依赖个人储蓄或家庭支持来应对生活的变数。作为推动中国市场导向经济发展的重要力量，农业转移人的数量持续增长，但他们在社会权利保障方面的脆弱性也越发明显。

---

① 黄锴：《论社会救助权的本土塑造——以法律与政策的互动为视角》，《南通大学学报》（社会科学版）2018年第6期。
② 曹艳春：《我国城乡社会救助系统建设研究》，上海世纪出版集团2009年版，第300—347页。
③ 葛庆敏、许明月：《农村社会保障制度体系建设中的政府角色及其实现的法制保障》，《现代法学》2011年第6期。

在中国社会救助体系中，农村地区教育和医疗福利的匮乏凸显出令人担忧的现实。对于从农村来到城市的农民工子女而言，教育权利的重要性不言而喻，它是阻断贫困代际传递的关键一环。然而，受当代生活条件的制约，许多农民工无法与子女在城市共同生活，这导致了留守儿童问题的出现。在这些家庭中，长时间的父母缺席不仅造成情感上的疏离，更使留守儿童面临营养不足、教育匮乏的困境，甚至出现身心受损的悲剧。与此同时，那些随父母生活在城市的子女也面临着诸多挑战。他们或者在私立学校接受教育，但教育质量往往不尽如人意；或者在公立学校就读，却需要支付高额的赞助费。这些困境都深深影响着农民工子女的受教育权利。[①] 令人遗憾的是，中国现行的教育援助政策和制度尚显不足，未能充分适应当代社会的法律需求。正如克莱尔所言，贫困不仅仅是物质的匮乏，更是对自尊、尊严和自我认同的侵蚀。因此，我们的责任不仅在于改善贫困者的物质条件，更要关注他们的心理健康。对于农村到城市的农民工新一代而言，他们在青年时期就经历了从农村到城市的身份转变，这是他们前辈所未曾经历的变化。他们渴望成功，渴望摆脱贫困的束缚，因此他们的追求不仅局限于基本生存，更包括安全、自尊和公平发展等更高层次的需求。政府的工作应以公民权利为基础，特别关注对贫困农民工的包容。考虑到他们的生活条件恶劣、营养不足、工作环境艰苦以及安全感缺乏，他们对医疗条件的需求尤为迫切。然而，高昂的医疗费用使得他们只能自行应对小病，对于大病则往往无能为力，这进一步加剧了贫困与疾病之间的恶性循环。调查结果显示，农民工对政府在社会权利和社会救助方面的角色抱有强烈期待。总体而言，由于农民工劳动和生活条件的特殊性，他们往往陷入贫困和脆弱的境地。因此，保障他们的社会权利刻不容缓，而社会救助则成为支撑他们生存权利的

---

① 葛庆敏、许明月：《农村社会保障制度体系建设中的政府角色及其实现的法制保障》，《现代法学》2011年第6期。

重要制度。除了传统的贫困人口，失业群体、未就业大学毕业生、流浪乞讨者等脆弱人群的贫困问题也日益凸显。社会救助体系作为国家负责的主体，必须加大转移支付力度，建立促进就业、培养生产能力的长效机制，从根本上保障这些脆弱人群的基本生存权利。然而，尽管我国在社会救助项目的设置上进行了较大的改革，逐步建立和完善了最低生活保障、法律援助等救助机制，但实现城乡社会救助项目的完全统一，仍是一项艰巨的任务。例如，农村住房救助体系的缺失，便是一个亟待解决的问题。从最低生活保障制度来看，农村与城市的设置存在显著差异，城市的最低生活保障项目明显涵盖范围更广。在现代生活中，农村居民同样需要面对基本服务等方面的支出，然而，作为保障基本生存权利的制度，最低生活保障制度不仅未能有效纠正城乡间的不平等，反而加剧了现有的分歧。这使得农村贫困人口在公共服务条件相对滞后的背景下，处境更为不利。最低生活保障制度的划分，在一定程度上加剧了社会差距的延续，引发了对当前社会救助政策在解决不同群体所面临的挑战时的有效性和包容性的深刻质疑。社会救助政策需要重新校准，打破历史遗留的法律障碍，以消除城乡之间的差异。实现城乡间社会救助的统一法律标准，是一项艰巨的任务，它要求我们对地方治理和社会法律结构的微妙差异进行深入研究。这也意味着我们需要在法律和社会法律之间建立更加紧密的联系，以确保城乡之间的社会救助权利更加平等和可及。

（二）现行的权利保障结构基于基本生存而缺乏人的发展关注

马克思的思想揭示了一个重要观点：人类本质上是社会性的生物。[1] 这不仅仅意味着我们是群居动物，更表明我们只有在社会中才能实现真正的独立存在。这一观点促使我们深入思考个体自治与社会协同之间的微妙平衡。此外，马克思还指出，个体在很大程度上依赖于

---

[1] 《马克思恩格斯选集》（第一卷），人民出版社1972年版，第67页。

国家这一制度，在文化、生产、安全等方面获得必要的支持。① 这一话题引发了关于个体自治与国家在社会繁荣中协同作用的学术探讨。转向人权这一更为宽广的领域，联合国的《世界人权宣言》无疑是我们无法忽视的重要文献。该宣言涵盖了多项权利，为构建公正、平等的社会奠定了法律权利的基石。在研究人权的历史演进过程中，我们发现人权与满足人类需求的理念是相辅相成的。社会的复杂程度越高，人类解放的程度也随之提升，进而实现了更为广泛的个体权利。在人权的复杂图景中，发展权被视为一个关键节点，得到了联合国的认可与支持。将视线转回中国的法律背景，对社会救助权利的深入剖析揭示出一个法律格局：贫困人群的生存权利保护尚显不足，发展权利的加强也显得尤为迫切。与简单认知相悖，社会救助早已超越了单纯保障生存权利的范畴，它已演化为一个多元化的工具，肩负着在当代社会中确保发展权利的重大使命。这一范式转变充分展示了社会救助在法律框架内的不断进化，其关注点早已超越了单纯的生存保障。中国正经历着一场法学领域的深刻变革，初创的社会救助体系逐步建立，一系列法律法规相继出台。如今，中国超过一半的人口已成为城镇人口，总数远超农村人口，这标志着中国的城市化进程正在稳步推进。然而，这些新市民所取得的成就并非全然乐观。尽管他们在统计数据上获得了城市居民的身份，但在城市生活中却未必能享受到无忧无虑的法律保障。

　　生存权，它不仅仅意味着对生命延续的基本诉求，更涵盖了个体以一定尊严生活的深切渴望。在探讨生存权的广泛内涵时，我们有必要重新审视那些超越基本生存需求的元素，比如如何在社会框架内避免遭受社会排斥，以及如何确保个体在社会中受到应有的尊重。这一细致而微妙的视角要求我们重新构建生存权的学术话语，进行更为全面和深入的分析，从而超越传统法学的局限。在中国的当代社会背景

---

① 《马克思恩格斯选集》（第三十卷），人民出版社1979年版，第25页。

下，我们尤其需要关注对生存权多层次理解的学术探讨。自由概念的演变应被置于中国现代法律体系的框架内进行深入研究和情境化解读。文化规范、经济状况以及中国社会内部对尊严定义的演变之间的微妙互动，需要一个更加精细的法律框架来应对。这样的法律框架不仅要能满足基本的生存需求，还要能够减少社会边缘化的风险，捍卫尊重和包容的原则。阿马蒂亚·森的比较分析为我们重新评估不同历史和文化语境中确定人类尊严的因素提供了重要的启示，为学术话语提供了坚实的支撑。我们的努力不仅在于探索，更在于为丰富生存权的理解做出实质性的贡献，调整法律框架以适应现代社会的复杂性，并超越传统定义的局限。

在人权和社会经济挑战的错综复杂背景下，贫困群体的发展权保护显得尤为脆弱，这揭示了其发展权保护的脆弱性背后所蕴含的复杂演变过程和多层次意义。发展权的历史轨迹是一段复杂的历程，其概念最初源于1969年阿尔及利亚正义与和平委员会的报告《不发达国家发展权利》，并主要在国家和政治实体的范畴内被使用。① 1997年，联合国人权委员会将发展权确立为基本人权，这标志着一个重要的转折点。这一转变不仅拓宽了讨论的视野，超越了国界的限制，更强调了发展在引领个体与社群摆脱贫困、迈向繁荣过程中的核心作用。在这场变革中，满足发展需求显得尤为重要，它成为防止人们陷入长期贫困桎梏的重要保障。对于贫困社区的公民而言，认识并保护发展权变得至关重要，这凸显了其在保障基本生存权利持续性中的不可或缺的地位。② 1979年，联合国大会通过了《关于发展权的决议》，这标志着对发展权正式认可的开始。此后，1986年通过了《发展权利宣言》，正式确立了发展权作为基本人权的地位。这一宣言被广泛视为发展权领域的里程碑，它不仅表明了国际社会对该权利的明确承认，也象征

---

① 洪永红、方晓庆：《试论非洲国家对国际法发展的贡献》，《西亚非洲》2022年第3期。
② 杨家宁：《发展权视角下的农民贫困》，《理论与现代化》2006年第1期。

着全球人权论述的一次深刻范式转变。在《发展权利宣言》的开篇，明文规定发展权是不可剥夺的人权，赋予了全球个体和各国人民参与、促进并享受经济、社会、文化和政治发展的权利。在这个全面发展的进程中，所有人权和基本自由都被宣告能够得到充分实现。这种正式认可，特别是通过国际宣言和决议的形式，展现了全球人权论述的深刻范式转变。它不仅仅将发展权看作一项务实的必要性，更将其视为人权框架中不可或缺且不可动摇的组成部分。这一承认将发展权从边缘地带提升至人权辩论的核心位置，为推动全球社会在解决贫困的根本原因、减少社会不平等和缩小差距等方面取得实质性进展提供了坚实基础。通过分析发展权从萌芽概念到正式确立的演变过程，我们可以明显看到其发展与全球社会经济景观的变化动态紧密相连。将发展权视为整体人权论述中的关键角色，其认可的重要性凸显了其在解决贫困以及社会不平等和差距问题上的作用。在人权的错综复杂网络中，发展作为实现其他权利的催化剂，打破了基本生存与更广泛社会经济福祉之间的传统对立。然而，尽管取得了这一进展，对于贫困社区来说，发展权保护的脆弱性仍然是一个亟待解决的问题。全球宣言与这些社区持续面临的挑战之间的鲜明对比，引发了关于发展权在实际执行和强制保障方面的问题。[①] 国际社会消除贫困并促进发展的承诺需要超越空洞的言辞，转化为实质性的行动，以改善那些陷入贫困复杂局面的人们的生活。

　　发展权与社会进步的本质紧密相连，它在经济、政治和文化等多个领域呈现出多维度的特性。与传统上局限于个体层面的人权不同，发展权不仅关注个体的成长轨迹，更拓展到国家、国际组织乃至全人类的整体发展。[②] 深入审视发展权，我们发现它是一幅多元内容交织的

---

① [日]菊池馨实：《社会保障法制的将来构想》，韩君玲译，商务印书馆2018年版，第38页。
② 谢勇才、丁建定：《从生存型救助到发展性救助：我国社会救助制度的发展困境与完善路径》，《中国软科学》2015年第11期。

第四章 社会救助权实现——社会救助权运行的现实形态

丰富图景。如提升生活质量权、教育权和健康权等附属权利，它们与发展权紧密相连，对发展进程中的成功与困境之间的动态关系产生直接影响。① 发展权的实现离不开宏观环境的支持，包括政府和社会的共同努力。在现代市场经济的背景下，发展的复杂性要求我们不能仅仅依靠个体的力量来应对。个体实力的脆弱性在日益加剧的社会风险面前显得尤为突出，这更加强调了个体发展轨迹与国内国际环境的紧密关联。一个国家的发展同样与其所处的国际环境息息相关，这种共生关系凸显了政府、社会和国际层面积极回应和支持的重要性。我们的总体目标与全球人类发展的实现紧密相连，这需要我们集体而有意识地致力于创造一个有利于发展潜力释放的环境。中国改革开放以来的发展轨迹为此提供了生动的例证。以经济建设为中心的发展战略取得了显著成就，使中国跃升为世界第二大经济体。然而，这种经济崛起的背后也隐藏着微妙的现实——经济发展与效率优化的单方面强调，导致了一个复杂二元结构的形成，即经济巨头与脆弱社会结构并存。这种社会经济不协调引发的贫富差距问题日益凸显，成为中国发展轨迹中的一个典型特征。尽管中国在经济实力上的提升不容忽视，但相应的社会脆弱性也要求我们重新审视发展范式，从更全面、更公正的角度来推动发展，以应对社会凝聚力和福祉的复杂性挑战。

在中国的背景下，主流理念将教育、培训以及信息传播视为实现理想发展目标不可或缺的三大手段。② 然而，在这看似充满善意的社会结构下，我们却观察到一个令人不安的现象：中国的贫困人口在行使这些关键权利时，与更富裕的社会阶层相比，呈现出一种令人沮丧的权利匮乏状态。社会服务并未如预期般成为减贫的利器，反而逐渐加剧了贫富差距，使富裕者的财富进一步累积，同时阻碍了贫困人口摆

---

① 谢勇才、丁建定:《从生存型救助到发展性救助：我国社会救助制度的发展困境与完善路径》,《中国软科学》2015年第11期。
② 王素芬、董国礼:《反贫困视角下的最低生活保障制度研究》,《温州大学学报》(社会科学版) 2019年第1期。

脱经济困境的步伐。这种令人担忧的现象不仅仅是社会经济包容性不足的问题。贫困人口面临的一个严峻挑战是他们难以获取关键的市场信息，这阻碍了他们利用政府旨在推动他们发展的政策。尽管政府制定了旨在提升和改善贫困者生活的政策，但由于农民和贫困群体信息闭塞，这些政策的实施效果受到限制，从而束缚了他们摆脱贫困的渴望和可能性。在农村地区，一种流行的农业运营模式进一步加剧了问题的复杂性。这种模式以公司为核心，与个体农民相结合。在这种运营模式下，公司占据主导地位，而农民则处于边缘地位，成为社会经济结构中的脆弱群体。公司出于追求利润最大化的商业动机，利用其在市场中的优势地位，通过战略性地控制关键信息渠道，有效地阻碍了农民及时获取市场动态。这种局面导致公司能够操纵市场以实现其商业目标，不可避免地对农业人口的经济利益造成严重损害。[①] 进一步探究社会经济环境，我们发现，虽然低保户得到了一些生活费用的支持，但这些微薄的津贴只能满足基本需求，既无法体现中国历史传统中勤劳拼搏的精神，又难以满足家庭生计的需求。这种救助不足的现象反映出，在支持不足的情况下，个体不得不选择隐性就业。中国发展权利在这一背景下的矛盾表现对整体贫困减少和社会经济提升的目标产生了深远的影响。减缓了减贫速度、削弱了减贫效果，甚至在某些时段出现了贫困再现，突显了迫切需要重新调整现有社会经济范式的紧迫性。尽管政府投入了大量资金，但解决根本问题仍然存在困难，阻碍了贫困人口的发展。在学术探讨中，关于实现发展权利的建议已经以坚定的态度被提出。这些建议的基石在于倡导可持续生计和制定以发展为导向的社会政策。实现可持续生计的关键在于个体的全面发展，这一原则明确倡导将物质、意识形态和精神方面的援助融为一体。它要求打破现有范式，改变贫困者被动、往往不充分接受援助的状况。

---

① 方劲：《可行能力视野下的新阶段农村贫困及其政策调整》，《经济体制改革》2011年第1期。

变革性的范式设想了向积极、多方位的援助转变,从而不仅弥补社会经济的不足,还营造一个有利于贫困群体全面发展的环境。综合来看,政策制定、社会经济现实和在中国背景下发展权利的表达之间错综复杂的相互作用揭示了系统性的失败及其对贫困减少的影响,迫切需要重新评估现有政策,引领一个变革时代,使发展权利不再是朦胧的愿望,而是社会各阶层都不可否认的现实。实现社会经济平衡和包容性的必要性在政策制定的讨论中不容忽视,这迫切要求我们对发展权利的实现进行重新思索。

(三)权利保障与救济的程序性制度设计匮乏

在法治文明的国家中,公民权利的主张本质上应与特定的法律程序紧密相连。这种程序性的联系不仅是对权利存在的认可,更构建了一个多层次的框架,既包括为权利奠定基础的制度架构,也涵盖为这些权利的具体实现和救济所设计的程序体系。只有当权利与程序正义原则紧密结合,它们才能被提升至合法的高度,进而获得法律的保护并得到有效实施。海洋法系中深植的"程序高于权利"的原则,突显了个体权利的至关重要性。同时,它强调这些权利的获得和保护必须遵循特定的法律原则和程序细节。按照这一原则,只有符合严格程序规范的权利才被视为合法,而那些未能按照规定的程序顺序进行的权利则会被排除在外,导致这些权利丧失了合法的根基和外在表现,缺乏固有的合法性和实现的可能性。[①]

然而,在中国的法律传统中,对实质性而非程序性方面的优先选择尤为显著。这种倾向不仅体现在行政体系中,也深入法律从业人员内部,甚至普通民众的朴素情感中,导致了对具体规定权利的实体法过度关注,而对调整这些实体法实施的程序法规则相对漠视。这种态势使得许多表面上确立的法律权利变得空洞,既缺乏法律合法性,也

[①] 雷磊:《法律程序为什么重要?反思现代社会中程序与法治的关系》,《中外法学》2014年第2期。

缺乏实效潜力。当个体权利受到侵犯时，受影响的个人往往只能默默承受。这种矛盾在中国社会救助权利领域尤为凸显。在现行法律体系中，缺乏一部全面而权威的社会救助法典，这导致了法律体系内规范和程序协调的缺失。程序方面的问题表现为流程和权力运作的规范化明显不足，而社会对社会救助权利的认知不足更是加剧了这一问题。由于缺乏健全的法律框架，从社会成员个体到社会集体意识，再到行政组织，对于社会救助制度及其权益的集体无意识，再加上程序保障的不足，使得公民在权利受到侵犯时寻求司法救济和行政维权的道路变得异常艰难。权利的本质通过法律政策的运行，在个体与社会之间流动，并与现实进行互动和反馈。因此，需要在法律和政策的实体和程序层面都进行精心调校。法律政策设计的轮廓，是决策过程的结果和具体体现，是法律决策范式的精髓。然而，在法律政治科学的研究中，尽管我们对法律决策有了一些简化的理解，但整个过程仍然是错综复杂的。这一过程可以划分为六个明确的阶段：动议、预测、选择、执行、评估和终结。① 这种法律政治哲学中的还原主义轨迹，体现了人们试图将决策复杂性提炼为可理解阶段的努力。它表明了对法律政策制定中固有复杂性的认知，决策者努力将多层次的决策过程分解为可管理的部分。六阶段模型提供了一个结构化的透镜，分析人员可以借此审视政策演变。深入研究前三个阶段——法律政策动议、预估和选择——展现了在社会救助政策制定过程中贫困社群和其他公民政治参与的重要性。法律政策动议标志着决策过程的开端，通常由感知到的需求、社会关切或政治议程所触发。然而，这种动议并非中立、无政治色彩的行为，它与政治氛围、决策者的意识形态倾向和当前的权力动态紧密相关。法律政策预估涉及对提议政策可能产生的结果、成本和效益的预测。在这一阶段，决策者努力预见不同法律政策路径的后果。对于贫困社群而言，这一阶段尤为关键，因为估算不仅涉及财政

---

① 燕继荣：《现代政治分析原理》，高等教育出版社2004年版，第278页。

第四章 社会救助权实现——社会救助权运行的现实形态

考量，还需考虑对社会公平、扶贫和整体福祉的预期影响。法律政策选择则是竞争性政策备选方案被仔细审查、权衡并最终确定的关键环节。在这一阶段，贫困社群的政治参与尤为显著，他们的声音、关切和需求努力在更广泛的政策讨论中获得关注。然而，这些声音能否被纳入决策过程，取决于治理结构的开放性和决策者的响应度。这些初期阶段政治参与的微妙动态突显了社会救助政策制定的复杂性。政治行为者、社会力量和经济因素的复杂交织，构成了一个场景，在这个场景中，边缘群体的命运与最高层次的政策决策紧密相连。[①]

在法理学领域，司法程序的救济对于权利的重要性不言而喻，甚至可以说是权利存在的前提。当被侵害的权利无法通过救济程序得到弥补时，权利本身也就失去了存在的意义。这充分揭示了司法实践与权利实质性实现之间的紧密关系。如果缺乏有效的救济机制，权利就会处于一种悬而未决的状态，被空洞的承诺辜负，尽管它们在法律框架中得到了强有力的诠释。学者们普遍认为，为了全面享有和行使法律规定的权利，社会必须建立起具有可访问性、效率、经济性和全面性的救济机制。这样，救济机制就不再仅仅是官僚体系的附属物，而是成为公民生活中将抽象权利转化为实际利益的动态界面。[②] 这一原则的普遍性之所以被强调，是因为无论公民的社会经济地位、认知水平或社会地位如何，他们不仅应享有理论上的权利，更应拥有实际运用救济资源和机制的能力，以保障自身权利的享有和实现。只有当程序性与实体性法律得到双重认可，以人权为基础的法治社会才能真正落地生根，理论化、纸面化的人权才能转化为真切可感的人权。在这一过程中，社会救助权利扮演着至关重要的角色，它是社会脆弱群体生存与发展的基石。在中国背景下，社会救助权利的微妙而有效的实施，对于实现社会公正和现代政治文明至关重要。

[①] 燕继荣：《现代政治分析原理》，高等教育出版社2004年版，第279页。
[②] 陈炎光：《公民权利救济论》，中国社会科学出版社2008年版，第81页。

然而，审视中国社会救助权利的救济程序时，我们发现制度结构的差异产生了多方面的影响。这不仅关乎制度的权威性，更深刻影响着制度的稳定性、相互配套性以及实施效果。权威性赋予法规制度庄重性和可信度，而稳定性则是制度在社会变迁中保持韧性的关键。制度的相互配套性确保法律框架内的各项法规能够协同工作，而实施的有效性则直接关系到权利保障的实际效果。社会救助权利作为公民的基本生存权利，需要我们对救济程序的完善方式进行深入分析，探究其如何影响这些权利的实现。以《城市居民最低生活保障条例》为例，该条例为城市居民提供了一套完整的救济程序。当城市居民对县级人民政府民政部门的相关决定不满时，他们可以通过行政复议甚至行政诉讼来争取自己的权益。这一制度性规定为城市居民提供了实质性的救济途径，强调了合法维权的重要性。然而，农村居民由于不属于城市人口，他们的权益保障并未被《城市居民最低生活保障条例》覆盖。由于缺乏针对农村居民的实质性和程序性法律文件，相关人员的不当行为无法得到法律约束，权利救济的可能性也几乎不存在。[①] 没有救济就没有权利，没有监督的制度无异于虚设。因此，农民的最低生活保障权利大打折扣。权利和救济程序之间的辩证关系，体现了一个致力于实现人权的社会的本质。这要求我们批判性地审视那些在救济机制中突显出的系统细节，不断完善制度，确保每个人的权利都能得到有效保障。

社会救助纠纷领域展现出多样化的制度回应，这深刻反映了公民、政府与法律体系之间错综复杂的互动关系。当社会救助权利受到挑战时，个体选择救济的途径往往揭示了由历史、文化和社会法律因素交织而成的复杂局面。这种复杂的动态形成了争议解决机制的多元格局，有些人选择消极的态度，沉默并放弃救济权利；而另一些人则积极寻

[①] 谷志军、陈科霖：《当代中国决策问责的内在逻辑及优化策略》，《政治学研究》2017年第3期。

求更高层次的行政渠道，或采用传统的行政途径，如上访等做法。导致消极态度的因素可能包括对社会救助权利的认识不足、对报复的担忧，或是认为正式流程烦琐且徒劳的观念。相比之下，对传统行政途径的依赖可能源于深植于文化实践和历史中的争议解决模式，这些模式已在社会政治结构中根深蒂固。在中国社会法律领域，解决社会救助争议的替代途径的倾向，受到历史上争议解决模式、社会对法律体系有效性的看法以及文化和历史传统等多重因素的影响。这种倾向对实现公正、透明的治理原则，以及保护和发展社会救助权利构成了潜在挑战。此外，争议解决中的救济选择还反映了更广泛的问题，从个体对自身权利的认识，到不同途径在确保其权利得到妥善维护方面的有效性。在法律意识尚处于萌芽阶段，或历史实践已将替代途径视为常态的社会中，推动正式法律机制的范式转变需要对潜在的社会文化动态进行全面分析。尽管法院存在形式主义和局限性，但它在法治社会中仍是不可或缺的支柱。纠纷解决机制的选择不仅塑造了公民对司法的态度，还影响了他们对法律体系有效性和公正性的看法。[①] 因此，了解并解决个体远离正式法律途径的因素，对于培养尊重公民权利的法律环境至关重要，使公民能够通过适当途径寻求正义。在社会救助权利的背景下，承认和利用行政复议、行政诉讼等正式法律救济手段，是社会致力于实现正义和保护个体权利的体现。

第三节 我国社会救助权实现的展望

在我国应然和法定的社会救助权向现实的社会救助权转化的过程中，不仅存在着社会救助权主体的主观障碍，还存在与经济社会条件发展不相适应的客观实际情况，同时，我国社会救助权的保障体系也尚未形成。因此，我国社会救助权实现的未来展望必然要求我们清除

---

① 陈炎光：《公民权利救济论》，中国社会科学出版社2008年版，第112页。

上述三种障碍，并逐步探索出一条具有中国特色的社会救助权实现之路。

一 普及社会救助权利观

从我国当前的社会救助实践来看，社会救助权利观实质上涵盖了贫弱群体获取社会救助的权利意识以及我国政府在社会救助服务方面的责任意识。与此相对应，我国社会救助权利观的形成具有两方面的重要意义。第一，它意味着贫弱群体在接受社会救助的过程中，其人性尊严并不会因此而减损，传统的"慈善"式社会救助观念被彻底摈弃。"可以这样说，作为公民权利的社会救助观的形成，将现代社会救助与传统社会救助从根本上区分开来。它在维护人的基本价值尊严和社会正义、促进人的发展特别是弱势群体的发展方面，将产生巨大的推动作用。"[1] 第二，社会救助权利观的形成促使国家或政府的责任意识细化为具体的政府服务意识在社会救助领域中的体现。换言之，社会救助的国家责任在主观层面转化为政府及其相关部门在社会救助过程中所展现出的服务意识，这种服务意识是在充分尊重受助者尊严的基础上，致力于促进贫弱群体的自立自助发展。普及社会救助权利观的目的在于强化社会救助权权利主体的权利意识，同时提升义务主体的服务意识，从而凸显我国贫弱群体的主体性地位，并进一步增强我国政府在社会救助方面的服务意识。

（一）凸显我国贫弱群体的主体性

凸显贫弱群体的主体性与社会救助权的实现之间存在着相互影响、相互制约的紧密关系。贫弱群体主体性意识的形成，为社会救助权的实现积累了人的主动力量。社会救助权的实现过程，正是贫弱群体基本生存与发展得到保障的过程，这一过程构成了贫弱群体作为社会主

---

[1] 陈秀峰、叶贵仁：《公平、权利与发展：论中国弱势群体的社会救助》，《社会保障研究》2009年第5期。

第四章 社会救助权实现——社会救助权运行的现实形态

体的基本资格。在此,本研究主要探讨凸显我国贫弱群体的主体性对社会救助权实现的正向效应。那么,在社会救助权实现过程中,我们应如何凸显贫弱群体的主体性呢?

首先,要还原并尊重贫弱群体作为人的尊严。无论是弱势群体还是强势群体,都具有尊严地生存的基本精神需求。然而,长期以来,社会救助被误认为是政府或强势群体对弱势群体的施舍与慈善,这种传统观念根深蒂固,阻碍了弱势群体有尊严地生存的实现。因此,我们必须从观念上和法律制度上彻底剔除"慈善"因素,确立社会救助的国家责任和社会责任,使贫弱群体的尊严得到同等的尊重,还原他们在自然状态下应有的尊严。当贫弱群体能够有尊严地生存时,他们在社会救助权实现过程中的主动性和创造性将源源不断地涌现。因此,还原和尊重贫弱群体作为人的尊严,是凸显其主体性的精神基础。

其次,要拓展贫弱群体的外延,即扩大社会救助权的权利主体范围。目前,我国社会救助权主体范围的局限性导致受益面过窄,这不仅影响了社会正义的基本价值实现,还可能造成新的社会不公正现象,即应当获得社会救助的贫弱群体被排除在社会救助系统之外。短期内,我们仍可以将社会救助权的权利主体抽象地概括为"依靠自身努力难以满足其生存基本需求的公民或社会成员"。结合我国实际情况,考虑到社会救助标准偏低,部分"夹心阶层"应被纳入社会救助范畴,这可以通过提高社会救助标准来实现。长远来看,贫弱群体的认定标准将会有所发展,例如,可以参照社会一般人的生存和发展能力水平来确定"贫弱"地位,并将基本的生存需求和基本的发展需求作为共同的考察标准,从而确立与经济社会发展相适应的社会救助权的权利主体范围。

最后,应促使贫弱群体获得全面的社会救助服务。目前,我国贫弱群体所获得的社会救助服务主要集中在保障其基本生存的物质帮助上,然而对精神救助或能力救助的忽视,严重制约了我国贫弱群体主体性的充分发展。精神救助是贫弱群体树立人性尊严的关键途径,而能力救助则是他们获得基本生存与发展能力的重要保障。因此，全面的社会救助服务不仅能够确保贫弱群体有尊严地生存，还能有效促进他们的自立与自助能力，进而有利于激发贫弱群体的积极性和创造性。

（二）增强我国政府的社会救助服务意识

我国政府应当确立"助人自助"的社会救助服务理念，改变过去只重视物质救助而忽视精神救助和能力救助的片面做法。我们应当以提升贫弱群体的基本生存与发展能力为核心目标，明确政府在提供社会救助的过程中，不仅需要具备责任意识，更要强化服务意识。这不仅是提高社会救助效果的必要举措，更是尊重贫弱群体人性尊严的基本要求。

"助人自助"的理想状态有时可能会与社会救助的实践存在脱节现象，即尽管贫弱群体在接受精神救助和能力救助后获得了一定的劳动能力，但他们可能不主动参加工作而过度依赖物质救助。一方面，这种情况的出现源于我国政府在提供社会救助服务时过于偏重物质救助，而忽视了能力救助的重要性；另一方面，更重要的是，能力救助的终极目标应该是激励贫弱群体积极主动地参加工作，从而真正实现他们的自立与自助。现代社会救助在本质上意味着政府运用部分社会成员的资源去援助另一部分有需求的社会成员，这种援助并非完全是无偿的，而是需要附带一些软性的约束条件。① 例如，对于有劳动能力的受助者，应当要求他们参加就业培训并积极主动地寻求工作机会。增加对受助者参加工作的要求，不仅能够使能力救助产生相应的社会效应，而且有助于避免在福利水平较低的发展中国家出现"福利依赖"现象。

从发达国家和地区的福利体系来看，大部分国家和地区都高度强调自助的价值观念。例如，澳大利亚的福利体系强调个人责任、自助、自立和勤奋工作的价值观；加拿大倡导个人主义和自我依靠；联邦德

---

① 洪大用：《社会救助的目标与我国现阶段社会救助的评估》，《甘肃社会科学》2007年第4期。

国强调自我帮助;日本也注重自助精神;我国的香港地区的社会保障目标则是鼓励居民自强、自立,避免盲目依赖社会保障。① 在我国,国家或政府在社会救助制度中将在较长时期内继续发挥重要作用。为了提升社会救助效果,我国应当借鉴发达国家或地区的社会救助价值观,增强政府的社会救助服务意识,先确立"助其自助"的理念,并将该理念贯彻于社会救助实践中,明确受助者的工作义务,为缓解我国"福利依赖"问题提供具有可操作性的思路。

二 优化社会救助权实现的经济社会环境

(一) 塑造利于社会救助权实现的经济环境

从权利实现所需的经济条件来看,"权利是昂贵的,因为救济是昂贵的。实施权利是费钱的,特别是统一而公平地实施;到了法律权利还没被实施的程度,那它就是空有其名。"② 也就是说,权利的实现依赖于特定的经济条件,并受到经济发展水平的制约。根据上文的分析,我国社会救助权的实现尚处于初级阶段,以消除绝对贫困为目标。随着经济条件的改善,我国社会救助权的实现将向更高阶段迈进。为了促进社会救助权的充分实现,我们必须改善相应的经济条件,塑造利于社会救助权实现的经济环境。

首先,提高我国的贫困线标准,是促使我国贫困线由生存型向温饱型转换的重要举措。贫困线标准的确定对我国具有特殊的意义,它不仅决定了我国贫困人口的规模,进而影响了相应经济与社会政策的制定与实施;而且,对于我国这样参照贫困线确立社会救助标准的国家来说,贫困线的标准间接影响了社会救助权实现的程度。普遍的观点认为,我国当前贫困线标准上调已迫在眉睫。我国的贫困线标准远

---

① 除英美国家外,其他福利发达国家和地区也将防范"福利依赖"作为社会福利政策的基本议题。转引自周昌祥《防范"福利依赖"的思考》,《经济体制改革》2006 年第 6 期。

② [美] 史蒂芬·霍尔姆斯、凯斯·R. 桑斯坦:《权利的成本:为什么自由依赖于税》,毕竞悦译,北京大学出版社 2011 年版,第 26 页。

远低于国际平均水平，只能满足贫困人口的基本生存需求，在我国一些物价水平较高的城市甚至无法维持贫困人口的基本生活。从这个角度来看，我国的贫困线标准尚未达到完全意义上的生存型贫困线的水准。因此，我国贫困线标准存在较大的提升空间，应从保障大部分贫困人口的基本生存逐步提升到保障全部贫困人口的基本生存，进而发展为满足贫困人口的温饱需求。当前，我国正处于全面建成小康社会的关键时期，全面解决贫困人口的温饱问题是建设小康社会的基本要求。因此，我国贫困线标准应当向温饱型贫困线方向发展。

其次，为了提高社会救助标准，防止贫困人口陷入"贫困陷阱"，我们必须采取一系列措施。依照当前我国社会救助标准的确立逻辑，贫困线标准的提升将直接带动社会救助标准的提高。这意味着，随着温饱型贫困线的确立，社会救助标准逐渐接近社会成员的人均可支配收入。除了贫困线标准，居民人均可支配收入也可以作为社会救助标准的参照对象。从长远来看，社会救助标准应当逐步与城乡居民的年人均可支配收入相持平，从而达到消除相对贫困的目标。然而，考虑到我国当前的经济发展实际，我们需要分步骤、有计划地逐步提高社会救助标准在城乡居民年人均可支配收入中的占比。从短期内，社会救助标准应当与基本生活费用价格指数的变动情况保持动态标准，确保救助标准的及时性和有效性。值得一提的是，2010年《国务院关于稳定消费价格总水平保障群众基本生活的通知》已经明确提出了建立社会救助和保障标准与物价上涨挂钩的联动机制，旨在逐步提高基本养老金、失业保险金和最低工资标准。这种联动机制的建立，将有助于更好地保障低收入群体的基本生活。当然，运用不同的思路提高社会救助标准是防止贫困人口落入"贫困陷阱"的直接措施，但社会救助标准低下只是"贫困陷阱"出现的经济原因之一。从根本上说，提高贫困人口的脱贫能力才是避免或消除"贫困陷阱"的根本途径。因此，为了避免城镇居民落入"贫困陷阱"，或帮助已经陷入赤贫的城市居民摆脱困境，政策上应当确保极度贫困的城镇家庭在满足其基本生存需要的基础上，还能够享有一定的发展权，从而逐步走向脱贫致富的道路。① 具体来说，从我国当前的实际出发，"经济上具有可行性的政策选择可能是：中国政府选择安全网的策略，把对最困难的社会群体进行救助和提供服务的责任充分承担起来，兼顾收入安全和社会公平的政策目标，让能够自立的社会群体最大限度地自立，从而达到利用最低的经济成本保障社会安定的社会福利和社会保障政策，以确保实现经济发展的中心目标。"② 因此，提高社会救助标准并通过能力救助提高贫困人口的脱贫能力，才能有效地解决"贫困陷阱"问题。

（二）建构和实施以权利为导向的社会政策体系

建构和实施以权利为导向的社会政策体系，旨在尊重和保障社会组织和个人的权利和自由。这不仅是社会管理创新的核心内容，更是实现社会救助权的基本社会条件。主要原因在于，我国当前的历史条件推动了社会政策的繁荣发展，尤其以保护弱势群体、追求社会公正的社会政策为主导。以权利为导向的社会政策包括两方面的主要内容：一方面，它聚焦于社会成员的利益和权利诉求；另一方面，它以社会组织的力量为支撑和保障。

建构和实施以权利为导向的社会政策体系，能够有效弥补社会救助权实现过程中社会条件准备不足的缺陷。首先，社会保护政策的实施有助于提升弱势群体的社会认同感。从社会政策或法律的产生过程来看，贫弱群体参与制定相关规则的可能性微乎其微；然而，从实施效果来看，社会政策相较于法律更具体、更具可操作性，它以保护弱势群体为主要目标，更加贴近弱势群体的日常生活，因此更容易获得社会的广泛认同。作为社会保护政策实施的重要内容，社会救助权的实现也得以在此基础上获得社会的认同。其次，在社会管理创新观念

---

① 邓新华、袁伦渠：《中国城镇贫困陷阱问题研究》，《北京交通大学学报》（社会科学版）2007年第4期。

② 尚晓援：《中国社会保护体制改革研究》，中国劳动社会保障出版社2007年版，第186页。

的推动下，社会组织的创新成为社会保护政策实施的关键组织保障。换言之，社会组织的发展是实施社会保护政策的必然要求。因而，在社会政策时期，社会团体或社会组织不仅在保护弱势群体方面发挥着日益重要的作用，而且在社会救助权实现的过程中也将扮演越来越关键的角色。

值得注意的是，随着以权利为导向的社会政策体系的逐步形成与完善，该体系不仅包含对弱势群体的单方面"社会保护"政策，也涵盖了以弱势群体承担一定"社会责任"为前提条件的社会政策，如"重视工作"的相关政策。这些"重视工作"的社会政策，主要是针对那些福利依赖人员，他们因认为没有适合自己的工作而选择不就业。该政策旨在鼓励享受低保福利且有劳动能力的对象，通过"规范学习"掌握一定的职业技能。一旦政府和机构提供符合社会劳动工资标准、与其职业技能相关的工作机会时，他们就应自觉接受并投身于这些工作之中。[1] 该政策与社会救助权的发展趋势相吻合，即社会救助权的实现需以承担一定的社会义务为前提。随着该类型社会政策的持续推进，社会救助权实现的社会条件也在逐步演变。将这两种变化与我国贫困治理的实际情况相结合，我们不难发现，我国贫困治理的侧重点与社会保护政策的发展节奏存在不一致之处。中国贫困治理并未充分借鉴社会保护政策发展的成果，其进度明显滞后于社会保护政策的发展。从实质上剖析，当前我国贫困治理面临的核心问题是社会权利的缺失，特别是社会救助权的不充分。"重视工作"社会政策的实施和社会救助权的实现不仅能够解决能力不足和权利不足的问题，而且可以在一定程度上通过增加社会责任来缓解脱贫动力的不足。

---

[1] "重视工作"社会政策的目的是体现"不劳动者不得食""劳动是美德"的工作伦理，主张向社会提供劳动来获取收入，体现社会公平，既有助于促进低保对象放弃福利依赖观念，同时又能提升低保劳动者的自尊。参见邓蓉、周昌祥《当前中国社会福利依赖现象与反福利依赖社会政策的介入》，《贵州大学学报》（社会科学版）2006年第6期。

三 构建社会救助权的法律保障机制

在当前社会结构中，社会救助的法律制度界定了政府机构和相关部门的职能与权力，而对于受助者来说，法律规范则更多地体现在对于他们基于生存权的救助福祉保障上。"生存权"并非空洞的词汇，它实实在在代表着公民享有维持基本生活条件的权利，涵盖了保障个人自由和家庭福祉的最基本需求。这一权利旨在确保公民能够以符合人性尊严的方式生活。在社会实践中，保护和援助贫困及经济边缘化人群是核心目标，这呼唤国家采取实质性行动，迫切需要当局的积极参与。在中国社会背景下，生存权的保护是一个备受关注的话题。尽管我们在人权保护方面取得了一些转变，尤其是对弱势群体的保护，但我们必须明确，这并不意味着我们可以忽视所启动的转变努力中的不足。这些不足呼唤我们进行反思和调整，思考如何在法律规范的复杂框架内更好地保障生存权。

随着中国不断发展和完善社会主义制度，生存权的讨论依然是一个核心议题。社会救助法作为独立于公法和私法两大法律板块的独特领域，在这广阔的法律领域中独树一帜，为我们构建社会救助权的法律保障机制提供了坚实的法律基础。[①] 在社会主义市场经济法律体系中，公法和私法共同构成了其基础框架，是这一法律体系的主体架构与核心内容。在这两大法律分类的交汇地带，社会保障法或社会救助法作为一个独特的实体脱颖而出，它既涉及公法领域的权威规定，又触及私法范畴的微妙之处。然而，尽管社会救助法已经存在，但对其规范和范式的需求仍需进一步拓展和完善，以便真正全面涵盖社会支持的多重维度。[②]《宪法》第四十五条成为目前我国社会救助立法的根本依据。它明文规定国家应致力于发展社会保险、社会救济以及医疗

[①] 王全兴、管斌：《经济法与社会法关系初探》，《现代法学》2003年第2期。
[②] 朱勋克：《社会救助立法的一般指向》，《重庆社会工作学院学报》2004年第4期。

卫生事业，以保障公民的基本权利。回溯历史，宪法对公民社会保障和社会救助权利的强调，标志着中国在进入新世纪时人权保护的重要转折。在社会救助领域，政府肩负着向公民提供重要援助的固有责任。然而，由于双方法律地位的不对等，协商社会救助标准和程序成为一项艰巨的任务，这使得达成双方都满意的结果变得异常困难。法律地位的不平等不仅使协商过程变得复杂，还阻碍了受助者以生存权为由抗衡国家权力。传统上，法律事务中强调的当事人平等地位和私权自治的理念往往难以实现，权力动态的不对称性削弱了社会救助受助者的所谓自治权。随着社会援助系统的不断完善和法治社会的同步发展，现有法律框架的不足越发凸显。原有的强调当事人地位平等和私权自治的方式，在社会救助领域显得格格不入。为应对这些挑战，建设社会救助领域全面法律体系的迫切需求日益凸显。这样的体系不应只是对现有法律的简单修补，而是需要对支撑社会救助的法律结构进行根本性的重新构想。

具体而言，现行的社会救助法律体系凸显了法治战略的一个明显短板。它在满足社会救助事业不断发展的法律需求上显得明显滞后。作为构建高效、公平社会救助体系的关键一环，法律框架的完善至关重要。然而，现行的法律体系在面对社会救助领域的复杂性时显得力不从心，法律要求与实际操作之间出现了明显的脱节。现行法律框架仍在摸索，试图构建一个组织结构完整、能够无缝适应社会救助动态变化的体系。然而，由于各部门职能重叠、权力设置重复，现行法律法规在执行时往往难以发挥实效。负责监督社会救助的行政机构面临着多重障碍，从部门间功能重叠到权限设置重复。遗憾的是，这个错综复杂的官僚体系不仅削弱了法律法规的实施效果，还催生了部门内的保护主义措施往往凌驾于社会救助的广泛目标之上的局面。这违背了政府规制的初衷，即纠正市场失灵导致的资源配置不效率和分配不公，以维护社会秩序和稳定。

社会救助体系作为一项重要机制，其意义远不止于提供物质援助，更是社会价值观的深刻体现。它矗立在权利、责任与社会稳定的交汇点上,承载着广泛而深远的社会期望。我国《社会救助法》纳入国家法律规划,不仅标志着我国社会保障改革正步入制度化建设的新阶段,更是彰显了我国对于公民人权保护的高度重视。[①] 法律不仅仅是制定规则之所,更是协商权力关系、反映社会期望的平台。这一点,从《社会救助法》草案的提出便可见一斑。国家角色的变迁,折射出在个体权利与社会稳定之间寻求平衡的全球难题。法律,作为社会救助发展的一个观察窗口,不仅仅是法规的代名词,更是社会价值观、政治理念和经济模式变迁的微妙体现。[②] 从计划经济向市场化过渡的过程中,法律结构也需相应调整,以适应社会经济格局的动态变化。我们追溯法律演进的轨迹,这其实是一条重塑之路,是对社会价值观、治理模式和个体与集体利益之间微妙平衡的深入探索。《社会救助法》的融入,便是这探索路上的一章重要篇章,它彰显了法律适应社会动态变化的灵活与智慧。

在我国,社会救助权的法律保障尚处于雏形阶段,尚未形成完备体系。究其根本,乃是因为我国社会救助的法制化进程尚未完成,社会救助权的法律保障体系依然犹如空中楼阁,尚未落地生根。法制化,无疑是发达国家在社会救助制度建设过程中的宝贵经验。社会救助,作为公民的一项基本权利,若想从纸面权利转化为现实权利,完善立法无疑是首要且关键的步骤。而公民社会救助权利的真正实现,则依赖于社会救助法的有效实施。[③] 从我国社会救助制度的当前发展来看,立法保障社会救助权无疑是构建其法律保障体系的基石,其完整性直接依赖于这一立法保障机制的完善。只有当这一机制稳固确立后,我们才能进一步探讨其他法律保障体系的建设。因此,本研究着重从立

---

① 宫蒲光:《高度重视社会救助 着力完善制度设计》,《中国民政》2020年第14期。
② 宫蒲光:《高度重视社会救助 着力完善制度设计》,《中国民政》2020年第14期。
③ 杨思斌:《中国社会救助立法研究》,中国工人出版社2009年版,第68—69页。

法的角度，深入剖析社会救助权的法律保障机制。

首先，为了在我国宪法中确立与社会救助权发展相适应的基本权利观，有两处修正至关重要。一是要补充纲领性抽象规范中的权利要素。回顾2018年修订的《宪法》第十四条，它提道"国家建立健全同经济发展水平相适应的社会保障制度"。然而，这一规定并未涵盖社会保障权或社会救助权的重要主体——社会或社会组织。实际上，社会救助权中的社会因素正日益凸显，其影响力甚至可能超越国家或政府。同时，我们还需考虑到社会发展水平这一重要因素，因为社会救助权作为一种社会权利，其实现深受经济社会发展水平的影响。因此，我建议将这一规定修改为："国家和社会建立健全同经济社会发展水平相适应的社会保障制度。"

二是要填补宣示性具体规范中的权利因素。通常认为，我国社会救助权的直接宪法依据是第四十五条，它规定："中华人民共和国公民在年老、疾病或者丧失劳动能力的情况下，有从国家和社会获得物质帮助的权利。"然而，社会救助权的主体应当更为广泛，包括所有陷入生存困境的公民；其客体也应拓展至物质救助、精神救助和能力救助等多个方面。因此，从理论上看，宪法上关于社会救助权的母权利应更准确地界定为物质帮助和社会服务权。

其次，我们应始终坚持"受助人中心主义"的权利理念，积极推动《社会救助法》的尽快出台。我国已将社会救助法纳入立法规划，这充分表明我国已选择制定专门的社会救助法作为社会救助的立法模式。这是完善社会救助权法律保障体系的重要一步，也是实现社会公平正义的必由之路。①

（一）凸显国家责任，强化社会组织积极参与

在当下的社会结构中，社会救助凸显为国家不可推卸的责任。个

---

① 综观世界各国社会救助立法，其立法模式大致分为两种：一种是在社会保障法中对社会救助进行系统规定，如美国；另一种是制定专门的社会救助法，对社会救助进行系统规定，如英国。参见何平《公民社会救助权研究》，北京大学出版社2015年版，第89页。

体在脱离自然状态后，将部分权利让渡给国家，旨在获得更为周全的保障。国家的存在，其根本目的便是致力于实现整体公共福祉。① 随着社会的不断演进，分工变得日益复杂，个体在塑造自身社会状况上的影响力逐渐减弱。与此同时，市场所带来的贫困蔓延、资源分配不均等外部问题，也变得日益严重。在规范社会救助的法律实践中，我们有必要超越仅关注受助者的视野，审慎地审视那个卓越而根本的行为者——国家。国家在社会救助中扮演着最具活力和基础性的提供者角色，是社会福祉的至高守护者。然而，过分强调国家在肩负社会救助责任方面的无所不能角色，却可能带来悖论性的后果。由于财政负担等多方面的限制，现代政府可能陷入一种明显牺牲社会救助效能的困境。在复杂多变的社会动态中，政府和市场机制在解决社会救助需求方面都存在一些不足之处。因此，社会组织的崛起变得至关重要。作为社会成员自我利益分配机制而演变的社会组织，不仅变得与解决社会救助问题紧密相关，而且是推动社会救助事业发展的必要之举。② 从法律审查的角度看来，社会组织的存在是建立在对人类博爱的信仰之上，其核心宗旨便是捍卫个体的生存权与平等发展权。相较于政府，社会组织展现出独特的灵活性和广泛的行动力，有效填补了政府在某些领域的不足。政府干预往往伴随着烦琐的程序和僵化的机制，而社会组织则能够迅速响应，并在多个领域发挥积极作用。它们在社会领域的行为能力，超越了政府可能遇到的官僚惯性，展现出一种旺盛的生命力。从功能角度来看，社会组织摒弃了以盈利为中心的动机，使自己独立于市场动态之外，有效地弥补了市场的不足。而从效率层面分析，它们作为社会救助体系中的催化剂，成功克服了以市场为导向或国家过度干预所带来的无效性。凭借这种全方位的方法，社会组织

---

① [英]洛克：《政府论》（下篇），叶启芳、瞿菊农译，商务印书馆2010年版，第77—80页。

② 王全兴：《经济法基础理论专题研究》，中国检察出版社2002年版，第524—531页。

推动了社会救助供给的多元化，有助于实现一种细致平衡，从而最优地配置各方利益。因此，这一全面分析凸显了社会组织在错综复杂的社会救助体系中的多层面重要性。

同时，强调国家与社会双重责任的理念构建了一个至关重要的概念框架。从政府到社会组织再到市场主体的责任主体机制的建立，在促进这些不同救助主体之间的积极互动和功能互补方面发挥着至关重要的作用。这种机制不仅有助于提升社会救助的整体效能，还能够在实践中不断推动各主体间的协同合作，共同构建一个更加完善、高效的社会救助体系。[①]

国家在社会救助中所扮演的角色，远非仅仅提供财政援助所能涵盖。其最为核心的责任在于，通过精心制定与落实各项政策和法规，来构建并优化社会救助的整体框架。这些法规，实则构成了社会各方在进行救助行动时的行为准则与支撑。而社会组织，作为连接国家与个人之间的桥梁，发挥着举足轻重的作用。它们一方面作为国家协调和优化社会救助工作的有力抓手，有效提升了整体救助工作的效率与效果；另一方面，社会组织又扮演着监督者的角色，让公民得以审视和监控国家在救助领域的运作，进而保障国家权力在社会多元主体间的平衡与和谐。[②] 同时，社会主体在拓宽救助资金来源方面起到了至关重要的作用。社会组织凭借其多层面的功能，有助于弥补国家主导的救助倡议中可能出现的信息不对称问题，进而推动救助活动的合理化。此外，市场及市场主体在社会救助的整体格局中也扮演着不可或缺的角色。一般来说，市场主体，包括政府和社会组织，为更高效的社会救助提供了可能性。市场的参与为资源的优化配置提供了途径，确保救助工作不仅有效，而且经济合理。这些多元化的社会救助主体之间

---

① ［丹］考斯塔·艾斯平-安德森：《福利资本主义的三个世界》，郑秉文译，法律出版社2003年版，第66—74页。
② 马长山：《国家、市民社会与法治》，商务印书馆2002年版，第163页。

的多层次互动，对于应对现代社会动态的复杂性至关重要。国家、社会组织和市场主体之间相互交织的责任与角色，形成了一种动态的协同作用。这不仅促进了资源的有效配置，还起到了防范作用，避免了任何单一主体在社会救助领域过度主导可能带来的问题。随着社会的不断发展，国家、社会组织和市场主体在履行社会救助责任方面的复杂互动变得日益重要。将这些主体融入一个协同的框架，不仅增强了救助工作的效果，还有助于提升整体社会经济的福祉，为构建更加公平和具有韧性的社会奠定了坚实基础。

首先，简化社会救助组织的设立程序，特别是精细打磨其中的每一个环节，是营造更有利于其运作环境的关键一步。目前，我国部分地区正积极尝试直接注册社会组织的新方法，这无疑是一项充满前瞻性和进取精神的改革。其次，对政策和税收框架进行细致入微且深思熟虑的调整，对于营造社会救助组织发展的良好氛围至关重要。政府通过打造有利环境，可以激发这些组织的活力，增强它们应对社会问题的多层次挑战的能力。最后，明确规范慈善组织的行为至关重要。这其中，建立透明的信息披露制度是关键一环，它能强化监督机制，促进问责制的落实，同时在捐赠者、公众等利益相关方之间建立信任。对于慈善组织运营中可能出现的违法行为，我们必须坚决采取严厉措施予以制裁，这一点不容小觑。

(二) 平衡城乡差异，兼顾公平与效率

在社会救助的复杂体系中，平衡公平与效率的原则成为核心议题，它需要在法律和政治的精细剖析下得以审视。这种微妙的互动关系并非简单的对立，而是要在仁慈与实用主义之间找到一种恰到好处的平衡。深入剖析社会救助立法的内在逻辑，我们不难发现，法律体系应当成为贫困人口的坚强后盾。这一法律框架不仅要及时纠正社会弱势群体面临的紧迫问题，更要为他们构建全面而长效的保障机制，确保其基本生存权，并为他们的未来发展铺平道路。然而，我们也需要清醒地认识到，社会救助的发展并非单向追求公平的过程，效率在其中同样扮演着举足轻重的角色。那种以集体主义精神和无差别均质分配为旗帜的平等主义主张，虽然看似公平，但实则可能对社会经济结构造成冲击，甚至扼杀经济增长的活力，催生一种福利依赖的文化。再分配范式的盛行，表面上似乎是在践行公平的理念，但实则可能培养出一种扭曲的权利观念，进而破坏自给自足和个体行为的原则。这种趋势一旦形成，可能会阻碍社会和经济进步的活力，使人们的责任感从自主决定转向过度依赖国家的救济。特别是在过度强调平等主义的情况下，其负面影响在所谓的"福利病"中表现得尤为突出，即福利依赖成为一种自我循环的怪圈，严重制约了社会的经济健康发展。在这种情况下，国家公权力若过于强调仁慈救济，反而可能成为阻碍社会进步的桎梏，扼杀人们的创业精神，削弱个体的主动性和积极性。因此，这要求我们在设计救助机制时，既要解决眼前的燃眉之急，又要注重培养受助者的自我恢复能力和自力更生的精神。法律和政治架构的构建，必须建立在仁慈与实用主义相辅相成的基础上，确保社会救助的总体目标是提升社会整体福祉，同时又不损害经济持续健康发展的活力。

国家提供的社会救助，作为一种不可或缺的机制，经过精心打造，旨在纠偏自由竞争过度所引发的社会不公，从而体现对正义与公平原则的坚守。[①] 正义与公平的理念深深扎根于治理伦理之中，要求国家确保决定个体生计的关键因素以公平的方式向所有公民开放。在这层意义上，社会救助成为捍卫社会公平的堡垒，致力于矫正不平等现象，集中精力为弱势群体纾困，并为其提供必要的倾斜性保护。[②] 社会救助的伦理基石，其核心在于为社会的弱势群体提供基本的生活保障和权利，这是一种超越简单救助、旨在增进社会整体福祉的利他追求。因

[①] [英]弗里德利希·冯·哈耶克：《自由秩序原理》，邓正来译，生活·读书·新知三联书店1997年版，第121页。

[②] 董保华：《社会保障的法学观》，北京大学出版社2005年版，第8页。

此，城乡之间的差异与分裂，与社会救助所追求的总体目标背道而驰。作为调和这些关键关系的法律工具，管理社会救助的法律机制肩负着揭示社会救助真谛的重任。

在阐释社会救助立法时，城乡一体化的理念展现出多维度的内涵。其中，平等权利是最为关键的考量。社会救助权被视为基本人权不可或缺的一部分，建立在个体的固有属性和社会的本质之上。值得注意的是，全球范围内整合城乡社会救助权利的趋势日益明显，这反映出一种普遍存在于各国的共同追求。平等权利的概念不仅超越了简单的原则表述，更深入权利操作机制的复杂审查中。在社会救助立法的广阔领域里，平等权利的原则要求我们不仅要消除明显的歧视现象，更要积极努力消除可能损害平等分配本质的潜在偏见和系统性差异。这需要我们精心校准各项措施和干预手段，确保城乡受益者不仅能够平等获得社会救助的机会，还能得到符合其特定环境和挑战的支持。此外，在标准化措施的框架内，城乡一体化的理念要求我们在不同环境中统一适用社会救助工具，无论是财政救助、医疗救助还是其他形式。标准化措施的必要性，引导我们在城乡社会救助框架内对基本生活服务项目进行统一评估，以满足被救助主体的基本生活需求。然而，被救助主体的一致性和差异性之间的相互作用，需要我们在保障基本权益的同时，充分考虑到不同群体的特殊需求和挑战，以实现更加精准、有效的社会救助。① 实现实质公平，必须正视受助者之间的固有差异。在追求社会公平的过程中，我们必须明智地认识到社会成员既有个性，也有共性。过去，人们往往希望通过标准化的措施来解决社会救助系统可能面临的片面和不连贯的问题，然而，这种标准化却可能无意中加大了现有的社会经济裂缝，因为救助的差异对待正是这些裂缝的体现。因此，一个以城乡一体化为指导思想的全面法律框架，不仅是一项法定任务，更是一种战略需求。它需要我们精心调

---

① 易小明：《论差异性正义与同一性正义》，《哲学研究》2006年第8期。

整，确保救助标准既统一，又能够灵活适应不同情境。社会成员的异质性体现在消费模式、工资水平、劳动力结构以及城乡面貌的多样性上，这就要求我们在制定具体的社会救助标准时，必须采取一种情境化的方法。对这种差异性的认识，正是社会救助领域中实现社会公平的重要体现。实际上，我们在设定社会救助标准时，必须根据城市和农村各自的特点，采取不同的策略和方法。在信息技术日新月异的今天，信息对称性补偿成为整合范式的重要一环。实时、同步的信息传播对于提升社会救助领域的透明度和问责制至关重要。我们需要建立一个紧密而统一的渠道，实现社会救助信息的网络化和无缝沟通。城乡一体化的原则要求我们，无论地理差异如何，关于资格标准、申请程序和福利发放的信息都必须得到广泛传播，确保城乡居民都能平等地了解和掌握他们应享有的社会救助权利。传统的城乡二元结构导致了社会救助机制中的一系列问题和漏洞。随着人口在城乡之间的流动，信息的不对称加剧了系统性的低效，损害了社会救助体系的完整性和有效性。因此，我们迫切需要调整立法框架，超越传统模式，建立一个全国性、无缝对接的社会救助信息网络。建立统一的社会救助信息网络，符合正义的基本原则，确保每个个体无论身处何地，都能迅速、全面地享有其应得的权利。城乡迁徙趋势的政治性要求我们调整权力结构，确保平等获取社会救助信息。在这一过程中，建立统一的信息网络成为实现政治包容性的有力工具，它有助于创造一个社会环境，让每个公民无论来自何方，都能参与和享受社会救助机制。此外，全国性的社会救助信息网络还能促进更广泛的政治叙事，增强包容性，缩小城乡之间的经济差距。政治行动者意识到信息生态系统中的转变潜力后，将积极倡导立法改革，优先建立为社会救助信息提供统一渠道的体制。这样，政治话语与正义原则相融合，法律框架与政治需求形成和谐统一。社会救助立法中对城乡一体化的承诺，是更广泛社会政治理念的体现，它倡导包容性和社会凝聚。通过将社会救助政策与城乡一体化原则相结合，政策制定者不仅表明了他们致力于平衡发展的决心，也承认了社会经济结构中各部分之间的相互联系。这成为塑造国家团结感、减轻社会分裂风险的重要战略要求。同时，城乡一体化范式作为解决城乡分割问题的桥梁，有助于培养国家团结感，降低社会两极分化的风险。在城乡差距可能引发不满、加剧社会经济裂痕的政治背景下，社会救助权的整合成为维护政治稳定的有力工具。

此外，各级行政层面的财政分配在总体政治经济格局中占据着重要地位，对于追求农村社会援助的财务稳定具有深刻意义。在农村社会援助的范围内，中央与地方政府之间财政分担比例的不明确已成为一道巨大障碍。这种模糊不清不仅渗透到财政领域，更在财政权力与行政责任之间造成了明显的不对称。因此，我们有必要对这种财政困境进行细致入微的剖析，并寻求解决之道。这不仅要求我们对财政分担比例进行明确阐释，还需要对财政权力与行政责任进行系统性的矫正。这种重新校准需要中央政府在提供财政支持方面发挥关键作用，同时根据不同行政层次和地方情况审慎划分责任。它反映着分权原则的本质，即将责任分配给最有效和高效的行政层面，从而激发各级政府积极参与农村社会援助发展的潜力。在这一论述中，法律要求与财务结构的错综复杂性变得显而易见。围绕农村社会救助的立法支架不能仅限于例行法规，而必须构建一整套全面而坚实的法律框架，以巩固财务基础。这种法律强化并非附属品，而是农村社会救助财务稳定的基石。此外，我们还需要打破基于户口原因的城乡二元对立局面。其核心在于构建一个以职业为基础的综合救助系统，旨在解决农民工在城市中追求生计机会时所面临的困境。身份分类所带来的系统性限制使得农业转移人口无法获得平等的发展起点，这在社会正义的领域中显然是不公平的。农民工作为社会框架中的平等利益相关者，其权利必须得到纠正。特别是在城市环境中，这些工人不仅应享有与城市同行相当的发展权利，更应在困境时得到同等的救助。扩大城市基层组织提供的救助范围势在必行。这一举措旨在解决外来农民工面临的多方面挑战，包括其子女的教育问题。此外，这种扩展也与城市实体对减轻边缘化人口面临的挑战所承担的法律义务相一致，超越了传统市政责任的界限。随着法律框架的演进，我们发现对包括农民工在内的脆弱群体提供救助的责任已超越市政界限。因此，我们需要重新调整法律原则，以适应这一扩大的责任范围。在拆除城乡壁垒和整合救助系统的过程中，还涉及治理结构背景下的政治影响。深植于行政结构的城乡二元框架亟待重新校准，以确保治理机制不仅敏感于城市和农村人口的需求，更能适应劳动力迁移的动态变化。这种政治重新校准超越了党派界限，体现了对现代互联社会复杂性的一种共同治理范式的承诺。

（三）实体性权利规范与救助的程序性设置相匹配

构建理性的法律制度，需要实体法与程序法和谐共生、相辅相成。① 这种错综复杂的相互作用，不仅是法律构造的体现，更是一个维护多元价值观的复杂机制。在核心层面，社会救助制度相关的实体法精妙地涵盖了一系列法规，详细规定了救助实体和受助者的权利和义务。② 然而，这些法规虽然具有基础性地位，却往往带有宣示性和形式性的特征，并不直接反映相关实体所拥有的切实、经验性的权利。它们更像是作为引导社会救助动态的理论基础的表述，而非直接体现权利实际持有者的切实现状。对于寻求在实体法中体现的救助利益的实体而言，构建完善的程序机制显得尤为重要。在程序法领域，法律框架中表述的抽象权利得以转化为具体、可执行的权利。实体法建立了理论基础，概述了总体原则和目标。然而，将这些理论原则转化为可操作的权利的过程，主要依赖于程序法。程序框架为实体权利的骨架结构注入了生命力，为这些权利的活力提

---

① [德]马克斯·韦伯：《经济与社会》（第一卷），阎克文译，上海人民出版社2019年版，第182页。

② [德]拉德布鲁赫：《法学导论》，米健译，商务印书馆2013年版，第120页。

第四章 社会救助权实现——社会救助权运行的现实形态

供了必要的支撑，使其能够流动到实际领域。因此，在解读实体法中所体现的理想如何在社会的错综复杂中实现时，理解程序的复杂性变得至关重要。法律的程序维度充当了法律意图与受助者的生活体验之间的桥梁。它们形成了一个通道，通过这个通道，立法机构的愿望被转化为切实的结果，确保救助以一种公平且有效的方式到达其预定的受益者手中。

社会救助法的程序性维度，在面对日新月异的社会环境时，展现出了与实体法不同的确定性价值。在救助权利纷争的复杂环境中，司法机构在解读实体法的微妙之处时发挥着举足轻重的作用。要理解这个问题，关键在于认识到，虽然实体法为救助权利奠定了理论基础，明确了总体原则和目标，但程序法才是将这些理论转化为实际可行权利的关键，它填补了理想与现实之间的鸿沟。这种相辅相成的关系，在将社会理想转化为实体法中的具体权利时显得尤为重要，并深刻反映了政治意愿和社会优先事项。在救助权利纷争中，程序法的作用愈加凸显。它赋予司法机构揭示实体法背后道德支撑的力量，这种力量常常深深植根于法律原则的形而上学概念之中。这些概念作为法律实践的一部分，为权利的实现提供了可能性和保障，体现在现代社会救助机构在判定新型受助主体资格时，对正当程序的坚守和遵循。[1] 这种程序性法律的支撑在实体法外填补了制度的空白，确保了主体权利的保护，例如在现代救助机构裁定新类型受助主体资格时，通过审慎遵循正当程序的方式得以实现。社会救助法程序内含的合理性，是对任意行为的有效防范，它促使我们系统性地应对社会救助场景中固有的多层次挑战。这种精心构建的程序是对社会需求动态性的积极响应，它要求一个能够适应和发展、保持相关性和效力的法律框架。深入审视社会救助法程序设计的精巧之处，我们会发现它在塑造社会救助机

---

[1] ［美］罗纳德·德沃金:《认真对待权利》，信春鹰、吴玉章译，生活·读书·新知三联书店2008年版，第41—42页。

构和受助者行为方面的巨大变革潜力。它不仅仅是一个监管框架，更是灌输公正感的工具，在保护个体利益和实现救助权益的过程中，鼓励所有利益相关者将权利行使视为一个充满公平和公正原则的过程，而不仅仅是法律形式的履行。

（四）从机构到个人的法律责任分担确认

政府机关及其工作人员在社会救助领域所肩负的法定责任，无疑是值得我们特别关注的一环。要确保社会救助实体制度得以全面贯彻执行，关键在于建立起一个清晰明确的责任框架，并配套相应的追责机制。这既要求政府机构具备有效履行职责所需的工具和知识，也要求他们明确知晓一旦未能达到社会救助法所规定的标准，将面临的严重后果。近年来，社会救助领域个人信息泄露事件屡见不鲜，这已经成为一个不容忽视的问题。为此，提议将个人信息泄露问题从法律规定的一个简单条款提升至独立法规的高度，以彰显其极端重要性。政府机关及其工作人员在社会救助领域的法定责任，必须得到更为细致周到的观照。我们不仅需要构建一个明确责任归属的框架，还需制定一套完整的责任追究机制。这一机制的建立，旨在确保政府机构不仅拥有履行职责所需的能力和资源，更能够深刻认识到未能达标将带来的严重后果。在更宏大的政治背景下，政府机关及其工作人员在社会救助领域的责任，早已超越了单纯的法律义务范畴，它与政治道德和治理水平紧密相连。将政府机关的责任置于法律框架的核心位置，无疑向公众传递了一个明确信号：责任是不可妥协的，它是实现善治不可或缺的组成部分。这种在法律结构中的战略定位，既明确了法定责任的范围，又凸显了对透明、高效和公正社会救助实践的坚定承诺。此外，对政府机关及其工作人员责任的强调，还涉及了法律和政治领域之外的更深层次问题，即组织文化和人员管理的复杂性。在法律框架内对干部队伍实施严格管理，需要采取一种综合性的方法。这既要包括制定严格的法律准则，又要在官僚机构内部培养起一种责任和廉正的文化氛围。将个人信息泄露问题提升为社会救助法的独立条款，不仅是对问题严重性的深刻认识，更是对社会救助个体隐私和尊严保护的坚定承诺。这一法律手段应与强有力的行政措施相辅相成，如实施严密的数据处理协议、为工作人员提供定期培训，以及对信息系统进行持续监测和评估等。

在社会救助的法律责任体系中，我们需更加细致入微地关注相关责任主体，这不仅要涵盖民政部门内部的直接责任人员，更需将领导干部纳入其中。[①] 这种全面的责任体系凸显了地方和系统层面主要领导在推动社会救助计划实施中的关键作用。因此，对他们的问责不仅有助于加强社会救助倡议的领导力量，更是构建有效内部程序机制的重要一环。在追求法律问责的过程中，我们尤其要关注那些因工作懈怠或管理不善而引发重大社会问题、造成严重后果的情况。在这些情况下，必须深入追究相关个体的责任，特别是要强调主要领导所应承担的特殊责任。问责的程度应根据问题的严重性和具体情况来定，以确保问责方式与社会救助计划的整体目标相契合，形成一套量身定制的责任追究机制。此外，明确主要领导责任的法律条文是构建有效法律基础不可或缺的一部分。通过明确各级领导的问责措施，社会救助立法得以建立起一个有利于有效治理的坚实法律框架。这种明确的法律规定既是对工作懈怠和管理不善的威慑，也是推动形成负责任决策文化的有力手段。实质上，对于领导层的法律责任追究应与直接执行社会救助政策的工作人员同等重视，甚至要提升到更高的层次。这种全面的责任追究机制不仅强化了社会救助的治理结构，也符合公共部门良好治理、透明度和问责的普遍要求。因此，在社会救助立法中强化主要领导的问责机制，对于构建一个促进负责任决策、高效实施计划并实现社会公正和福祉目标的法律框架至关重要。

---

① 谷志军、陈科霖：《当代中国决策问责的内在逻辑及优化策略》，《政治学研究》2017年第3期。

同时，在追究民政部门和经办机构工作人员违法行为责任时，我们必须审慎行事，避免过度激进的做法可能带来的副作用。这包括防止因过度追责而阻碍工作人员积极履职的情况出现。为此，建立尽职免责机制显得尤为重要。这一机制不仅鼓励工作人员勤勉尽责，更有助于培养一种积极向上的工作氛围。当然，在运用容错免责机制时，我们也应审慎把握，既要保护工作人员的积极性，又要避免滥用措施而削弱责任追究的严肃性。在立法改革的进程中，我国已在多个领域和地区探索了尽职免责的实践。基于此，建议《社会救助法》进一步明确尽职免责的具体规范，避免过于笼统而导致实际操作中的困惑。这需要我们制定一个既全面又具可操作性的法律框架，以适应社会救助工作的复杂性和多样性。

（五）立法体例下的具体建议

在此立法体例下，我们应从立法观念至内容编排进行一系列调整，始终贯彻"受助人中心主义"的理念，以赢得社会救助立法更广泛的社会支持。首先，在立法程序方面，我们应深入调研贫弱群体的社会救助需求，并吸纳更多这类群体参与立法过程，从而增强他们对社会救助立法的认同感。其次，在内容编排上，我们应依据贫弱群体申请和获取社会救助服务的逻辑路径来组织，具体包括四大模块：总则、社会救助的申请（涵盖申请人的资格条件）、社会救助的审查（涉及救助义务的主体），以及社会救助的具体内容（如最低生活保障、专项救助、灾害救助、临时救助、法律援助等），此外，还需设立社会救助的监督机制。最后，为了充分保障申请人或受助人的社会救助权益，我们必须增设社会救助权的法律保障机制。行政监察和行政诉讼机制虽能约束和救济政府社会救助机构可能出现的侵权行为，但我们还需进一步完善，以确保国家在社会救助中的主体责任得到有效落实。但是，"全球范围内的社会权保障趋势主要呈现一个由国家中心责任向非国家行为体的转变过程。其所谋求的是形式平等向实质平等及权利的完全实在化转化，及对由经济发展造成的社会正义损伤的修补，也是进一步落实各国宪法规定的'法律面前人人平等'的具体体现。"① 与社会权保障趋势相契合，社会救助的发展逐渐由国家中心责任向社会中心责任转变。因此，社会救助权的保障也应随着社会救助实践的发展，创设与劳动权类似的民事保障措施。从实际情况来看，社会团体或社会组织提供社会救助服务，是它们承担特定社会责任的体现。特别是那些以提供社会救助服务为宗旨的社会组织，如基金组织，它们拥有为符合条件的申请者提供社会救助服务的明确民事义务。若这些社会组织拒绝提供救助服务，或因自身原因延迟服务，申请人有权请求人民法院判决该社会组织承担民事违约责任或损害赔偿责任。

---

① 郑贤君：《全球化对公民社会权保障趋势的影响——国家中心责任向非国家行为体过渡的社会权保障》，《首都师范大学学报》（社会科学版）2002 年第 2 期。

结　语

社会救助，作为保障人的基本生存与发展的重要机制，在国家与社会建制中发挥着安全网的关键作用。随着人权理论的蓬勃兴起和社会救助理念的持续更新，有尊严地生存这一基本要求日益凸显，急需国家和社会共同保障。这意味着，那些陷入生存危机的贫弱者，应当被赋予申请或获得社会救助的权利，使得社会救助权成为保障生存权的辅助性权利，进而跻身基本人权的行列。

本研究的论述沿着两条主线展开。明线聚焦社会救助权的产生、界定、构成及其实现过程，展现了社会救助权从萌芽到发展的全景画卷。这一脉络的梳理，建立在对世界各国社会救助制度与社会救助权演变规律的深入研究之上。"受助人中心主义"不仅是社会救助权产生的原动力，也是社会救助发展由国家中心责任向社会组织体中心责任转变的核心驱动力，更是衡量社会救助权是否得到充分实现的重要指标。暗线则着重探讨社会救助权从应然权利到法定权利，再到现实权利的演变过程。这一主线紧扣我国社会救助实践，结合我国社会救助权发展的经济社会背景，不难发现，我国的社会救助权利观念尚未完全在社会救助实践中确立并普及，社会救助权的实现仍面临诸多障碍。借鉴国际经验，并结合我国社会建设的实际需求，我们认识到，和谐社会的构建应以社会公正为基本价值导向，而社会救助权的实现则是缓解我国贫富差距、促进社会正义的重要策略。

根据权利实现的一般规律，我国社会救助权的法律化及实现应当遵循循序渐进的原则。"权利实现的'差序格局',是指权利实现中的一种状态,包含两层意思:第一,现实中的权利主体是逐步扩大的,即一部分人先享有法定权利,然后推而广之及于其他人;第二,现实中不同种类(政治、经济、文化、社会等)权利的法律化及其实现是循序渐进而非一蹴而就的。"① 由于我国社会救助制度和社会救助权起步较晚,且受到我国特殊国情的影响,我们应当坚持社会救助权法律化和实现的循序渐进原则,这将成为我国社会救助权发展的总体方向。在具体操作上,我们可以借鉴"受助人中心主义"的理念,逐步扩大社会救助权的权利主体范围,推动应然权利和法定权利向现实权利的转化。然而,目前我国社会救助立法相对滞后,社会救助权的法律确认不够充分,难以满足社会救助权的发展需求。因此,当前社会救助制度发展的首要任务,是加快推动社会救助的专门立法工作。在立法过程中,我们应以"受助人中心主义"为指导,精心组织和编排社会救助法,并构建完善的社会救助权保障法律体系,为执法、司法等层面的保障体系建立提供坚实的法律支撑。值得注意的是,社会救助权实现的差序格局,实际上反映了社会救助权实现的一个理想状态:权利主体从生存困境中的贫弱者,逐步扩展到温饱线以下的贫困人群,进而涵盖那些收入低于社会平均水平的相对弱势群体。

本研究在两条清晰的思路下,深入探讨了社会救助权的立法发展历程、概念界定、属性特征、价值意义,以及社会救助权的内部构造和实现等核心问题。但本研究仅从社会保障法的角度对社会救助权进行了初步的概括和描述,旨在证明社会救助权成立这一基本命题。实际上,从其他视角审视社会救助权,如人权法和宪法层面,或是行政法层面,都会展现出不同的研究价值和广阔的研究空

---

① 传统的身份社会是一种"义务"的差序格局,现代社会则是一种"权利"的差序格局。参见郝铁川《权利实现的差序格局》,《中国社会科学》2002年第5期。

间。此外，为了更全面地证明社会救助权的成立，我们还可以从理论和现实层面进行拓展，甚至可以从悖论的角度进行深入的探讨。这些不同视角、不同层面的社会救助权研究，还有待有志之士进一步深入挖掘和研究。

参考文献

一　著作

（一）中文著作（含辞书）

曹明睿：《社会救助法律制度研究——西南政法大学法学系列》，厦门大学出版社2005年版。

曹艳春：《我国城乡社会救助系统建设研究》，上海世纪出版集团2009年版。

陈国刚：《福利权研究》，中国民主法制出版社2009年版。

陈慈阳：《宪法学》，（台北）元照出版公司2004年版。

陈彬、李昌林、薛竑、高峰：《刑事被害人救济制度研究》，法律出版社2009年版。

陈焱光：《公民权利救济论》，中国社会科学出版社2008年版。

程味秋、[加]杨诚、杨宇冠编：《联合国人权公约和刑事司法文献汇编》，中国法制出版社2000年版。

程燎原、王人博：《赢得神圣——权利及其救济通论》，山东人民出版社1998年版。

种明钊主编，许明月副主编：《社会保障法律制度研究》，法律出版社2000年版。

邓正来：《中国法学向何处去——建构"中国法律理想图景"时代的论纲》，商务印书馆2006年版。

邓国胜：《非营利组织评估》，社会科学文献出版社 2001 年版。
董保华等：《社会法原论》，中国政法大学出版社 2001 年版。
董保华等：《社会保障的法学观》，北京大学出版社 2005 年版。
冯英、聂雯倩编著：《外国的社会救助》，中国社会出版社 2008 年版。
方新军：《权利客体论——历史和逻辑的双重视角》，中国政法大学出版社 2012 年版。
范进学：《权利政治论——一种宪政民主理论的阐释》，山东人民出版社 2003 年版。
《法学研究》编辑部编著：《新中国民法学研究综述》，中国社会科学出版社 1990 年版。
高鹏怀：《历史比较中的社会福利国家模式》，中国社会出版社 2004 年版。
郭忠华、刘训练编：《公民身份与社会阶级》，江苏人民出版社 2007 年版。
龚向和：《作为人权的社会权——社会权法律问题研究》，人民出版社 2007 年版。
和春雷主编：《社会保障制度的国际比较》，法律出版社 2001 年版。
韩君玲：《日本最低生活保障法研究》，商务印书馆 2007 年版。
韩德培总主编，李龙执行总主编：《人权的理论与实践》，武汉大学出版社 1995 年版。
韩大元主编：《外国宪法》（第二版），中国人民大学出版社 2005 年版。
胡锦光、韩大元：《中国宪法》（第五版），法律出版社 2018 年版。
洪大用：《转型时期中国社会救助》，辽宁教育出版社 2004 年版。
江亮演：《社会救助的理论与实务》，（台北）桂冠图书公司 1990 年版。
何平：《公民社会救助权研究》，北京大学出版社 2016 年版。
姜士林等主编：《世界宪法全书》，青岛出版社 1997 年版。
中国大百科全书总编辑委员会《法学》编辑委员会、中国大百科全书出版社编辑部编:《中国大百科全书(法学)》,中国大百科全书出版社 1984 年版。

蒋月:《社会保障法——厦门大学法学院经济法学系列》,厦门大学出版社 2004 年版。

蒯小明:《中国农村社会救助发展中的国家责任研究》,首都经济贸易大学出版社 2009 年版。

罗志如、厉以宁:《二十世纪的英国经济:"英国病"研究》,商务印书馆 2013 年版。

林莉红、孔繁华:《社会救助法研究》,法律出版社 2008 年版。

林志强:《健康权研究》,中国法制出版社 2010 年版。

林嘉:《社会保障法的理念、实践与创新》,中国人民大学出版社 2002 年版。

刘海年主编:《〈经济、社会和文化权利国际公约〉研究——中国挪威经社文权利国际公约研讨会文集》,中国法制出版社 2000 年版。

刘钧:《社会保障理论与实务》,中国劳动社会保障出版社 2012 年版。

刘茂林主编:《宪法教程》,法律出版社 1999 年版。

刘春堂:《判解民法总则(修订四版)》,(台北)三民书局 1993 年版。

罗豪才、湛中乐主编:《行政法学》,北京大学出版社 1996 年版。

李运华:《就业权研究》,中国社会科学出版社 2009 年版。

李步云主编:《人权法学》,高等教育出版社 2005 年版。

梁慧星:《民法总论》,法律出版社 1995 年版。

马长山:《国家、市民社会与法治》,商务印书馆 2002 年版。

牛文光:《美国社会保障制度的发展》,中国劳动社会保障出版社 2004 年版。

彭诚信:《主体性与私权制度研究——以财产、契约的历史考察为基础》,中国人民大学出版社 2005 年版。

秦前红主编:《新宪法学》,武汉大学出版社 2005 年版。

任俊琳:《弱者的权利——下岗失业人员权益保障之法律研究》,法律出版社 2009 年版。

孙健忠:《台湾社会救助制度实施与建构之研究》,(台北)时英出版社 2002 年版。

孙绍骋:《中国救灾制度研究》,商务印书馆 2004 年版。

时正新主编:《中国社会救助体系研究》,中国社会科学出版社 2002 年版。

尚晓援:《中国社会保护体制改革研究》,中国劳动社会保障出版社 2007 年版。

世界银行编著:《1990 年世界发展报告》,中国财政经济出版社 1990 年版。

唐钧:《中国城市居民贫困线研究》,上海社会科学院出版社 1998 年版。

唐钧:《市场经济与社会保障》,黑龙江人民出版社 1995 年版。

谭兵:《香港、澳门、内地的社会援助比较研究》,北京大学出版社 2009 年版。

王超、齐飞编著:《中国社会救助概论》,中国矿业大学出版社 2007 年版。

王卫平、郭强主编:《社会救助学》,群言出版社 2007 年版。

王家福、刘海年主编:《中国人权百科全书》,中国大百科全书出版社 1998 年版。

王伟奇:《最低生活保障制度的实践》,法律出版社 2008 年版。

王东进:《中国社会保障制度的改革与发展》,法律出版社 2001 年版。

王全兴:《劳动法》,法律出版社 2017 年版。

王全兴:《经济法基础理论专题研究》,中国检察出版社 2002 年版。

王思斌主编:《社会学教程》,北京大学出版社 2016 年版。

王建平:《减轻自然灾害的法律问题研究》,法律出版社 2008 年版。

王伯琦:《民法总则(第八版)》,(台北)编译馆 1986 年版。

王焱等编:《自由主义与当代世界》,生活·读书·新知三联书店 2000 年版。

武步云：《人本法学的哲学探究》，法律出版社 2008 年版。

吴崇其主编：《卫生法学》，法律出版社 2005 年版。

谢鹏程：《公民的基本权利》，中国社会科学出版社 1999 年版。

谢荣堂：《社会法治国基础问题与权利救济》，（台北）元照出版公司 2008 年版。

辛世俊：《公民权利意识研究》，郑州大学出版社 2006 年版。

许崇德主编：《宪法》，中国人民大学出版社 1999 年版。

许庆雄：《宪法入门》，（台北）元照出版公司 2000 年版。

薛小建：《论社会保障权》，中国法制出版社 2007 年版。

奚洁人主编：《科学发展观百科辞典》，上海辞书出版社 2007 年版。

冀慧珍：《当代中国社会救助权问题研究》，中央编译出版社 2015 年版。

姚建平：《中美社会救助制度比较》，中国社会出版社 2007 年版。

杨玲：《美国、瑞典社会保障制度比较研究》，武汉大学出版社 2006 年版。

余少祥：《弱者的权利：社会弱势群体保护的法理研究》，社会科学文献出版社 2008 年版。

余能斌、马俊驹主编：《现代民法学》，武汉大学出版社 1995 年版。

杨春福：《权利法哲学研究导论》，南京大学出版社 2000 年版。

杨思斌：《中国社会救助立法研究》，中国工人出版社 2009 年版。

杨雪冬、李惠斌主编：《社会资本与社会发展》，社会科学文献出版社 2000 年版。

严海良：《人权论证范式的变革——从主体性到关系性》，社会科学文献出版社 2008 年版。

俞可平：《社群主义》，中国社会科学出版社 1998 年版。

应松年：《非政府组织的若干法律问题》，《北京联合大学学报》（人文社会科学版）2003 年第 1 期。

燕继荣：《现代政治分析原理》，高等教育出版社 2004 年版。

郑功成：《中国社会保障改革与发展战略——理念、目标与行动方案》，人民出版社 2008 年版。

郑功成：《社会保障学——理念、制度、实践与思辨》，商务印书馆 2020 年版。

周弘：《福利的解析——来自欧美的启示》，上海远东出版社 1998 年版。

周辅成编：《西方伦理学名著选辑》（上卷），商务印书馆 1996 年版。

张文显：《法哲学范畴研究》，中国政法大学出版社 2001 年版。

张文显：《法学基本范畴研究》，中国政法大学出版社 1993 年版。

张敏杰主编：《中国的第二次革命——西方学者看中国》，商务印书馆 2001 年版。

张秀兰、徐月宾、梅志里（Midgley）编：《中国发展型社会政策论纲》，中国劳动社会保障出版社 2007 年版。

卓泽渊：《法的价值论》，法律出版社 1999 年版。

卓泽渊：《法的价值总论》，人民出版社 2001 年版。

（二）中文译著

《马克思恩格斯全集》（第 1 卷），人民出版社 1962 年版。

《马克思恩格斯选集》（第一卷），人民出版社 1972 年版。

《马克思恩格斯全集》（第 2 卷），人民出版社 1995 年版。

《马克思恩格斯全集》（第 3 卷），人民出版社 1972 年版。

《马克思恩格斯选集》（第三十卷），人民出版社 1979 年版。

《马克思恩格斯全集》（第 46 卷），人民出版社 1979 年版。

［德］克劳斯·奥菲：《福利国家的矛盾》，郭忠华译，吉林人民出版社 2006 年版。

［德］奥特弗利德·赫费：《政治的正义性：法和国家的批判哲学之基础》，庞学铨、李张林译，上海译文出版社 2005 年版。

［德］哈特穆特·毛雷尔：《行政法学总论》，高家伟译，法律出版社 2000 年版。

［德］伯恩·魏德士：《法理学》，丁晓春、吴越译，法律出版社 2013 年版。

［德］卡尔·施米特：《宪法学说》，刘锋译，上海人民出版社 2005 年版。

［德］卡尔·拉伦茨：《德国民法通论》（上），王晓晔等译，法律出版社 2004 年版。

［德］卡尔·拉伦茨：《德国民法通论》（下），王晓晔等译，法律出版社 2004 年版。

［德］N. 霍恩：《法律科学与法哲学导论》，罗莉译，法律出版社 2005 年版。

［德］乌·贝克、哈贝马斯等：《全球化与政治》，王学东、柴方国译，中央编译出版社 2000 年版。

［德］鲁道夫·冯·耶林：《为权利而斗争》，郑永流译，法律出版社 2007 年版。

［德］拉德布鲁赫：《法学导论》，米健译，商务印书馆 2013 年版。

［丹］考斯塔·艾斯平－安德森：《福利资本主义的三个世界》，郑秉文译，法律出版社 2003 年版。

［法］皮埃尔·勒鲁：《论平等》，王允道译，商务印书馆 1986 年版。

［法］卢梭：《社会契约论》，何兆武译，商务印书馆 1980 年版。

［法］艾德加·莫兰：《社会学思考》，阎素伟译，上海人民出版社 2001 年版。

［法］米海依尔·戴尔玛斯－马蒂：《世界法的三个挑战》，罗结珍、郑爱青、赵海峰译，法律出版社 2001 年版。

［荷］亨利·范·马尔塞文、格尔·范·德·唐：《成文宪法的比较研究》，陈云生译，华夏出版社 1987 年版。

［荷］M. 爱纳汉德等：《欧洲七国失业救济与社会援助制度》，陈绵水等译，中国财政经济出版社 1999 年版。

［加］R. 米什拉：《资本主义社会的福利国家》，郑秉文译，法律出版社 2003 年版。

［美］詹姆斯·S. 科尔曼：《社会理论的基础》（上），邓方译，社会科学文献出版社 1999 年版。

［美］卡尔·罗文斯坦：《现代宪法论》，王锴、姚凤梅译，清华大学出版社 2017 年版。

［美］罗伯特·J. 林格：《重建美国人的梦想》，章仁鉴、林同奇译，上海译文出版社 1983 年版。

［美］托马斯·库恩：《科学革命的结构》，金吾伦、胡新和译，北京大学出版社 2012 年版。

［美］托马斯·库恩：《必要的张力：科学的传统和变革论文选》，范岱年、纪树立等译，北京大学出版社 2004 年版。

［美］阿瑟·奥肯：《平等与效率》，王奔洲等译，华夏出版社 1999 年版。

［美］约翰·罗尔斯：《正义论》，何怀宏、何包钢、廖申白译，中国社会科学出版社 1988 年版。

［美］约翰·罗尔斯：《政治自由主义》，万俊人译，译林出版社 2011 年版。

［美］伯纳德·施瓦茨：《美国法律史》，王军等译，中国政法大学出版社 1997 年版。

［美］罗纳德·德沃金：《认真对待权利》，信春鹰、吴玉章译，上海三联书店 2008 年版。

［美］E. 博登海默：《法理学——法哲学及其方法》，邓正来、姬敬武译，华夏出版社 1987 年版。

［美］威廉姆·H. 怀特科、罗纳德·C. 费德里科：《当今世界的社会福利》，解俊杰译，法律出版社 2003 年版。

［美］史丹利·阿若诺威兹、彼得·布拉提斯编著：《逝去的范式：反思国家理论》，李中译，吉林人民出版社 2008 年版。

［美］菲利克斯·格罗斯：《公民与国家——民族、部族和族属身份》，王建娥、魏强译，新华出版社 2003 年版。

[美] 塞缪尔·P. 亨廷顿：《变化社会中的政治秩序》，王冠华、刘为译，上海人民出版社2021年版。

[美] 戴维·伊斯顿：《政治生活的系统分析》，王浦劬译，华夏出版社1989年版。

[美] 史蒂芬·霍尔姆斯、凯斯·R. 桑斯坦：《权利的成本：为什么自由依赖于税》，毕竞悦译，北京大学出版社2011年版。

[挪] A. 艾德等主编：《经济、社会、文化权利教程》，中国人权研究会组织译，四川人民出版社2004年版。

[挪] A. 艾德等：《经济、社会和文化的权利》，黄列译，中国社会科学出版社2003年版。

[澳] 罗伯特·E. 古丁：《保护弱势：社会责任的再分析》，李茂森译，中国人民大学出版社2008年版。

[葡] Carlos Alberto Da Mota Pinto：《民法总论》，林炳辉等译，澳门：法律翻译办公室、澳门大学法学院1999年版。

[日] 大须贺明：《生存权论》，林浩译，法律出版社2001年版。

[日] 大沼保昭：《人权、国家与文明》，生活·读书·新知三联书店2014年版。

[日] 青井和夫：《社会学原理》，刘振英译，华夏出版社2002年版。

[日] 菊池馨实：《社会保障法制的将来构想》，韩君玲译，商务印书馆2018年版。

[瑞] 西斯蒙第：《政治经济学新原理》，何钦译，商务印书馆1983年版。

[瑞] 格德门德尔·阿尔弗雷松、[挪] 阿斯布佐恩·艾德：《世界人权宣言——努力实现的共同标准》，中国人权研究会组织译，四川人民出版社1999年版。

[瑞] 托马斯·弗莱纳：《人权是什么》，谢鹏程译，中国社会科学出版社2000年版。

[英] 威廉·詹姆士·阿什利：《英国经济史及学说》，郑学稼译，（台北）幼狮文化事业出版公司1974年版。

[英] W. H. B. 考特：《简明英国经济史：1750年至1939年》，方廷钰等译，商务印书馆1992年版。

[英] 洛克：《政府论》（上篇），叶启芳、瞿菊农译，商务印书馆1982年版。

[英] 洛克：《政府论》（下篇），叶启芳、瞿菊农译，商务印书馆2010年版。

[英] A. J. M. 米尔恩：《人的权利与人的多样性——人权哲学》，夏勇、张志铭译，中国大百科全书出版社1995年版。

[英] 诺曼·巴里：《福利》，储建国译，吉林人民出版社2005年版。

[英] 安东尼·哈尔、詹姆斯·梅志里：《发展型社会政策》，罗敏等译，社会科学文献出版社2006年版。

[英] 内维尔·哈里斯：《社会保障法》，李西霞、李凌译，北京大学出版社2006年版。

[英] 霍华德·格伦内斯特：《英国社会政策论文集》，苗正民译，商务印书馆2003年版。

[英] 彼得·泰勒－顾柏：《新风险 新福利：欧洲福利国家的转变》，张秀兰、马继森译，中国劳动社会保障出版社2010年版。

[英] 弗里德里希·奥古斯特·冯·哈耶克：《通往奴役之路》，王明毅等译，中国社会科学出版社1997年版。

[英] 弗里德利希·冯·哈耶克：《自由秩序原理》，邓正来译，生活·读书·新知三联书店1997年版。

[英] 约翰·洛克：《政府论》（下篇），叶启芳、瞿菊农译，商务印书馆1964年版。

[英] 安东尼·吉登斯《民族—国家与暴力》，胡宗泽、赵力涛译，生活·读书·新知三联书店1998年版。

[英] 迈克尔·希尔：《理解社会政策》，刘升华译，商务印书馆2003年版。

[印] 阿马蒂亚·森：《以自由看待发展》，任赜、于真译，中国人民

大学出版社 2002 年版。

[印] 阿玛蒂亚·森：《贫困与饥荒：论权利与剥夺》，王宇、王文玉译，商务印书馆 2001 年版。

（三）英文著作

Amartya K. Sen, *Inequality Reexamined*, Cambridge： Harvard University Press, 1992.

Alan Walker and Carol Walker, eds., *Britain divided： the growth of social exclusion in 1980s and 1990s*, London： CPAC, 1997.

Bertrand G. Ramcharan ed., *The Right to Life in International Law*, Netherland： Martinus Nijhoff Publishers, 1985.

Benjamin Seebohm Rowntree and Jonathan Bradshaw, *Poverty： A study of Town Life*, Bristol： Policy Press, 2000.

Bill Jordan, *A Theory of Poverty and Social Exclusion*, Cambridge： Polity Press, 1996.

Carol Walker, *Managing Poverty： the Limits of Social Assistance*, London： Routledge, 1993.

Carl Wellman, *Welfare Rights*, Lanham： Rowman and littlefield, 1982.

Carl Wellman and Lawrence C. Becker, eds., *Welfare Rights and Duties of Charity： Rights and Duties (Ethical Investigations)*, New York： Routledge, 2002.

Charles Booth, *Life and labour of the people in London*, Michigan： University of Michigan Library, 1902.

David Marsland, *Welfare of Welfare State? Contradictions and Dilemmas in Social Policy*, New York： St. Martin's Press, 1996.

David Keley, *A Life of One's Own： Individual Rights and the Welfare State*, Washington, D. C.： Cato Institute, 1998.

Daron Acemoglu and James A. Robinson, *Why Nations Fail： The Origins of*

Power, Prosperity, and Poverty, New York: Crown Business, 2012.

Edward Hallett Carr, *The New Society*, Boston: Beacon Press, 1957.

Henry Shue, *Basic Rights: Subsistence, Affluence, and U. S. Foreign Policy*, New Jersey: Princeton University Press, 1996.

Isabel Ortiz, *Social Protection in Asia and the Pacific*, Manila: Asian Development Bank, 2001.

Jon Mandle, *Global Justice*, Cambridge: Polity Press, 2006.

Jürgen Habermas, *Between Facts and Norms: Contributions to a Discourse Theory of Law and Democracy*, Mass: The MIT Press, 1996.

John E. Dixon, *Social Security Traditions and Their Global Applications*, Canberra: IFSED, 1986.

Karl De Schweinitz, *England's Road to Social Security*, Philadelphia: University of Pennsylvania Press, 1947.

Karel Williams, *From Pauperism to Poverty*, London: Taylor & Francis, 2016.

Kathleen Jones, *The Making of Social Policy in Britain: 1830 – 1990*, London: Athlone Press, 1991.

Lutz Leisering and Stephan Leibfried, *Time and Poverty in Western Welfare States: United Germany in Perspective*, Cambridge: Cambridge University Press, 1999.

Margaret Anne Crowther, *The Workhouse System 1834 – 1929 The History of an English Social Institution*, London: Methuen& Co, 1983.

Maurice Bruce, *The coming of the welfare state*, London: Batford, 1961.

Michael Hill, *Social Security Policy in Britain*, Cheltenham: Edward Elgar Limited Press, 1990.

Martha C. Nussbaum and Amartya K. Sen, eds., *The Quality of Life*, Oxford: Clarendon Press, 1993.

Nanna Kildal, *Workfare Tendencies in Scandinavian Welfare Policies*, Geneva: International Labour Office, 2001.

Peter Townsend, *Poverty in the United Kingdom: A Survey of Household Resources and Standards of Living*, Berkeley and Los Angeles: University of California Press, 1979.

Philip Bean, John Ferris and David K. Whynes, eds., *In Defence of Welfare*, London: Tavistock Publications, 1985.

Richard L. Edwards and June Gary Hopps, eds., *Encyclopedia of Social Work* (19*th* Edition), Washington, D. C.: the NASW Press, 1995.

Richard Morris Titmuss, *Problems of Social Policy*, London: H. M. Stationery Office, 1950.

Thomas Welbank Fowle, *The Poor Law*, London: Macmillan Press, 1893.

Thomas Erskine Holland, *The Elements of Jurisprudence*, London: Oxford University Press, 1917.

T. H. Marshall and Thomas Bottomore, *Citizenship and Social Class*, London: Pluto Press.

Thomas Humphrey Marshall, *Class, Citizenship and Social Development*, New York: Anchor Book, 1965.

Walter A. Friedlander and Robert Z. Apte, *Introduction to Social Welfare*, New Jersey: Prentice-Hall, 1980.

二 论文

(一) 中文论文 (含学位论文、电子文献)

崔兰琴、洪森:《近代西方权利观发展综述》,《沈阳师范大学学报》(社会科学版) 2008 年第 6 期。

崔向前:《法律援助权的生成动力之研究——纪念〈中华人民共和国法律援助条例〉实施五周年》,《河南公安高等专科学校学报》2009 年第 2 期。

崔凤：《社会保障的人权基础》，《吉林大学社会科学学报》1999年第5期。

陈鹏：《公民权社会学的先声——读 T. H. 马歇尔〈公民权与社会阶级〉》，《社会学研究》2008年第4期。

陈泉生：《论现代法律重心的推移——保障生存权》，《云南大学学报》（法学版）2001年第2期。

陈云生：《权利本位价值模式的历史命运》，《政法论坛》1995年第1期。

陈俊杰：《论受教育权的国家保护义务》，《西部法学评论》2008年第6期。

陈彪、刘文祥、刘炳辰：《社会救助权的法理维度新论》，《商业时代》2010年第11期。

陈弘毅、周叶谦：《权利的兴起：对几种文明的比较研究》，《外国法译评》1996年第4期。

陈微：《当代中国流浪乞讨人员社会救助路径分析》，《浙江社会科学》2006年第6期。

陈彬、李昌林：《论建立刑事被害人救助制度》，《政法论坛》2008年第4期。

陈秀峰、叶贵仁：《公平、权利与发展：论中国弱势群体的社会救助》，《社会保障研究》2009年第5期。

曹清华：《瑞典现代社会救助制度反贫困效应研究》，《社会主义研究》2008年第2期。

邓正来：《中国人权利发展研究的理想与现实——评〈走向权利的时代——中国公民权利发展研究〉》，《中国法学》1996年第1期。

邓剑光：《论财产权的基本人权属性》，《武汉大学学报》（哲学社会科学版）2008年第5期。

邓新华、袁伦渠：《中国城镇贫困陷阱问题研究》，《北京交通大学学报》（社会科学版）2007年第4期。

邓蓉、周昌祥：《当前中国社会福利依赖现象与反福利依赖社会政策的介入》，《贵州大学学报》（社会科学版）2006年第6期。

德全英、赵承寿、白洁：《法律权利的价值取向》，《新疆大学学报》（哲学社会科学版）1995年第1期。

范忠信：《中国古代福利救助制度及其精神》，《中西法律传统》2002年第1期。

冯彦君、张凌竹：《社会救助权的可诉性及其证成》，《江西社会科学》2013年第2期。

冯宗容：《房改攻坚：住房保障制度的构建》，《四川大学学报》（哲学社会科学版）2001年第3期。

封曰贤：《权利本位论异议》，《现代法学》1990年第5期。

符启林、罗晋京：《对我国廉租住房立法的建议》，《甘肃社会科学》2008年第2期。

方劲：《可行能力视野下的新阶段农村贫困及其政策调整》，《经济体制改革》2011年第1期。

龚向和、龚向田：《生存权的本真含义探析》，《求索》2008年第3期。

龚向和、刘耀辉：《从保护、尊重到给付的国家义务内涵拓展——以自由主义的发展、转向为视角》，《云南师范大学学报》（哲学社会科学版）2011年第2期。

高秦伟：《政府福利、新财产权与行政法的保护》，《浙江学刊》2007年第6期。

高和荣：《论建立健全我国城乡弱势群体医疗救助制度》，《中国社会科学院研究生院学报》2007年第1期。

高贞：《论刑事被害人法律援助权及其实现》，《法学》2008年第11期。

郭道晖：《人权观念与人权入宪》，《法学》2004年第4期。

宫蒲光：《高度重视社会救助　着力完善制度设计》，《中国民政》2020年第14期。

葛庆敏、许明月：《农村社会保障制度体系建设中的政府角色及其实现的法制保障》，《现代法学》2011年第6期。

谷志军、陈科霖：《当代中国决策问责的内在逻辑及优化策略》，《政治学研究》2017年第3期。

江树革、［瑞］比约恩·古斯塔夫森：《国外社会救助的经验和中国社会救助的未来发展》，《经济社会体制比较》2007年第4期。

黄晨熹：《社会救助的概念、类型和体制：不同视角的比较》，《华东师范大学学报》（哲学社会科学版）2005年第3期。

黄学俊、刘光亮：《"禁讨"现象之法学思考——从获得社会救助权（利）与行政干预权（力）角度》，《法制与社会》2006年第15期。

黄忠晶：《"绝对贫困与相对贫困"辨析》，《天府新论》2004年第2期。

黄锴：《论社会救助权的本土塑造——以法律与政策的互动为视角》，《南通大学学报》（社会科学版）2018年第6期。

胡敏洁：《转型时期的福利权实现路径——源于宪法规范与实践的考察》，《中国法学》2008年第6期。

何平、张远凤：《论我国的社会救助标准》，《中南财经政法大学学报》2009年第6期。

洪大用：《完善社会救助，构建和谐社会——2005年社会救助实践与研究的新进展》，《东岳论丛》2006年第3期。

洪大用：《中国城市居民最低生活保障标准的相关分析》，《北京行政学院学报》2003年第3期。

洪大用：《社会救助的目标与我国现阶段社会救助的评估》，《甘肃社会科学》2007年第4期。

洪朝辉：《论中国城市社会权利的贫困》，《江苏社会科学》2003年第2期。

洪永红、方晓庆：《试论非洲国家对国际法发展的贡献》，《西亚非洲》2022年第3期。

韩荣和、关今华、关山虹：《简论基本人权》，《福建师范大学学报》

（哲学社会科学版）2010年第4期。

韩荣和、关今华：《新农村建设背景下的农民社会保障权》，《东南学术》2010年第4期。

韩桂君、覃有土：《略论对弱势群体的法律保护》，《法学评论》2004年第1期。

韩华为：《农村低保户瞄准中的偏误和精英俘获——基于社区瞄准机制的分析》，《经济学动态》2018年第2期。

韩华为：《代理家计调查、农村低保瞄准精度和减贫效应——基于中国家庭金融调查的实证研究》，《社会保障评论》2021年第2期。

贺海仁：《法律援助：政府责任与律师义务》，《环球法律评论》2005年第6期。

郝铁川：《权利实现的差序格局》，《中国社会科学》2002年第5期。

贾锋：《论社会救助权国家义务之逻辑证成与体系建构》，《西北大学学报》（哲学社会科学版）2014年第1期。

贾汇亮、黄崴：《教育弱势群体救助：制度安排与保障体系》，《中国教育学刊》2006年第4期。

蒋月、冯祥武：《论我国法律援助的特殊对象》，《法治研究》2010年第10期。

姜涌：《公民的主体意识》，《山东大学学报》（哲学社会科学版）2003年第3期。

李艳霞：《福利国家的政治学分析——以公民资格为视角》，博士学位论文，吉林大学，2004年。

李艳霞：《浅析中国社会政策的价值选择与伦理定位——以公民权利为视角》，《伦理学研究》2007年第4期。

李汉宗：《从"社会保障—社会救助—贫困"到概念的泛化和统一》，《天府新论》2010年第4期。

李哲罕：《社会国还是社会法治国？——以当代德国法治国理论为论域》，《浙江学刊》2020年第3期。

李常青、冯小琴：《少数人权利及其保护的平等性》，《现代法学》2001年第5期。

李拥军、郑智航：《从斗争到合作：权利实现的理念更新与方式转换》，《社会科学》2008年第10期。

李青：《试论当代美国社会的无家可归者问题》，《杭州师范学院学报》（人文社会科学版）2001年第1期。

李清伟：《论社会政策与公民权利的实现》，《政治与法律》2008年第3期。

李志明：《城乡社会救助制度研究：权利界定、目标设计与政策建议》，《河南社会科学》2009年第6期。

李步云、邓成明：《论宪法的人权保障功能》，《中国法学》2002年第3期。

刘光华：《社会救助：理论界定与中国的实践展开（上）》，《兰州大学学报》（社会科学版）2008年第4期。

刘锦城：《社会保障权研究》，博士学位论文，吉林大学，2009年。

刘嘉慧、黄黎若莲：《英、美两国及大中华地区社会救助制度发展的反思》，《社会保障研究》2009年第2期。

刘贺青：《罗尔斯基本人权思想述评》，《河北法学》2009年第6期。

刘岸：《私法上的法律关系概念》，硕士学位论文，中国政法大学，2004年。

刘喜堂：《建国60年来我国社会救助发展历程与制度变迁》，《华中师范大学学报》（人文社会科学版）2010年第4期。

刘士平：《"低保"立法中的权利意识缺失分析》，《广东社会科学》2005年第5期。

刘茂林、范电勤：《论我国城镇住房保障制度的发展与完善——以基本权利为视角》，《宁波大学学报》（人文社会科学版）2008年第6期。

林嘉、杨飞：《论和谐社会与劳动就业权的法律保障》，《法学家》2005年第5期。

林来梵：《人的尊严与人格尊严——兼论中国宪法第 38 条的解释方案》，《浙江社会科学》2008 年第 3 期。

林莉红、汪燕：《最低生活保障权平等保护简论——城乡居民最低生活保障制度一体化》，《河南省政法管理干部学院学报》2009 年第 5 期。

林莉红、黄启辉：《民间法律援助与政府法律援助之关系研究》，《环球法律评论》2005 年第 6 期。

吕艳辉：《福利权与财产自由权的冲突和调适——以正义论为视角》，《求是学刊》2010 年第 4 期。

梁茂春：《美国的"无家可归"问题与政府的救助政策浅析》，《暨南学报》（人文科学与社会科学版）2004 年第 6 期。

梁德友、李俊奎：《论弱势群体的伦理救助》，《河南师范大学学报》（哲学社会科学版）2008 年第 1 期。

廖哲韬：《论权利的实现》，《河北法学》2009 年第 3 期。

雷磊：《法律程序为什么重要？反思现代社会中程序与法治的关系》，《中外法学》2014 年第 2 期。

龙晟：《社会国的宪法意义》，《环球法律评论》2010 年第 3 期。

马新福、杨清望：《法律全球化：争论与出路》，《政法论丛》2007 年第 4 期。

马成刚、曹斌斌：《社会行政法初探》，《法制与社会》2013 年第 27 期。

彭锡华：《法律援助的国家责任——从国际人权法的视角考察》，《法学评论》2006 年第 3 期。

彭宅文：《最低生活保障制度与救助对象的劳动激励："中国式福利依赖"及其调整》，《社会保障研究》2009 年第 2 期。

宋玉波：《国际人权法理论的新进展：底线伦理与低度人权》，《国际论坛》2008 年第 1 期。

时正新：《中国的医疗救助及其发展对策》，《国际医药卫生导报》

2002年第11期。

孙中民、孙少柳：《弱势群体子女教育救助：从道德诉求到制度补偿》，《经济研究导刊》2008年第9期。

邵华：《社会资本的作用与权利救济的实现》，《学术界》2006年第4期。

唐钧：《社会救助的历史演进》，《时事报告》2004年第3期。

谭兵：《社会救助的理念与功效——关于香港综援制度与内地低保制度的思考》，《广东社会科学》2005年第3期。

唐钧：《社会政策的基本目标：从克服贫困到消除社会排斥》，《江苏社会科学》2002年第3期。

童之伟：《权利本位说再评议》，《中国法学》2000年第6期。

王君南：《基于救助的社会保障体系——中国古代社会保障体系研究论纲》，《山东大学学报》（哲学社会科学版）2003年第5期。

王三秀：《英国促进贫困人群可持续就业政策及其借鉴》，《中国行政管理》2011年第2期。

王喜萍：《行政救助权实现问题分析》，硕士学位论文，中国政法大学，2007年。

王广彬：《社会法上的社会权》，《中国政法大学学报》2009年第1期。

王思斌：《转型中的中国社会救助制度之发展》，《文史哲》2007年第1期。

王伟奇：《最低生活保障权的性质及其保障模式》，《时代法学》2008年第2期。

王俊民、孔庆余：《反思与超越：论法律援助之政府责任》，《政治与法律》2006年第6期。

王素芳：《非营利组织参与社会保障的理论基础与实现路径》，《当代法学》2012年第3期。

王思斌：《改革中弱势群体的政策支持》，《北京大学学报》（哲学社会科学版）2003年第6期。

王全兴、管斌：《经济法与社会法关系初探》，《现代法学》2003年第2期。

王显勇：《社会保障国家：法治国家的新蓝图》，《现代法学》2011年第1期。

万亿：《法律史的思维世界》，硕士学位论文，西南政法大学，2009年。

吴宁：《权利的价值追问》，《安徽大学学报》（哲学社会科学版）2008年第1期。

吴振宇：《公私协力保障生存权——以社会救助制度为例》，《法治研究》2011年第9期。

吴成钢、金明华：《弱势群体的伦理生态问题及其对策》，《深圳大学学报》（人文社会科学版）2006年第4期。

徐显明：《生存权论》，《中国社会科学》1992年第5期。

徐振东：《社会基本权理论体系的建构》，《法律科学》（西北政法学院学报）2006年第3期。

徐月宾、刘凤芹、张秀兰：《中国农村反贫困政策的反思——从社会救助向社会保护转变》，《中国社会科学》2007年第3期。

谢琼：《福利权与福利制度》，《社会保障研究》2010年第1期。

谢立斌：《中德比较宪法视野下的人格尊严——兼与林来梵教授商榷》，《政法论坛》2010年第4期。

谢勇才、丁建定：《从生存型救助到发展性救助：我国社会救助制度的发展困境与完善路径》，《中国软科学》2015年第11期。

杨立雄、陈玲玲：《欧盟社会救助政策的演变及对我国的启示》，《湖南师范大学社会科学学报》2005年第1期。

杨立雄、陈玲玲：《发达国家社会救助制度改革趋势》，《中国民政》2004年第9期。

杨思斌：《论社会救助法中的国家责任原则》，《山东社会科学》2001年第1期。

杨思斌：《社会救助权的法律定位及其实现》，《社会科学辑刊》2008

年第 1 期。

杨雅华：《从中西文化的差异与融合看流浪乞讨的规制》，《福建师范大学学报》（哲学社会科学版）2007 年第 6 期。

杨昆：《社会救助制度中的政府责任及其合理定位》，《重庆社会科学》2005 年第 12 期。

杨伟民：《社会政策与公民权利》，《江苏社会科学》2002 年第 3 期。

杨家宁：《发展权视角下的农民贫困》，《理论与现代化》2006 年第 1 期。

尹奎杰：《论权利观生成的基本前提》，《北方法学》2009 年第 4 期。

易小明：《论差异性正义与同一性正义》，《哲学研究》2006 年第 8 期。

征汉年：《权利正当性的社会伦理思考》，《江苏社会科学》2009 年第 2 期。

征汉年：《正当：权利的伦理维度》，《长白学刊》2009 年第 1 期。

曾祥华、吴涛：《法学研究的范式与模式——兼与戚建刚博士商榷》，《河北法学》2006 年第 11 期。

赵雪纲、王雅琴：《生命权和生存权概念辨析》，《中国社会科学院研究生院学报》2004 年第 6 期。

赵汀阳：《"预付人权"：一种非西方的普遍人权理论》，《中国社会科学》2006 年第 4 期。

赵宏：《社会国与公民的社会基本权：基本权利在社会国下的拓展与限定》，《比较法研究》2010 年第 5 期。

张文显、于宁：《当代中国法哲学研究范式的转换——从阶级斗争范式到权利本位范式》，《中国法学》2001 年第 1 期。

张文显、姚建宗：《权利时代的理论景象》，《法制与社会发展》2005 年第 5 期。

张曙光：《"生存与发展"问题和生存论哲学》，《哲学研究》2001 年第 12 期。

张文显：《"权利本位"之语义和意义分析——兼论社会主义法是新型

的权利本位法》，《中国法学》1990年第4期。

张光博：《评"权利本位论"》，《当代思潮》1997年第1期。

张军：《权利的结构》，硕士学位论文，对外经济贸易大学，2004年。

张国平：《我国贫困人口医疗救助研究综述》，《宁夏社会科学》2007年第1期。

张浩淼：《政策话语转变与社会救助改革：德国的经验与启示》，《德国研究》2009年第3期。

张浩淼：《从反绝对贫困到反相对贫困：社会救助目标提升》，《山西大学学报》（哲学社会科学版）2020年第5期。

左菁：《中国"反贫困"社会救助法律制度——农村最低生活保障制度实施的制度障碍分析》，《河北法学》2007年第7期。

郑成良：《权利本位说》，《政治与法律》1989年第4期。

郑贤君、李样举：《作为宪法权利的物质帮助权辨析》，《长白学刊》2009年第3期。

郑贤君：《论宪法社会基本权的分类与构成》，《法律科学》（西北政法学院学报）2004年第2期。

郑贤君：《非国家行为体与社会权——兼议社会基本权的国家保护义务》，《浙江学刊》2009年第1期。

郑贤君：《全球化对公民社会权保障趋势的影响——国家中心责任向非国家行为体过渡的社会权保障》，《首都师范大学学报》（社会科学版）2002年第2期。

郑秉文：《社会权利：现代福利国家模式的起源与诠释》，《山东大学学报》（哲学社会科学版）2005年第2期。

郑军、彭欢：《中西方社会救助制度中政府责任差异的比较分析——基于制度文化的视角》，《经济问题探索》2010年第2期。

章剑生：《福利权、福利国家与现代行政法任务的变迁——胡敏洁博士之〈福利权研究〉述评》，《行政法学研究》2009年第3期。

周沛、陈静：《新型社会救助体系研究》，《南京大学学报》（哲学·人周昌祥：《防范"福利依赖"的思考》，《经济体制改革》2006年第6期。

朱勋克：《社会救助立法的一般指向》，《重庆社会工作学院学报》2004年第4期。

中国国际扶贫中心：《中国扶贫开发年鉴2021》，中国国际扶贫中心门户网站，https://yearbook.iprcc.org.cn/download/2021nj_ch/中国扶贫开发年鉴2021中文版.pdf，访问日期：2023年12月31日。

中文译文

[比] 克里斯蒂安·安斯佩格：《贫困与人权：系统性经济歧视与改革的具体建议》，梁华译，《国际社会科学杂志（中文版）》2005年第2期。

[德] 克劳斯·M.莱辛格：《关于消除贫困与尊重人权的十点思考》，张大川译，《国际社会科学杂志（中文版）》2005年第2期。

[法] 热内费耶夫·库碧：《贫困：对人权的侵犯》，黄觉译，《国际社会科学杂志（中文版）》2005年第2期。

[加] 皮埃尔·萨内：《贫困：人权斗争的新领域》，刘亚秋译，《国际社会科学杂志（中文版）》2005年第2期。

[喀] 厄内斯特-玛丽·姆邦达：《贫困是对人权的侵犯：论脱贫的权利》，秦喜清译，《国际社会科学杂志（中文版）》2005年第2期。

[挪] A.艾德：《人权对社会和经济发展的要求》，刘俊海、徐海燕译，《外国法译评》1997年第4期。

[英] 基斯·道丁、[荷] 马丁·冯·黑斯：《贫困与普遍人权的地方性》，王星译，《国际社会科学杂志（中文版）》2005年第2期。

（三）英文论文

Asa Briggs, "The Welfare States in Historical Perspective", *European Jour-*

nal of Sociology, Vol. 2, No. 2, 1961.

Asbjorn Eids, "Economic Social and Cultural Rights as Human Rights", in Asbjorn Eids Catarina Krause and Allan Rosas eds., *Economics, Social and Cultural Rights: A Textbook*, 1995.

Bob Hepple, "A Right to Work", *Industrial Law Journal*, Vol. 10, 1981.

Beth Goldblatt and Sandra and Liebenberg, "Giving Money to Children: The States Constitutional Obligations to Provide Child Support Grants to Child Headed Households", *African Journal on Human Rights*, Vol. 20, 2004.

Bill, Deatherage, "Uncompensated Appointed Counsel System: A Constitutional and Social Transgression", *Kentucky Law Journal*, Vol. 60, 1972.

European Convention, *Charter of Fundamental Rights of the European Union*, Official Journal of the European Union, C 303, December 14, 2007.

G. ROOM, et al., *Observatory on national policies to combat social exclusion. Second annual report*, Commission of the European Communities, September, 1992.

Joseph M. McLaughlin, "Unification of Germany: What Would Jhering Say?", *Fordham International Law Journal*, Vol. 17, 1994.

Jeffrey G. Williamson, "Reviewed Work? Poverty in the United Kingdom: A Survey of Household Resources and Standards of Living", *The Journal of Economic History*, Vol. 40, 1980.

Joe C. B. Leung, "The Emergence of Social Assistance in China", *International Journal of Social Welfare*, Vol. 15, 2006.

Lynn Iding, "In a Poor State: The Long Road to Human Rights Protection on the Basis of Social Condition", *Alberta Law Review*, Vol. 41, 2003.

Lotta Vahlne Westerhäll, "Rights, Obligations and Sanctions in Social Law", *Scandinavian Studies in Law*, Vol. 32, 1988.

Laura B. Rawlings, "A New Approach to Social Assistance", *International Social Security Review*, Vol. 8, 2005.

Maurice Cranston, "Human Rights, Real and Supposed", in D. D. Raphael, ed., *Political Theory and the Rights of Man*, Bloomington and London: Indiana University Press, 1967.

Organisation for Economic Co-operation and Development, *The Battle against Exclusion Social Assistance in Canada and Switzerland*, OECD Publishing, October 20, 1999.

R. Plant, "The very idea of a welfare state", in P. Bean, J. Ferris and D. Whynes, eds., *In Defence of Welfare*, London: Tavis-tock, 1985.

Sandra Liebenberg, "Right to Social Assistance: The Implications of Grootboom for Policy Reform in South Africa", *South African Journal on Human Rights*, Vol. 17, 2001.

United Nation, *International Covenant on Economic, Social and Cultural Rights*, United Nations General Assembly Resolution 2200A (XXI), 993 UNTS 3, December 16, 1966.

William E. Forbath, "Constitutional Welfare Rights: a History, Critique and Reconstruction", *Fordham Law Review*, Vol. 69, 2001.